无悔守望

孙 枫 著

中国金融出版社

责任编辑：石　坚
责任校对：李俊英
责任印制：张也男

图书在版编目（CIP）数据

无悔守望／孙枫著.—北京：中国金融出版社，2020.12
ISBN 978 - 7 - 5220 - 0936 - 0

Ⅰ.①无…　Ⅱ.①孙…　Ⅲ.①商业银行—中国—文集
Ⅳ.①F832.33 - 53

中国版本图书馆 CIP 数据核字（2020）第 244003 号

无悔守望
WUHUI SHOUWANG
出版
发行　**中国金融出版社**

社址　北京市丰台区益泽路 2 号
市场开发部　（010）66024766，63805472，63439533（传真）
网 上 书 店　http：//www.chinafph.com
　　　　　　　（010）66024766，63372837（传真）
读者服务部　（010）66070833，62568380
邮编　100071
经销　新华书店
印刷　北京七彩京通数码快印有限公司
尺寸　169 毫米×239 毫米
印张　17.75
字数　260 千
版次　2020 年 12 月第 1 版
印次　2020 年 12 月第 1 次印刷
定价　78.00 元
ISBN 978 - 7 - 5220 - 0936 - 0
如出现印装错误本社负责调换　联系电话(010)63263947

前 言

　　没想到庚子年真的事多，疫情之下居家禁足。不能出门的时候，翻看早已尘封多年的往日资料，也是一件趣事。故纸堆中最为完整的，当数银行工作期间的遗张，百万字中埋藏的精彩故事跃然纸上，虽然岁月远久，但如今看来依旧历历在目。1997 年 4 月至 2002 年 6 月，我在深圳市商业银行工作了五年多时间，也是职业生涯中最艰苦、最为怀念的一段时光。触景生情，萌发了整理旧文、结集出版这本《无悔守望》的想法。一是抚慰怀旧之情，2020 年时值深圳特区成立 40 周年庆，也是深圳市商业银行诞辰 25 周年的日子。二是为有心研究我国城市商业银行发展历史的后来人，提供一些史料和脉络。

　　稍微了解一下中国城市商业银行的发展历史，有助于理解这段时光留下的轨迹。城市商业银行的前身是城市信用社。1978 年改革开放后，城市集体经济和私营经济的发展和兴起，对相应的金融服务提出了强烈的需求，于是各地的城市信用社应运而生。国家将城市信用社定性为"群众性合作金融组织"，明确要求不得办成银行。1994 年，全国各地的城市信用社已经有 5000 余家，总资产规模达到 3000 余亿元。其间的十几年时间里，伴随着几次经济过热发展与调整，伴随着双轨制转轨中信用体系的缺失与初建，同所有快速扩张的金融机构一样，相当数量的城市信用社经营管理混乱，很快成为区域金融风险的源泉。1993 年 7 月之后，中国人民银行陆续停止了对各地城市信用社的新设审批，同时对原有城市信用社进行清理整顿。之后，城市信用社的风险状况并没有得到根本的遏制，为了控制化解众多分散风险源头，1995 年 2 月，国家决定组建各地城市商业银行，以吸收新的合格股东、增加资本、减少管控源头的方式来化解改善区域金融风险。城市商业银行的组建以"先试点、后分批"的方式推进。北京、上海、天津、深圳、石家庄5个城市为试点单位。深圳于1995年6月率先成立了全国第一家城市合作商业银行，随后的两三年，100多个大中城市陆续宣告成立了城市合作银行。城市商业银行是在城市信用社债权债务的基础上重组的，既然是收拾烂摊子，当然要承接城市信用社的不良资产。与其他股份制商业银行相比，城市商业银行的经营资本不足、人员背景复杂、不良资产畸高、管理人才缺乏、技术装备落后、市场普遍歧视。虽然是先天羸弱后天失调，但却承担着化解国家和地方金融风险的重大历史使命。

全国城市商业银行20多年的发展史，应该经历了三个阶段。初始阶段是从1995年第一家城市商业银行成立到2003年中国银监会成立，这个阶段是最艰难的时期，没有这个阶段的生存考验也就没有后来的发展壮大。

接手深圳城市商业银行时，尽管在该行成立后的一年多里我付出了巨大的努力，但原有信用社存在的问题还没有得到根本的遏制。我知道自己责任的重大和担子的沉重。在接下来五年多的时间里，我们从开始的战略转移中挣扎生存，通过坚持不懈的摸爬滚打，在战略相持中迎来了曙光，进而迸发力量，在战略反攻中得到新生。

本书收录了我1997—2002年的部分文稿，有会议讲话、培训讲稿、散文随笔，也有演讲提纲等。这些都是自己点灯熬油爬格子的结果，系统地记录反映了那段时期的工作思路和实际状况。不同的时期有不同的语境，为了保持历史原貌，我对这些文稿没有按现在的语言修改编辑，整理时仅仅调整改变了部分文章的标题。编排顺序上放弃了按主题分类的惯例，而是依据时间的先后排列，这样可以更为清楚地观察事态演进的状况。

值此文集付梓之际，衷心地感谢当年合作共事的各位老友，也要特别致谢于当时提供帮助指导的有关领导和同事。

感谢中国金融出版社刘钊先生为本书编辑出版提供的指导。

作者
2020年5月9日

目 录

·1997 年·

研究新情况　解决新问题　作出新贡献

> 这是 1997 年 7 月初我在年度经营工作会议上的讲话稿。自年初开始准备调整主要领导至新任到职，一年几乎已经过去了三分之一，经营管理的旧账新题已经陷入困境。接手之后我没有即刻泛泛而论，而是一边忙于处理危及银行生存的风险危机，一边着手调查研究寻找走出困局的路径。时至 7 月才将年度经营工作部署下去。会议上我与行长分工，他的发言集中在经营管理方面，我则从党委工作的角度系统地讲了五个问题。这些问题看起来似乎是老生常谈，但对于当时深圳合作商业银行的局面却具有鲜明的针对性，回答了行内普遍关心的导向、政策及出路等问题，也成为大家观察了解新任领导思想观念的一次碰撞。

本次年度经营工作会议，我就加强班子建设问题、干部队伍问题、反腐保廉问题，以及勤俭创业和统一步调的问题讲几点意见。

一、加强党建，是稳健经营的首要前提

今年是我行加强管理、深化改革、稳步调整的一年，如何从思想上、组织上和作风上全面加强党的建设，充分发挥党的政治优势，调动一切积极因素，为全面完成我行的经营任务提供保证，应当是行党委要解决的核心问题。

抓好班子建设是关键。大量事实说明，一家企业经营管理的成败，

关键在于领导班子。我们行的工作，实际上取决于两级班子是否有力，是否能够自觉有效地贯彻党的路线、方针、政策，是否能够成为群众的榜样和战斗的核心，是否是实事求是、立党为公的决策集体。不可否认，当前我行的班子建设亟待加强。一是要选好用好各支行和业务部门的当家人，定职定岗配好助手，解决班子缺员缺位的问题，加强支部建设，建立健全党的基层组织。二是要根据实际状况，着手调整整顿个别软懒松垮的支行班子，制止资产流失，刹住不正之风，稳定经营局面。三是建立健全领导班子的制度建设，从思想认识、工作方法、决策程序上解决是非不分、不愿进取、涣散拖拉、独断专行等方面的问题。四是要定期对领导干部培训，学政治、学业务。加强党性修养，树立良好作风。要充分发扬民主，善于听取不同意见，在非原则问题上讲宽容、讲谦让、讲风格、实事求是、扎实工作、谦虚谨慎、乐于奉献。

加强组织建设是保障。我们两级班子都要坚持党要管党，从严治党的原则，加强党的组织建设，建立起一个组织健全、纪律严明、步调一致、作用突出的党组织体系，切实起到战斗堡垒和政治保障的作用。各支部必须严格党组织生活制度，定期召开会议，共同研究党员的思想状况和工作状况，抓好支部工作。要增强组织观念，严格党员的管理，通过在党员中开展争先创优活动，强化党员意识。每个支部都要抓党员发展工作，要认真贯彻"坚持标准，确保质量，改善结构，慎重发展"的方针，注重对入党积极分子加强培养教育和实际考察工作，把那些素质高、品德优、业务精、贡献大的，在实践中经受住考验的优秀分子，吸收到党内，以提高党员队伍的整体素质和战斗力。

发挥堡垒作用是动力。在全面加强思想建设和组织建设的同时，要注重发挥党组织的战斗堡垒作用，以此作为推动业务经营的有效动力。各支部要围绕促进我行业务发展这个中心，动员全体党员解放思想，开拓创新，促进经营效益的提高。机关支部要紧紧围绕改变工作作风，提高办事效率，加强机关内部管理，端正服务态度，提高服务质量，真正树立一切为了基层，一切服务基层的思想，努力为基层办实事、办好事。要积极探索股份制商业银行思想政治工作的新路子。结合本行的工作实际，研究思想政治工作的新思路和新方法。抓准员工关心的热点和难点问题，深入分析、解惑释疑、统一思想、激励斗志，从而调动起全体员工的积极性和创造性，同心同德、开拓进取。要积极发挥工会、共青团等群众组织的作用，开展形式多样、内容充实、主题鲜明、富有实效的活动，引导党员和员工投身合作银行、献身合作银行，为合作银行的发展而忘我地工作。

二、优化队伍，是稳健经营的必备条件

毛泽东同志曾经说过："政治路线确定之后，干部就是决定的因素。"我们合作银行的事业要想健康、稳步、持久的发展，除了抓好两级班子建设，建立合理的运营机制和科学的管理体制以外，关键就在能否及时地发现和合理地使用人才，优化我们的干部队伍，这是稳健经营的必备条件。

任人唯贤选好干部。一是坚持德才兼备的原则，对干部不仅要考察政治品德、伦理道德和个性品质，还要考察其工作才能和工作实绩。听其言，更重要的是观其行，看群众对他工作的客观评价。有德无才者，难以成大事；有才无德者，终要坏事。所以，在选拔任用干部时，一定要处理好德与才的关系，不能顾此失彼。二是要搞五湖四海，不能只在自己身边熟悉的少数人中挑选，而忽视了那些确有德才、乐于实干、不善表现自己的干部；更不能心胸狭窄，嫉贤妒能，以是否亲近自己或对个人和小团体有利为标准，搞任人唯亲、搞帮帮派派。三是要广开才路，不拘一格。我们不仅需要金融专业人才，还需要组织管理人才、参谋咨询人才、电脑科技人才等多种人才；不仅要立足从内部培养选拔干部，还需要从社会各方面招聘选拔干部。在选拔人才时，要讲学历、讲资历，但不要唯学历、唯资历。重要的是要看能力和实绩，把那些基本素质好、工作业绩实、自我要求严、群众威信高、发展潜力大的中青年干部提拔到各级领导岗位上来，让他们更好地施展才华。

大胆用好干部。人才不是天生的，而是在实践中锻炼和培养出来的。对提拔上来的干部要放手大胆地让他们在实战中压担子、长经验，使他们更快地成长。对干部我们不能求全责备，更不能时时事事都只以自己的观念、自己的要求去对待他们。从创造性思维的角度讲，有时超

常理，或以逆向思维的方式所作出的工作，也许正是有益的创造性活动。当然，人无完人，对在工作中有错误的同志，我们都应当提供机会，允许他们改正错误。要看他们的全部历史和全部工作，不要因一时一事把人看死。

严格管好干部。一是要加强对干部学习情况、思想品德和工作实绩的考核，看其是否把主要精力放在工作和学习上，效果如何。二是要加强对广大干部廉政勤政情况的民主监督和公开监督，看其是否能自警、自重、自律。三是要实行干部定期轮换交流制度，这样既有利于提高干部的业务素质，也有利于保护干部。四是要贯彻实行全员合同制，建立赏罚严明、能上能下、能进能出的用人机制，要重视聘任制、合同制，打破终身制。对德才好、业绩实、威信高的干部要奖励提拔；对德才尚可、业绩一般的干部要离职培训、限期整改；对德才较差，没有群众威信的干部要解聘或辞退。优劣不分、赏罚不明，就无法调动广大员工的积极性和创造性。

干部犯了错误要按照政策区别对待，认真处理。由于我行的特殊历史和现状，遗留问题和现行问题中牵涉了不少我们的干部。要处理好这些问题，必须兼顾维护党纪政纪国法的严肃性、稳定干部队伍、保护合作银行利益三个方面的协调统一，区别不同情况，作出恰当的处理。是否应该把握以下区别，也请大家讨论：合作银行成立前后相区别；新一届班子到任前后相区别；违规、违纪与违法相区别；客观失误与主观故意相区别；一般性错误与严重性错误相区别；一般性损失与重大损失相区别。根据这些区别，在新班子到任前，这些干部做了一些一般性违规业务，没有造成较大损失和较坏影响的，应以教育为主。只要他们认识到问题了，并坚决改正，就不再追究个人责任。对于信用社期间因违规经营而造成重大损失，以及合作银行成立以后大规模严重违规经营而造成较大损失和较坏影响的，即使不追究其失职的法律责任，也要追究其行政领导责任，至少不应继续留在领导岗位上工作。对于新班子到任后继续违规经营的，要严查重处，绝不姑息。对于个人贪污受贿违法犯罪的，我们都要积极配合司法机关坚决打击。区别对待的目的是教育和保护大多数干部。即使对少数错误性质严重、造成不良影响和损失较大的干部的处理，也要坚持实事求是原则，尽量给予挽救。

三、反腐保廉，是稳健经营的重要保证

反腐保廉是我们金融企业永恒的话题，也是我们实现稳健经营的重要保证。两年来，我行反腐保廉总的情况是好的。但是，我们在看到主流的同时，也要勇于正视所面临的问题。这些问题主要表现在：个别部门、支行的领导干部对反腐保廉的重要性、紧迫性认识不足、决心不大、力度不够，缺乏自查自纠的自觉性，民主生活制度不健全。全行经济案件上升势头虽有所遏制，但消极腐败现象仍然存在。有令不行、有禁不止、违法违纪违规经营现象仍有发生。以权谋私、以贷谋私的不正之风在一定范围内仍然存在。这些情况不能不引起我们的警觉和反思。我们必须强化党内监督和执法监察，提高内部稽核监督的独立性和权威性，敢于正视问题、敢于揭露矛盾、敢于碰硬。党委、纪委、监察、稽核监督、有关业务部门要一起齐抓共管，严明纪律，严肃执行纪律，严教、严管、严查、严打，对明知故犯，顶风违纪的严惩不贷。当前我们应主要做好以下几项工作：

加强教育，贯彻预防为主的方针。要根据不同对象、不同岗位，有针对性地进行反腐倡廉的教育，并使这项工作逐步走向系统化、制度化和多样化，做到警钟长鸣，防患于未然。当前，尤其要组织党员和科级以上干部学习党纪政纪条规，组织党员认真学习中纪委新颁布的《中国共产党纪律处分条例（试行）》以及《中国共产党党员领导干部廉洁从政若干准则（试行）》。总行还要定期或不定期地以简报形式剖析发生在我行的典型事例，用身边的实例教育员工。

大力发挥稽核监督在反腐保廉工作中的作用。银行的贪污腐败行为，在很多情况下都与违规经营、财务混乱有密切关系。如果我们能够通过稽核监督，及早发觉并有效制止各类违规行为，堵住财务管理上的漏洞，就能在制度和机制上遏制腐败行为的产生和蔓延。总行最近把稽核处和事后监督中心合并成立稽核监督部，就是为了强化稽核监督工作。要赋予稽核监督工作的独立性和权威性，稽核监督部门对董事长、行长负责，其工作不受任何部门和人员的影响。希望稽核监督部门的同

志努力开拓、认真负责、增强信心，一定要把这项工作做好。各级领导、各分支机构、各部门都要自觉维护稽核监督工作的独立性和权威性。稽核监督工作做好了，反腐保廉工作也就有了必要的保障。

加强对重要业务部门和岗位的监管力度。计划、会计、信贷、储蓄等处室，要积极与纪检、监察部门合作，加强对各支行的检查、督促和辅导。检查各专业主要内控制度的执行情况，将其作为经营考核的一个重要指标记录在案，对存在的问题要限期整改。

继续做好廉政建设量化考核工作。7月将要对支行进行一次全面检查，对没有认真开展廉政建设量化考核的单位要通报批评。进一步发挥我行的社会监督网络作用。通过银企座谈会、问卷调查和走访监督员等方法，发挥客户对我行廉政建设的监督作用，以提高我行的服务水平和社会信誉。

加强纪检监察队伍的建设。纪检监察干部要敢于坚持原则，要加强学习，不断地提高自身的政治素质和业务能力。要修订完善纪检监察员工作职责，坚持每季工作汇报制度，及时掌握支行的工作动态和纪检监察员工作情况。关心和帮助纪检监察员，解决他们工作中遇到的重大困难，支持他们坚持原则、排除干扰、大胆工作。各支行领导要支持总行驻各支行兼职纪检监察员的工作，保证他们独立行使纪检监察的权力，要让他们参与本单位人事、经营等事项的重大决策，以便他们能够及时全面掌握情况，防止各类案件的发生。

加强案件管理。我们应做到有案必报、立案必查，加强案件动态管理。同时要加强对案件的分析研究，从中找出规律性的东西，有针对性地改进查办案件工作。

四、勤俭创业，是稳健经营的有效法宝

目前，合作银行正处于艰苦创业期，由于历史的原因，资产质量差、费用高，已成为困扰我们正常经营和利润有效增长的一个重大难题。1996年支行的费用率都超过了总行考核指标，今年上半年费用较上年同期大幅度长。讲排场、比阔气、花钱大手大脚的现象并未得到有效遏制。最近总行转发了江泽民总书记关于《大力发扬艰苦奋斗的精神》

的讲话，寓意深刻。我们希望全行员工，特别是各支行的一把手，要认真学习、结合我行的实际情况，深刻领会江泽民总书记的讲话精神。

提高思想认识，处理好发展与节约的关系。第一，讲艰苦奋斗，在认识上要统一。有些同志认为我们已经很节约了，有的甚至想花多少就花多少，花到多少算多少。这种不控制、不管理的做法必须杜绝。学习江泽民总书记的讲话就是要在全行干部员工中树立过紧日子的思想，营造艰苦创业、勤俭办行的良好氛围，制止挥霍浪费的风气滋长蔓延。第二，节约不是什么都不做了，什么钱都不花了，工作上缩手缩脚。我们是商业银行，以营利为目的，必须处理好发展与节约的关系，钱要用在刀刃上，用在能够促进合作银行事业的发展，能够创造更大效益的事情上。

从点滴做起，党员干部要以身作则。"成由勤俭败由奢"，我们还处在非常艰难的时期，费用上的漏洞还很多，就车辆的管理来看，全行有 174 辆车，平均 6.6 人 1 辆。今年 1～5 月的费用较去年同期增加了 25%，是不是所有的费用都用到了工作上？不是的。节约要从一点一滴做起，分析各种费用开支，划定合理与不合理的界限，制定各种费用管理制度，严格控制费用开支。党员干部必须以身作则，严格要求自己，要求下属做到的事情，首先自己要做到，同时发动广大干部员工出主意、想办法，开展增收节支的活动，努力把费用开支降下来。目前，有的支行已经着手做这方面的工作，并且取得了明显的成效。

积极配合稽核监督部对费用的监督。从 7 日 1 日起，全行的营业费用纳入稽核监督部进行监督，执行总行的决定，节约开支、降低费用，是今年工作的重点，支行领导必须积极配合稽核监督部的工作。稽核监督部的监督是帮助各支行控制费用，发现经营过程中的不合理开支和漏洞。通过监督准确掌握全行营业费用状况，约束乱开支、乱花钱和乱发钱物的"三乱"现象，达到节约开支、降低费用的目的。逐步实现政令畅通、规范有序的经营环境。

五、统一步调，才能使稳健经营得以实现

国家的法规已明确城市合作银行实行"一级法人、统一核算"的

体制。一级法人只能服从一个中心，建立全行统一运作的机制，整体运作必然导致整体信誉，整体运作才能产生整体效益。因此，局部必须服从全局，支行必须服从总行。时至今日，我行已成立两年之久，部分员工，特别是部分支行的领导干部，仍然自觉或不自觉地在坚持原信用社时期的习惯做法和工作作风，置全行的整体利益而不顾。个别人甚至阳奉阴违，个人主义至上，搞小团体主义，搞上有政策下有对策，不服从总行的指挥调度。

问题产生的原因是多方面的。一是由于总行自身管理不到位。各业务管理部门人手少、经验缺乏，很少能够深入基层、深入实际进行调查研究、现场指导。对下面的真实情况若明若暗，对各支行在想什么、干什么，知之甚少。总行有些管理人员浮在上面，不愿下去，不敢下去，以发文代替管理。上面的决策的确存在脱离实际，相互撞车的现象。有的支行请示的问题，上面相互推诿，得不到及时答复，因而自作主张，酿成祸害。

二是出于无知、盲从。我们的员工队伍相当部分是信用社时期形成的，专业学历和资历相对缺乏。我们的支行负责人中，也有不少从未从事过财经工作，或者缺少各级领导岗位的锻炼。银行工作有它独特的内在规律，领导岗位有必要的素质要求。绝不是因为你有那么几个关系人，能拉一点存款，就能自如地经营管理一家支行，管好用好手下的一班人。这其中还是大有学问可讲、有规律可循、有文章可做的。光凭想当然干事，光凭随大流做工作，没有科学和实事求是的精神，不按规矩、不按规定、不按规律办事情，必然会犯错误、闹笑话。资产的流失是触目惊心的，合作银行再也经不起折腾，再也交不起学费了。

三是不理解。有的支行负责人既出于指标的压力，也想成就一番事业，看到有的金融机构通过违规操作得到很多实惠，取得了很大的业绩，也很想侥幸地抓一把。甚至有的总是错误地认为反正自己不装腰包，犯错误也是为了公家。在他们的眼中，上面的领导是怕负责任、为了保乌纱帽，自己才是为了工作、为了员工。

四是明知故犯，顶风对着干。这种人，我行我素，目无法纪，想怎样就怎样，有令不行、有禁不止，违法违纪违规顶风上。最近深圳市金融系统有关的会议精神和市监察、检察部门的统计表明，我们合作银行是深圳市金融系统发案率最高的，案件数也是最多的，这就不得不引起我们的高度重视。

为了保障有效实行一级法人，进一步强化统一管理和内部控制，增强防范和控制风险的能力，保护全行利益，我们将建立并实施法人授权制度。总行将根据需要和各分支机构、各职能部门的具体情况，实行逐级、有限和区别授权。各分支机构和各职能部门必须在授权限度和范围内，经营有关业务，履行有关职能。一旦发生超越授权的行为，必须受到处罚，并视其行为性质和所造成的损失，追究主要负责人和直接责任人的相应责任。实行法人授权制度，是我们经营管理体制上的一项重大改革，也是规范经营、防范风险的必由之路。这一次会议就要讨论这个制度，大家要集思广益、畅所欲言，争取早日出台。制度实行后，要不折不扣执行，彻底改变目前分散失控的状态。

为了我们合作银行的长远利益和根本利益，我再次强调，实行一级法人，我们全行上下必须统一思想、统一认识、统一指挥、统一行动。强调统一思想、统一认识，就必须围绕"稳中求进，有效增长"这个主题，靠依法经营，靠真本事、硬功夫来发展事业，真正做到有效增长，不要急于求成、急功近利，更不能违法乱纪、搞歪门邪道，要扎扎实实将基础打好，将遗留的问题解决好。统一思想、统一认识，还要求大家团结一致，为全行的共同目标，克服个人之间的恩恩怨怨，各司其职、各负其责，团结全体员工共同努力完成今年各项计划指标。统一指挥、统一行动，意味着大家应遵守各项规章制度，下级服从上级，真正做到政令畅通、令行禁止、统一步调。希望支行要相信总行在作出决策前会充分听取你们的意见，尽可能地处理好局部和整体的利益关系，一旦形成决定，就必须无条件服从。

实施一级法人，还要求我们妥善处理加快发展与加强管理的关系，处理好原则性与灵活性的关系。作为一家刚刚建立才两年的商业银行，我们的机制还不健全，制度还不完善，基础十分薄弱。我们不能操之过急，更不能急功近利违背规律，我们不能企望在几年内就进入国内金融界的先进行列。我们应该脚踏实地打好基础，安分守己地操作经营，名副其实地建立信誉，科学大胆地开拓进取。如果我们不注重提高本行的资产质量，不建立牢固可靠的广大客户群，不遵纪守法地操作运营，不提高我们干部员工队伍的政治和业务素质，不思进取、安于现状，那么我们终将会掉进恶性循环的泥潭，失去生存发展的机遇。最后，希望大家在各自的岗位上研究新情况、解决新问题、作出新贡献。

带好头、管好人、把好关

> 1997 年的工作一直集中在端正思想、纠偏扶正、合规经营、堵漏补缺上，如何管班子、如何带队伍、如何上正道成为打破困局的关键。这是我在 1997 年 10 月党委工作会上的讲话，面对违规业务不能做、资产质量极其差、经营指标压力大、竞争手段太落后的状况，以及班子和队伍建设中存在的问题，出路只能是加强领导班子建设，在机遇与挑战面前"带好头、管好人、把好关"。

加强领导班子建设是我行的一项重大而又紧迫的任务。

加强领导班子建设是强化党的建设和落实"一级法人、统一核算"的经营管理体制的客观需要。

从思想上、组织上和作风上全面加强党的建设，充分发挥党的政治优势，调动一切积极因素，无疑是全面完成今年经营任务的重要保证。作为一家股份制商业银行，总行和支行两级领导班子能否建设好，决定着我行经营管理的成败，特别是支行的领导班子，处于承上启下、领导一方的关键位置，是一线工作的重要指挥部。我们的支行都是从原信用社改制而成的，要真正落实"一级法人、统一核算"的经营管理体制关键在于支行领导班子。实践证明，哪个支行班子整体素质高、遵纪守法、防范风险意识强、团结协作、开拓进取精神好，哪个支行的经营效益和管理水平就可以上新台阶。反之，不仅本支行工作做不好，而且还拖全行的后腿，这方面的教训是相当深刻的。

我行班子建设的现状和面临的形势迫切要求把两级班子建设好。

客观地说，我行两级班子的主流是好的，大多数班子成员政治坚定、有较强的事业心和进取精神、团结协调、奉公守法、具有一定的领导能力和领导水平，是团结和带领我行克服困难、稳健发展的中坚力量。但是，在班子建设中的确也存在一些不容忽视的问题，主要表现在：

部分领导干部得过且过，工作没有责任心，原则性不强。对不良倾向和不良行为，不是理直气壮地指出并纠正，而是大事化小、小事化了。有的丧失组织原则，会上不说，会下乱说。

少数人精神状态不佳，消极悲观，没有开拓进取心，办事不落实，脚踩西瓜皮，滑到哪里算哪里。

团结问题在一些班子中始终没解决好。少数班子的一把手个人说了算，搞"一言堂"，没有发扬民主，集中大家的智慧；有的班子成员各自为政，各行其是，缺乏相互支持融合，没有整体观念，形不成领导核心；有的甚至搞小圈子，钩心斗角，内耗严重。

端正经营思想，统一法人行为还没有成为全体领导成员的自觉行动。从认识的阶段来说，目前有部分班子还停留在侥幸观望，何时才能做到"不敢违规""不想违规"？最近调研组工作时也发现，彻底端正经营思想，真正做到统一法人行为，在个别支行任务还比较艰巨。

部分领导班子成员对如何带好队伍，思想上缺乏认识，行动上没有什么措施，效果也不显著。

有的支行班子，艰苦奋斗、勤俭建行的观念比较薄弱，花钱大手大脚的现象还时有发生。

上述问题虽然只是发生在少数领导干部中，但造成的影响和后果不可低估。特别是目前我行正处于调整、爬坡阶段，领导干部中存在的问题能否及时解决好，关系到我们能否闯过这一关，不可掉以轻心。

按照"带好头、管好人、把好关"的总体要求，努力把我行两级班子建设好。

省委最近提出，在领导班子建设问题上，要做到"六个坚持"、抓好"五个环节"。领导班子在思想政治方面必须做到：坚持为人民服务的宗旨、坚持"两手抓"的方针、坚持实事求是的思想路线、坚持密切联系群众的作风、坚持艰苦奋斗的创业精神、坚持依法办事的原则。要抓好五个环节：加强理论学习和思想教育、加强民主集中制建设、加强监督、认真抓好干部的选拔工作、重视提高班子带头人的思想政治素质。市委工作会议要求各级领导班子要从讲政治的高度，提高思想修养，不允许阳奉阴违；要敢于碰硬，"动真格"，从严处理反面典型；要起好模范带头作用，一级带一级。我们结合实际，着重在"带好头、管好人、把好关"三个方面狠下功夫。

一是"带好头"。

上梁不正下梁歪，中梁不正倒下来。领导班子要带好头，其道理显而易见。关键是要弄清怎样才能带好头？怎样才算带好头？

讲政治、讲学习、讲奉献。讲政治就是要保持政治的敏感性和立场的坚定性，在政治方面发挥导向作用，否则就会迷失方向，不但不能带好头，而且要付出沉重的代价。讲学习主要是解决好有组织地学与主动地学的结合，这样才能保证学习效果。今后党委学习中心组，要保证每月至少一次集中学习，扩大至各分支机构的"一把手"都参加，系统地学理论、学科技、学业务、学法律。为了保证学习效果，要求我们两级班子的成员每年结合自己的学习体会，写一篇读书心得，并组织专人对大家的读书心得进行评比，对优秀者给予精神鼓励。讲奉献主要应该强化三个意识，强化敬业乐业的意识，热爱本职工作，勇挑重担，有强烈的事业心和责任感；强化淡泊名利的意识，一事当前，以党和人民利益为主，像陈云同志说的那样"党的事业重如山，个人名利淡如水"；强化自我牺牲的意识，有得必有失，树立正确的得失观。在困难的时候，锻炼干部，考核干部，显出英雄本色。

严于律己，率先垂范，以自身的人格魅力去带动和影响群众。榜样的力量是无穷的。作为一名领导干部，在学习、工作和生活中，身体力行、高风亮节，既是职责所在，也是应尽的义务，别无选择。领导要甘为人梯、为人表率、敢于高呼"向我看齐"，这样才能增强队伍的凝聚力。

振奋精神，开拓进取。人的精神状态，主要是指思想、观念、作风、胆识和干劲。要振奋精神，关键是要解决好思想认识问题。对于面临的困难和问题要辩证地看，是机遇与挑战并存。违规业务不能做，资产质量成问题，经营指标压力大，竞争手段相对落后，这都是不可回避的。但也应该看到，这些困难都是可以解决的或正在解决。从另一个角度看，又是大好事，因为可以脚踏实地了，实实在在了，不必担惊受怕地做事、做人。大家别忘了，我们一千多人的队伍中，不乏优秀人才。过去说只要有了人，什么人间奇迹都可以创造出来，这可能绝对了些，但如果队伍中的每一位，都能将主观能动性调动起来，力量就不可估量了。另外，从全市宏观经济形势来看，我们有拓展业务的空间，没有理由在困难面前败下阵来。

不断提高领导艺术和领导水平。领导是指导和影响个人或组织，在一定条件下实现目标的行动过程，而致力于实现这个过程的人就是领导者。具有一定领导艺术和领导水平的领导者，其品质特征应包括：才智、强烈的责任心和完成任务的驱动力、坚持追求目标的性格、大胆主动的独创精神、自信心、合作性、乐意承担决策和行动的后果、能忍受挫折、社交能力和影响别人行为的能力、处理事务的能力。我们两级班子的成员都是领导者，应通过不断学习，不断探索，不断总结，在上述方面达到较高的境界，做一个能够带好头的领导者。

二是"管好人"。

管好人，实质上是带好队伍。目前，如何管好人显得尤为迫切。我们号称一千四百多人的队伍，业务素质参差不齐，相当一部分人缺乏专业训练，思想素质亟待提高。要带好这样一支队伍，我行两级班子成员责任重大，能否带好队伍是经营管理成败的关键。

知人善任，坚持"五湖四海"。关于"知人"，诸葛亮是这样概括的：问之是非而观其志，穷之辞辩而观其变，咨之计谋而观其识，告之艰辛而观其勇，醉之以酒而观其性，临之以利而观其廉，其之以事而观其信。所谓"善任"，就是在任用干部时，不能只在自己身边熟悉的少数人中挑选，而忽视了那些有德才、乐于实干，不善于表现自己的干部。更不能心胸狭窄、嫉贤妒能，以是否亲近自己或对个人和小团体有利为标准，搞任人唯亲，搞帮派团伙。"我们都是来自五湖四海，为了一个共同的革命目标，走到一起来了。"今天，我们的同志能在一起共事，也应当说是我们的缘分，要办好我们的事业，要朝着兴旺发达的目标前进，就应该知人善任，让那些真正有能力、德才兼备的人，在工作中发挥主力和骨干的作用，让他们更好地施展才华。

坚持正面引导为主，教育为主。要经常地、有计划地通过组织学习或做好耐心、细致的思想政治工作的方法，对广大干部，尤其是领导班子成员进行革命人生观教育、价值观教育，进行革命理想教育。同时，要不断地增强党的观念、群众观念、法制观念，不断地提高在市场经济环境下的竞争能力。我们还要根据不同对象、不同岗位，有针对性地进行反腐倡廉的教育，做到警钟长鸣，防患于未然。同时，要加大监督力度，发现不良苗头和动向要及时提醒，严肃批评；出现问题要抓紧查处、帮助纠正，防止酿成大错，造成严重后果。

坚持原则，建立能上能下、能进能出、奖勤罚懒的人事管理机制。在管好人这个问题上，我们主张实行情感管理，但人事管理的原则必须坚持，否则队伍就没有战斗力。坚持原则务必要建立和健全管理规章。股份制商业银行的性质要求我们实行全员劳动合同制、领导干部聘任制。要建立能上能下、能进能出、奖勤罚懒的人事管理机制，关键是建立一套科学、严密、合理的员工考核办法。能量化考核的尽可能量化；定性考核部分，更经得起比较和推敲。这项工作主要由总行人事处负责，各支行在两年多实践中积累了宝贵经验，是搞好这项工作的基础。规章制度重在抓落实，要建立平时考核和年终考核结合的机制。两级领导班子必须及时、准确地运用考核结果，真正做到赏罚严明，优胜劣汰。

加强培训教育、活跃员工业余文化生活，提高人的素质。现代企业的竞争，实际上就是人才的竞争。现在，我们不仅要增加硬件的投资，更重要的是，我们还要加强对人员的培训，以增强我们的竞争能力。最近，我已经开始研究和拟订培训计划，目的就是想尽快地使我们员工的业务素质、操作技能和管理能力都能逐步提高到适应市场经济客观需要的标准。同时，我们还要通过开展丰富多彩的业余文化生活，组织各种兴趣小组、读书小组，以增强凝聚力，使全行员工感受到大家庭的温暖，并主动为发展献计献策、尽心尽力。

三是"把好关"。

把关就是决策，作为领导者，最重要的任务是科学、及时、准确地作出决策。要把好关，对领导个人和班子集体要分别落实以下具体要求：

组织观念明确。言行与党和国家的大政方针保持一致，自觉维护团结、维护稳定，不利于团结稳定的话不说，不利于团结稳定的事不做；经营思想端正，"依法经营，稳健发展"，绝不只是停留在口头上的口号，而要真正成为行为准则，工作作风过硬。"求真务实，严谨高效，追求卓越。"

坚持民主集中制，凡是团结坚强、工作有成效的领导班子都有一条根本的经验，就是民主集中制执行得好，凡是内耗严重、纪律涣散的领导班子都有一个深刻的教训，就是民主集中制不健全；共同维护法规的尊严，排除种种干扰，把各项规章制度真正落到实处，用制度管好人和事；建立科学的经营决策程序，完善严谨的管理机制。尽快完成经营管理从粗放式向集约式的过渡。

咬定青山不放松

> 这是 1997 年 11 月在全行党员大会上的一次集体谈心。会前我只是拟了一个发言提纲，现场讲话经录音整理后成稿。当时行内弥漫着悲观失望的情绪，两级领导中都有人存在着"红旗到底能够打多久"的疑问。这次谈心分两部分内容：一是针对当前形势必须树立长期性、艰巨性和可逆性的观念。解决问题要立足于自身，立意于紧迫，坚持于逆转。二是再次强调全行党的建设。就大家关心的民主集中制、稳定发展主基调和用人标准等，回答了为什么要集思广益、为什么要提升人的价值、什么应该成为我们的追求等问题。

先根据我行当前的形势和即将从事的工作谈谈"三性"的问题。

我说的"三性"，一是长期性，二是紧迫性，三是可逆性。刚才王行长对目前的形势、任务做了全面的分析，他讲了五个方面，技术、业务、人、机制和资产。概括讲问题的方法可以多种多样，但是情况是基本的，大家都在一起工作，对行里的基本情况都有一个认识。认识是不是一致很难说，但大体的认识、看法应该是一样的。过去的基础不好、资产状况不好、人的素质有待提高，等等。我们来了以后听到了很多介绍，但是我想实际上一个单位从建立到成长发展，最后都有一条主线把它串起来，这就是内在灵魂的东西、内在机制的东西，我觉得它还没有最终建立起来。中国足球队曾经 6 次在世界杯外围赛中都失败了，说来说去，有的说是因为体力不行，有的说战术不行，有的说训练不行，有的说心理素质不行，有的说教练不行，说了很多原因，最后还是归结为中国队场上没有灵魂。你说体力不行，心理素质不行，这么多年，中国十几亿人选几个人上场应该没有问题，棒小伙子还是有的；说技术不行，也训练这么多年了；说来说去终究差点什么，差个内在的灵魂。我再举个例子，深圳市人民医院、华强医院从内地调来很多有素质的医生和护士，人的单个素质都不差，但医院的总体水平就是上不去。一般老百姓没办法，但有关系有门路的人都不在深圳看病，都去广州、去北京了。为什么呢？他信不过你这医院。深圳医院硬件是最好的，因为地方财政在这方面钱花得多，买的设备都是一流的，其实个体的水平都不差，就是内在的磨合、管理水平上不去。这两年有了很大的改观，医院整体水平有所提高，就是靠大家在一起磨合。再说学校的问题，从外地调来的人很头痛孩子上学的问题，有的不愿来，说深圳没有好的学校。深圳中学、实验学校也是从全国各地调来很多水平相当不错的老师，但学校水平很长一段时间还是上不去，这几年才搞上来了。为什么呢？这也需要十年八年的磨合。我举了这些例子，就是想说明我们合作银行成立才两年的时间，加上原来基础不好，大家在一起要磨合，并不是我们这些人都不行。许多人都是相当不错的，拿出来也是个顶个的，个人素质也不会比别人差到哪去，但是我们需要磨合，需要时间和过程。

在这地方当领导的相当累，从支行领导到部门领导再到行里领导，干的工作比别人多，占用时间比别人多，花的精力比别人多，付出的心血比别人多，最后效果却没有人家好。所以我就觉得大家在一起磨合的时间还短，共同的认识还没形成，差就差在这方面需要时间。正是基于这方面的认识，我提出这"三性"，即长期性、紧迫性和可逆性。

第一条讲长期性。对长期性的认识，可能很多同志思想上认识不一定有那么充足。第一次国内革命战争时期，当时有些人提出毕其功于一役，指望一仗打胜了形势就会扭转，就从坏的形势变成好的形势。分析行里的工作也是一样，不能指望在某一项工作上或者说在某一阶段的工作上，就能完全地、充分地解决存在的所有问题，必须做长期的思想准备、长期磨合的准备、长期学习的准备、长期锻炼的准备。另外一种看法也是错误的，第一次国内战争时期，红军在井冈山，有的人对当时的形势看法悲观，提出红旗究竟能够打多久？我们行当前的情况也是这样，有些悲观的看法，认为我们行到底能坚持多久？感到工作上压力大、难度大，前途看不清。也有发牢骚讲怪话的，说什么现在端正了思想、规范了行为、查处了违规，车也擦干净了，打扮得漂漂亮亮，怎么就是不往前走呢？我觉得这种看法也是对我们面临问题的长期性认识不足，所以就悲观、失望。抗日战争时期有速胜论，企图通过几次大的战役就取得抗日战争的全面胜利。针对这种错误认识，毛泽东在《论持久战》中予以驳斥。我们现在的情况企图通过短时间内完成几项工作就改变面貌，就发生翻天覆地的变化，这种期待也是不客观的。大家必须有长期的思想准备，长期艰苦奋斗的准备，没有速战速决，不可能速胜。当然在整个战役、战略的过程中，有些重大的战役往往对形势的逆转起到决定的作用，这个东西咱们需要把握，但是这个事情需要比较长的时间。李子彬市长在9月来我行检查工作时曾说过："合作银行过去存在的这些问题要解决，需要3~5年，我看5年能把这些问题很好地解决也就相当不错了。"领导见多识广，对问题的把握我觉得还是很准确的。我感到解决问题不是没有出路，而是在于坚持。

还一种认识，就是外因主导论，认为我们这些问题、这些情况要向好的方面发展，主要还是靠市政府。外因和内因，内因是起主导作用的，它是矛盾的主要方面。我们自己必须置之死地而后生，指望、依赖或者认为外面谁会来救我们，我告诉大家，没有神仙和皇帝。我来这里工作七八个月时间，多次跟市里领导汇报一些问题，当然我是想多争取市里的支持，这是毫无疑问的。但关键在我们内部，大家从指导思想上必须树立一条，即人家支持你、帮助你，首先要看你值不值得支持、值不值得帮助。如果是马尾串豆腐提都提不起来，谁敢支持你？所以在内因外因的问题上，内因是主导，外因主导要不得。我劝大家要着眼于自身，着眼于内部，你好大家就都说好，见苗才浇水，你连苗都长不起来，让人家怎么浇？我们行要走向良性、健康、持续、稳定的发展，是一个比较长的过程，大家不要指望半年一年就会怎么样，这是一个几年的过程。

第二条讲紧迫性。说到长期性只是问题的一个方面，那么既然是长期性的，是不是就可以慢慢来？这样也不行，必须要有紧迫感。当前市场竞争的激烈程度以及竞争后会产生什么后果，王行长刚才讲了很多，我也不再重复。现在大家都在努力拼搏，想尽各种各样的办法，脚踏实地地干，但我觉得还是有必要把紧迫性的问题提出来。紧迫性关键是必须抓住发展的机遇，错过了发展机遇，就会贻误事业，就会使事情向相反的方向发展，使矛盾向另一个方面转化。今年以来所做的工作，包括9月以后开始腾出手来抓业务、抓发展，都是想充分地抓住发展机遇。明年形势并不乐观，大家想一想，最近周边国家和地区发生的金融风暴，有些经济学知识的人可以作一系列的分析。这不仅反映在金融上，还反映在产业方面，反映在经济结构方面，反映在经济总量变化方面，对宏观经济发展，对深圳地区的经济发展都会带来连锁反应。所以明年的形势并不乐观。市场竞争的这种激烈程度还会加剧，所以在这种局面下，必须要有紧迫感、现实感，大家的血液要沸腾起来，要加快工作的节奏。刚才我讲的是想通过激励的办法、淘汰的办法、竞争的办法，说的就都是这个意思，都是一种紧迫感的具体表现，没有紧迫感，我们抓不住机遇，机不可失，时不再来。应该逐步扩大我们在深圳市场上占有的份额，从10月末人民银行统计的数据看，深圳地区的存款是1722亿元，我行目前大概占有深圳市场4%的比重，按比较经验化的数据来看，某一企业在某个行业里，或者说，某一个企业在某一个地区的经济结构里，主要份额能占到15%的话，那可以说是相当稳固的一种局面。目前，深圳银行业能占到15%的只有2～3家，前六名是工行、农行、中行、建行、招商银行、深发展银行，它们的存款一般都在200亿～300亿元，占到百分之十几的份额，而我们只占4%。如果要确立一种长远的发展战略，我想这是一种直观的能衡量的指标，今后通过1年、2年、3年乃至5年的努力，我们能够达到一个什么份额？能不能从4%变成5%，逐步从5%变成8%，变成10%，变成12%乃至于更多？事物是发展的，工作是人做出来的，你的份额小了人家的份额就大了，你的份额大了人家的份额就小了，无非就是谁吃谁的问题。从这一点看我们也得有紧迫感，不断地发展壮大自己，在发展壮大中才能生存下去。

第三条说一说可逆性。所谓可逆性，是说一个事情的两个方面是可逆转的，不是一成不变的。事情的发展有个度，一旦过了某个量度，就会起质的变化。今年以来，我们比较好地解决了经营思想和经营方法的问题，比较好地查处了违规的问题，在这一点上，大家在原有的基础上有所提高，认识达到空前的统一，这为我们未来的发展打下了很好的基础。怎样评价今年的工作？如果单用经营指标来评价，今年利润少了，今年的收入没有过去高，如果以此标准来评价，显然是片面的，李子彬市长在今年9月讲过应该怎样评价合作银行的工作。我要提醒大家，事情可以逆转，一旦放松了对合规经营的认识，历史还会重演。1992年金融行业从机构到业务规模发展得非常快，在这个过程中出现很多问题，当时很多人特别是一些长期从事银行工作的人，对这个问题的看法是感觉将来肯定会出风险。但是潮流来了挡不住啊，人家那样干，我不那样干怎么办？人家干了没有事，你干了可能就会有事。将来会不会出现这种潮流，大家可以反思。有些事很难讲，旧的思想、旧的观念、旧的作风、旧的习惯，一旦遇到合适的环境还会死灰复燃。我想提醒大家，不要在新形势下，穿新鞋走老路。我们今年花了这么大的代价，我说的代价是什么？清理高息存款造成存款下降，担心控制不了局面，大家的压力都很大，这就是代价。干什么事情都会有代价，但付出的代价要值得。今年以来，为了端正经营指导思想，处理了违规的行为，具体做起来非常难，特别是涉及人的处理，是非常难做的。弄到谁谁就不高兴，侵犯了谁的既得利益谁就要骂娘。做形势的逆转工作，做矛盾的转化工作，在这个过程中，总行机关所从事的工作和支行行长所从事的工作是不一样的。总行机关的同志为了完成有关工作，采取了各种组织方式，组织了专门的班子，领导也进行了分工。一方面，要抓当前的工作，要抓基础工作，同时为明年的工作做相应的准备，而且在重大的制度、方法方面还要做些改革、调查和改进的工作。说实在的，刚才行长说到发牢骚的问题，有时我自己都有些顶不住，脑子里边的事情太多。有时我跟其他行领导开玩笑说，"天天有节目"，大家吃饭在一张桌上，也是报告新情况、新题目的地方，新节目总是看不完听不完。感谢大家的支持，总行领导班子可以说顶住了压力，坚信我们的事业能够向好的方面发展，相信我们的广大干部和员工，在困难的情况下会努力拼搏。我们看到了希望，看到了亮点，看到了品质和力量，看到了员工的精神风貌。有许多人在自觉地加班加点，长期带病坚持工作，从点点滴滴中我们可以看到这个行的希望。

接下来，还是要讲我们行的党建工作。

加强党建工作，要坚持民主集中制；要坚持稳健经营，深化改革，强化管理，稳定发展的基调；要坚持干部队伍建设的"四化"方针和德才兼备的原则；要坚持发挥党的基层组织的战斗堡垒作用，发挥党员的模范带头作用。

一是坚持民主集中制。我们党员领导干部，都会碰到这个问题。做事情一定要民主，一言堂的做法注定是要失败的。不能堵塞大家的言路，党内更不能堵塞党员的言路，大家一律平等。你当面堵塞，人家就在背后说，在你这个单位没地方说，人家就到外面去说，堵是堵不住的。所以要疏导，要多沟通，要多对话。做事情必须要民主，反复不断地征求意见，取得大家思想认识的一致，这样我们的决策才能被顺利地贯彻执行。我们行的会议多，大家对此颇有微词。会要不要开？不开会可以，很简单，文件拿来我照批，批完了你们照我批的意见去办。再不行把人找来骂一通娘，其实骂是白骂了，当面肯定不敢说。我当面骂你的娘，你背后骂我的娘，不就这么一回事吗，这年头谁怕谁呀？我不主张用这种思想方法，也不主张用这种工作方法，我提倡大家多对话、多沟通、多商量。开会多是因为工作多，不开会行吗？我和王骥两人能定了吗？定不了的。就算我们两人能定，好些东西我们也不懂呀。所以有些会必不可少，还得开。所以只能说，拜托大家辛苦了，今年以来大家确实辛苦了，陪着我们也辛苦了。那么搞民主是不是太软弱？讲民主集中制首先要民主，在民主的基础上来集中，就是充分听取大家的意见以后再集中。光讲民主不讲集中也是不行的，民主不等于软弱，民主就是沟通的过程，就是商量的过程，就是尊重大家的过程。由于历史传统影响，长期以来在社会上也好，在党内也好，有些人你不训他，他不舒服，你训了他以后他还觉得这领导有魄力，他就不习惯人家跟他商量问题，不习惯人家跟他一起研究问题，他认为是多余的。我不这样看问题，办事情必须要先民主再集中，民主不等于软弱，集中不等于专制。不能一个人说了算，但也不能没人说了算，我作为党委书记，领导党委工作，我的作风是要坚持民主集中制。王骥是行长，日常经营工作由他全面负责，但不等于说我不关心这个行的经营，不参与经营方面的领导，只是方式方法不一样。需要党内民主集中的，就通过党委会来实行民主集中。不需要走这条线解决问题的，就由经营班子解决。需要董事会解决的问题上董事会。凡事通过既定的程序和途径去解决，这就是民主集中制。王行长的民主作风相当强，大家能够和这样的行长一起相处共事，有这么一种氛围是非常难得的。在我们行里应该提倡民主作风，提倡沟通，提倡对话，提倡协调，提倡商量。领导是干什么的？领导就是协调，就是服务。什么事都要领导去干，从思考问题到动笔写文件，到开会宣讲，讲完了再自己去干，这样的领导没用。领导干吗呢？就是发动群众，就是听取大家的意见，最后决定的问题分头去执行，让大家去干嘛。坚持民主集中制不仅是从党委的角度讲，也是各部门、各支行班子都应该做的。

二是坚持稳定发展的主基调。我在讲到"三性"问题时已经说到了这一点，一个企业的发展，最好追求比较稳定的、逐年有所增长的目标，千万不要大起大落。大起大落就要伤元气，要走稳健经营、稳定发展的路。这是我们的主基调。要共同认识，长期把握。有得就有失，以为是机遇的时候往往会偷鸡不成蚀把米。联想集团起步的时候就是卖进口电脑，有了积累开始自己编程设计汉卡。1988年走出海外，在香港生产汉卡并销售给国际上的一些电脑公司。1989年整个电脑行业不景气，联想也无法置身事外，亏了6000多万港元，遭受了致命的打击。1992年国内房地产业兴起，面对利益的诱惑，联想依然坚持自己的理念和基调，一心一意在计算机领域耕耘。联想的电脑首先在国内站稳脚跟，接着走向世界，这条路后来证明是走对了。目前，联想在国内的计算机销售占了百分之十几，1995年成立十周年的时候销售额已经到了47亿元。它有自己的长远发展战略，并且紧紧把握这个战略，"管他东西南北中，咬定青山不放松"，认准了的事情就坚持做下去。要说赚钱发财的主意，一个人说几条的话大家可以说出几百条，但是难就难在能够说出一条适合自己走的路。我们自己适合走什么路？最难的是这个，人难的不在于怎样去认识了解别人，最难的是怎样认识了解自己。我们的队伍怎么带？我觉得主基调一定要长期把握好。大企业是"办人"，小公司是"办事"，小公司有一笔赚一笔。大公司通过办公司的过程，培养训练的是一批人，这是一笔无形的资产。无形的资产可以创造无限的财富，有形的资产只能创造有限的财富。所以行长刚才的讲话讲到人的素质，最主要的就是这个，人的资源是第一位、最宝贵的。通过管理一家银行，经营银行的事业，最后能够训练培养出一批对社会有作为的人。自己学了本事，长了本领，不论将来走到哪里，都有人生的价值。走到哪儿都会回想起曾经在我们银行工作的那几年，值得回味的人生体验，觉得对自己有帮助，这个单位办得就有品位了。我第一次的发言就讲过所谓品位，如果大家都在这儿混日子，有一个捞一个，这银行就没法办，没意思呀，因为不是所有的人最终追求的全部内容就仅仅是钱！如果人生的全部就是金钱，那么我们就是在制造鸦片。如果仅仅靠金钱来统一大家的思想，靠金钱来驱使大家工作，我就是个失败的领导。激励人、带领人的方法手段有很多，但不要把大家都引到当官的一条路上来，也不要把大家都引到就是为发财的一条路上来，其实除了这些，还要引导大家追求丰富的精神享受。企业管理的发展历史上，有 X 理论和 Y 理论，还有 X 加 Y 理论，讲来讲去就是说，人除了讲求物质的东西，物质利益满足以后，更多的是追求精神的东西。我们有幸有缘在一起工作，逐渐创造一个好学习、长本领、有收益、好心情的工作环境，自豪感就会油然而生。只要我们坚持一个基调，咬定青山不放松，我有信心带领大家打造一个共同期望的未来。

三是要坚持干部队伍的"四化"和德才兼备的原则。当前，行内对这个问题还是有一些意见和不同的看法。我经常收到一些员工的来信，对干部的使用提出一些中肯的意见，对有些干部的表现提出他们的看法和意见。这说明大家对"四化"的标准都有认识。员工爱行，拥护我们的事业，相信党委，否则他们不会发声。接下来，我们更加要坚持"四化"标准，坚持德才兼备的原则，把人用好，把队伍建设好，把积极性充分调动起来。没人，说什么都是白搭。

四是坚持党的基层战斗堡垒作用和党员的先锋模范作用。支部建设现在还有许多薄弱环节，组织还不健全。还有一些临时组织关系的党员，还有领导干部的非党群众。如何围绕经营工作的中心来发挥战斗堡垒的作用，还需要不断探索努力。我想从明年开始首先建立健全党支部，通过支部的工作，带领全体党员，咬定青山不放松，为共同的目标而奋斗。

· 1998 年 ·

我们需要企业精神

> 这篇讲话稿试图提炼主体价值观。经过 1997 年大半年的冲突和磨合，在 1998 年的经营工作会议上，我们可以开始系统地考虑部署全年的工作。根据会议期间的反映，会议结束前我做了总结发言，立意于引导大家思考，经营管理一家银行，需要共同的价值观和行为准则。本文根据讲话录音整理。

为期一天半的 1998 年经营工作会议就要结束了。这次会议开得比较成功，王骥同志代表经营班子做了工作报告，副市长武捷思同志亲临会场做了重要指示。大家对行长报告进行了热烈的讨论，提出了很多中肯的意见，等到整理修改后再正式发给大家。工作报告对今年的工作做了全面的部署。我想着重就今年工作的总体要求以及大家平时议论比较多的、普遍关心的问题谈一些看法。

会议的基本反映和贯彻意见：

会议对行长工作报告表示了赞同和拥护。大家一致认为，工作报告对 1997 年的总结是实事求是、恰如其分的。对 1998 年的工作安排重点突出，方向明确，"深化改革、稳中求进"的指导思想，切合实际，应当贯彻到各项工作中去。

会议对 1998 年的各项工作提出了积极建议。大家一致认为 1998 年的经营方向和重点是正确的，并结合实际提出了很好的建议，在业务拓展中要改变观念，以客户为中心，强调营销；要增加买方信贷、个人理财等符合支行情况的业务品种；要加强对贷后派生存款的考核；探讨上市公司配股垫款贷款业务；要加强储蓄、卡业务等的宣传力度等。一些困难支行经营空间小，历史包袱制约了拓展客户和发展业务，建议总行实行相对倾斜的政策。

会议对 1998 年的工作也提出了一些改进意见。比如：国际业务部要注意控制风险，不能单纯追求规模；虽然楼宇按揭业务是发展重点，但是也要注意解决长期资产占用和短期负债相互之间的矛盾，同时不能忽视传统业务；等等。

会议对总行的工作提出希望和要求。大家希望总行加强对支行的业务指导，并且改善机关作风，提高效率。尽快拿出部室设置方案。改进存贷比控制方法，把风险控制和效益增长更好地结合。加大内控工作中风险控制的力度，尽快出台对风险控制的计划和方案。楼宇按揭的方案和制度还要更具操作性。柜员培训工作可以分步走，先搞应知应会，再提高综合素质。尽快明确外汇业务中融资业务的风险控制程序和职责，提高审批效率。要少开会，多下基层调研，多解决实际问题。

对于大家的建议和意见，我们将尽快整理和有选择地采纳。会前，我们还结合今年工作重点，印发了 12 个专题文件征求各部门意见。有些文件较粗、操作性不强，在收集各部门反馈意见后，再做进一步修改，作为今年各项业务的指导性文件下发各部门贯彻执行。请大家回去后尽快传达会议精神，把每项工作落到实处。

1998 年工作的总体要求：

稳中求进依然是今年全行工作的主题，大家要经常重温"稳中求进"这个主题。很多人都反映工作难度太大。这一方面说明大家在想着工作怎么做，有事业心和进取意识；另一方面说明我们所面临的形势确实相当严峻。在各种矛盾相互交织的背景下，做工作既要有"只争朝夕"的精神，又要保持冷静，稳扎稳打，树立"持久战"的思想。克服困难要有过程，问题要一个一个解决。相持阶段只有顶住，才能生存与发展，坚持就是胜利。我在去年全行党员大会上曾讲过要树立"三性"，要看到存在问题的复杂性、克服困难的艰巨性、矛盾转化的可逆性。我们既不能急于求成，一蹴而就，也不能丧失信心，萎靡不振。

改革和管理两个轮子要一起转动。去年我们在改革方面做了大量工作，今年的力度还要加大，深化改革依然是开创工作新局面的主要途径。管理方面3月作出方案，以"达标升级"的形式，将强化管理落到实处，全面提高我行的管理水平。

调整结构是今年工作的主调，调整资产结构是经营工作的重要内容，我们要及时总结推广部分支行调整资产结构好的做法与成功的经验，引导大家想问题，有效地开展工作，促进资产结构的好转。调整组织结构，使我们的组织结构能够适应市场变化和管理的要求。今年要按照"三部一室"的模式和审贷分离的原则，将支行的组织结构调整到位。调整人员结构，根据现有员工队伍状况，一方面加强培训，提高员工的综合素质，另一方面按照个人专长适当调整工作岗位，做到人尽其才，使大家的能力和积极性得到充分发挥。

探索和形成合作银行的精神风貌和价值观：

今年6月22日是合作银行成立三周年纪念日，有必要对三年来走过的历程进行认真总结。要看到合作银行成立三年来取得的成绩，提炼出企业精神的精髓。大家回去要认真思考，进行总结、整理和归纳。这里，我先谈谈对于全行企业精神的一些思考，起到抛砖引玉的作用。对企业精神这个问题，我思考了很久，翻阅了合作银行成立以来的一些文件，也与一些同事交流过。一个人要有一种好的精神面貌，一个企业也是这样，要有自己的精、气、神，也就是要有自己的企业特色、企业精神、企业文化。企业精神实际上是由一个个故事构成的，是企业以外的人对企业的一种整体感觉，也就是企业的社会公众形象。当我们去某个单位办事时，看到那里的员工办事效率高、认真负责、服务热情，就会对这个单位产生好的直观印象。所以，当要求对一个企业的精神作出解释时，常常听到的会是一个个的故事。当然将企业精神总结成一句或几句比较简练、便于记忆的话也是必要的。企业精神是企业的灵魂，是企业全体员工共同认知的价值观和追求。我们行也发生过很多感人的故事。大家一起来把这些故事整理出来，然后再提炼出合作银行的灵魂和价值观。国际上知名的麦肯锡咨询公司提出过7S理论，也就是企业管理的七个方面。首先是企业共同认知的价值观，围绕这个核心，有3个硬件部分：组织结构、发展战略和管理体制。还有3个软件部分：员工素质、企业作风和经营技巧。企业的价值观是非常重要的，合作银行也要有自己的价值观，原来提出过创"四个一流"，可能就是一种价值观的提法。对于我们行的价值观，大家回去后要努力思考，挖掘身边热情服务、专心工作、不计报酬、不计工作时间长短、默默奉献的故事，提炼出来。这里我将自己思考的初步结果提出来，我认为全体员工共同遵循的价值观应该有以下几条：

尊重员工。管理理论上有著名的X理论和Y理论，两者基于不同的人性假设。前者认为，人的本性是厌恶工作，并尽可能怠工，因而管理者必须运用强制、控制的手段去管理员工。后者认为，人的本性是喜爱工作，有主动性和创造性，因此管理者应充分引导和激励，实现个人目标和组织目标的结合。我认为，管理者还是要坚持以人为本，尊重和信任员工，公正、客观、准确地评价和使用每个员工，激发员工的工作热情，发挥其积极性和聪明才智。尊重和信任员工，可以使原本能挑百斤的人挑到一百二十斤，相反，这个人若得不到尊重和信任，不仅不挑一百斤，可能连几十斤都不愿挑。

客户至上。我们是企业，做的是服务工作，客户是事业兴衰的根本。客户提出的要求是对我们工作的鞭策，是给我们提高水平、发展业务提供的机会。讲求服务不能只停留在笑脸相迎这种浅表层，应当更深层次地考虑问题，应当站在客户的角度，设身处地为客户着想，帮助其排忧解难。得罪客户，就是砸自己的饭碗、拆自己的台。

务实求真。我们银行要长期生存，就必须要打起十二分精神，以务实求真的态度对待每一项工作，严格执行规章制度，这是全行员工都要遵循的原则。

精兵简政。企业是以最大限度追求经济效益为根本目标的，因此，应该尽量做到精兵简政。机构太多，管理层次太多，增加了协调工作的难度，导致决策太慢，一件事要办很长时间，影响工作效率；同时，又容易滋长官僚主义和文牍主义，几句话可以说得清的事情也要写很长的报告，领导报告都看不过来，哪有时间下基层。精兵简政的目的就是使队伍更精干、更有战斗力。

贵在行动。口号标语是说在嘴上、贴在墙上，只能起造声势的作用。企业最重要的还是真抓实干。我们行有的同事做事情雷厉风行，布置的工作说干就干，事不过夜，干完了马上汇报，要提倡这种作风，反对拖拖拉拉。

深入基层。要求管理人员把办公室放到基层，放到现场，不到基层就不能了解情况。创造收益的是基层行，办公室里看文件是不能创造经济效益的。正是出于深入基层的考虑，今年我们专门制定了总部机关干部兼任支行纪检监察员的制度，并要求他们每个月至少安排两次下基层。

除旧创新。现在的市场变化很快，企业绝不能墨守成规。成功的企业就是因为产品能够顺应市场变化，不断推陈出新。创新首先要体现在观念上，要有创新意识，敢于改革，对改革中发生的失误，不要责怪，要总结经验，不断前进。

精益求精。对工作标准要高、要求要严、操作要细。这就像烹调一样，潮州菜常常是用很普通的材料做出来的，但风味与众不同，我们的工作也要有这样的效果。

以上是我对我们行价值观的初步提炼，请大家回去仔细琢磨。光大银行有一句口号叫作"不求最大，但求最好"。我们也应该做这项工作，我和大家一起来做，整理一些好的故事，提炼全行共同认知的价值观，找到一个好的主导词。

宗旨与精、气、神

困难的局面下用什么带队伍？当然物质刺激不可或缺，但我一直把精神层面的追求，奉为个人和团队战无不胜的利器，而党员又应该成为其他人眼中的模范和先锋。1998年的七一表彰暨新党员宣誓大会上，有了这篇讲话。

今天是党的生日，讲一讲加强党的建设，维护党的威信，体现党员价值，做合格党员问题。我讲三句话，弘扬一种精神，发挥两个作用，搞好三个建设。

弘扬一种拼搏精神。

全心全意为人民服务是我们党的宗旨，我们是共产党员，有党员的标准、权利和义务，是党员不是普通老百姓，党员就要有一种拼搏精神，一种精、气、神。京剧演员在台上一亮相，台下观众就热烈鼓掌、喝彩，就是因为有精、气、神，体现了一定的精神面貌。作为党员，无论是普通党员还是党员领导干部，都要体现党员价值，体现人生价值，有一种精神，有一种面貌，让人看见这人不一样，肯定是个党员，不要让人家说"这人是个什么党员"。作为党员不要给我们的党抹黑，要自觉维护党的威信，体现党员的价值。

这些年对外开放，国门打开了，大家呼吸到了新鲜空气，更新了观念，同时苍蝇、蚊子也飞了进来，一些腐朽落后的文化、价值观念也随着进来了。在两种思想、两种价值观、两种思想体系的较量斗争过程中，几代领导人都是讲立党为公，讲全心全意为人民服务，坚决抵制一切腐朽的、反动的、落后的思想。我们要从正面倡导这种精神，在一个局部的地方，在我们200多名党员面前也要问，你为什么要入党？作为党员要时刻想到自己是党员，特别是党员领导干部，更得想到自己是一名党员，要想一想自己的一言一行，同党的要求，同党员标准，同我们所承担的义务和肩上的责任，是不是相符合。在今天党的生日这个场合，我们应该这样讲，全体党员不要忘记自己的责任，不要忘记自己参加党组织那天你在党旗下宣誓时所说过的话。我也在党旗下宣过誓，但每次再参加这样的活动，我仍然有新鲜的感觉，每一次听到入党誓词，我都扪心自问做到没有，按照这个要求去做了没有，还有没有党员的精、气、神。

社会上有不正之风，党内也有不正之风，20 世纪 80 年代讲不正之风，现在讲党内有腐败现象。这些现象非常消极，有些党员领导干部经不起改革开放的考验，在糖衣炮弹的攻击下倒下来了。我们党员怎么看这个问题？是把这些消极的东西无限地放大，把支流的东西当作主流来看待，还是说自己能够正确地对待这些问题，从全党做起，从每一个人做起？你是跟着这些消极、腐败的东西跑呢，还是自觉地抵制它呢？我觉得每个党员、每个人都有责任、有义务，自觉地抵制这些东西。我们要经得起考验，而且在周围发生这些事情的时候，要敢于站出来，坚决地抵制。共产党员意味着什么？党员是有义务的。我们的入党动机能不能跟得上党的要求？能不能顺应历史发展的潮流，跟上时代的步伐？确实是有一部分人倒下来了，一些人是组织上入了党，思想上并没有入党，或者说过去思想上入了党，现在是思想上退了党。有人讲现在搞商品经济、搞市场经济，一切向钱看了。但是，全心全意为人民服务这个党的宗旨并没有变，社会主义初级阶段将会长期存在的状况也不会变，仍然需要我们始终不渝地去追求、去把握。精神和物质的关系中，物质还是第一位的，没有物质谈不上精神，但这两者是可以转化的，精神的东西可以转化成物质。那么是不是说现在就是物欲横流，完全没有精神，就没有不计报酬，不计得失，默默奉献的呢？实际上在大家的周围，在我们身边有许多默默奉献的人。我们表彰的一些模范和典型都在这样做，他们当中有些人是党员，这是我们党员的骄傲。但不可否认，确实存在有些党员不如非党员的情况。

最近我处理了一件事。办公室同研究发展部合署办公，李少波提出要下支行，并愿意到最艰苦、最困难的地方去，我很受感动。总行部门比支行的压力轻，环境相对好一些，考核的力度也相对小一些。在这种情况下，他自己主动提出来要下支行，愿意到困难的地方去，这种精神值得我们学习。尽管他不是党员，但这是作为一名党员应该具备的基本精神，这是一种精神面貌。如果我们全都怕矛盾、怕困难，见了矛盾绕道走，把困难推给别人，把方便留给自己，我们这支党员队伍和党员领导干部到哪里去谈战斗力，怎么带领群众一起去拼搏？

这次开市委扩大会，张高丽书记的讲话对我启发很大。我们有些东西讲得不够，要大讲特讲，党员要起带头作用。党员如果把自己混同于普通老百姓，党员领导干部把自己混同于一名普通员工，就是失职，首先是不称职，与共产党员的称号也不相符。我们要有一种拼搏精神，敢拼、敢闯、敢干、敢上。企业文化实质上也是军事文化，最后还是以成败论英雄，还得去拼、去干。

党员要发挥两个作用——先锋作用和模范作用。

我理解先锋作用就是干什么事都要走在前头，吃苦的事情要走在前面，受磨难的事情也要走在前面；模范作用就是干什么事都要比别人干得好一些。中国的传统文化里讲"吃亏是福"，人的得失观也是这样。舍得、舍得，有舍才有得，不想舍哪有得的呢？没有耕耘就没有收获。怎样理解吃亏是福，实际上就是体现出了一种价值观，即怎么样看待财富，怎么样看待人生。在宇宙中人非常渺小，但是每个人都有自身运行的轨迹，再长寿一百年也打足了吧。物质的享受有尽头吗？有吃有穿有住，有了基本的生活条件，够了吗？没有。人类对未知世界的追求，实际上体现的是一种精神。哲学上讲认识的发展是没有终极的，由不知未知到认知，由知之不多到知之甚多，是永远没有止境的。党员的先锋作用就要体现在这方面，吃点亏没关系，吃亏是福。困难的事多承担一些，工作责任重一些，有时要多加一点班，有些摆不平的事要你去一下，有时落人几句埋怨，说通俗一点，有时可能得罪几个人，这事可能都少不了，这个时候就需要我们党员站出来，党员领导干部站出来，你的先锋模范作用就看出来了。打仗的时候有共产党员突击队，党员去冲锋陷阵。和平年代我们搞经济建设，这个精神是同样需要的，所以党员要发挥先锋作用。模范作用是什么？过去我们讲的老黄牛，什么事情都做得勤勤恳恳、任劳任怨，这就是模范作用吗？我认为还有局限。模范作用就是做什么事都要比别人做得好一些，争取做得比别人好一些。自己能力达不到的，要去改进，要去提高，要去完善。精神面貌要追求一种完美的状况，这样才体现你的模范作用。人人都可以去当模范，每个党员都可以当模范，关键是你有没有这种精神状态，想不想去当模范。事情干得干不了，首先是你想了没有，你想都没想，怎么会去干呢？作为党员、党的组织要发挥这两个作用。

要搞好三个建设，即组织建设、思想建设与作风建设。

组织建设最主要的是我们领导班子的建设，结合我们银行来看，就是两级班子的建设。行的工作搞得好不好，能否维护一个安定、稳定、团结的工作局面、工作氛围，首先取决于两级班子。两级班子中又首先取决于行领导班子，取决于是不是像张高丽书记讲的那样，是个团结、廉洁、开拓的领导班子。如果不团结，你搞我，我搞你，互相背后告状，你想一套，我想一套，话说不到一起来，会开不到一起去，班子之间互相不说话，写条子或者让别人传话，你说这正常吗？团结问题不是老生常谈，是个永恒的话题，只要有领导班子在，就有团结的问题，而团结取决于每个班子成员的思想素质：是不是识大体顾大局，是立党为公，还是立党为私；是以工作为重，还是以个人利益为重；是搞民主集中制，还是搞个人独裁。这几个问题，作为我们两级班子都是不能回避的，搞好党的建设不是一句空话，首先就是组织建设，而组织建设最主要的就体现在两级班子建设上。支部建在连上，我们的经营单位、分支机构都建有支部，支部作为党的基层组织，在经济实体里面怎样很好地发挥作用，这也是近年来一直在探索的问题。基层支部的工作，全都是兼职的，没有专职的支部书记。在新的历史时期，在党的工作重心转移到经济建设过程中，基层支部工作怎么做？除了按文件办以外，支部书记、支委、每名党员，大家都来根据实际情况摸索、琢磨支部的工作如何与我们日常的经营工作、管理工作能够结合得更好。我的体会是，作为党的基层组织，首先得按党章的要求去做，该过的组织生活要过，党员的权利、应该履行的义务，作为支部要去抓。怎么体现党的基层组织的作用呢？我理解还是上面讲的那些，一是要有精神，大家时刻不要忘记自己是名党员；二是发挥先锋和模范作用。这个关系处理好了，实际上支部的作用也就在其中了。

思想建设的实质就是要解决好思想观念问题，因此我们要予以更多的注意。怎样看待形势，怎样把握自己的价值观，思想建设应当体现在这些方面。作为党的基层组织、企业基层党委，思想建设怎么抓，还得联系我们的实际工作，解决好思想观念。改革开放还在持续向纵深发展，在这个历史时期碰到各种各样的新问题，比如说党内腐败的问题，如果消极地看、片面地看、孤立地看，就会把局部的问题看成全局的问题。但反过来讲，如果我们党不解决好这个问题，确实又会成为性命攸关的大问题。再比如怎样看我们的企业？怎样看我们的单位？思想教育都有它实实在在的内容，要是脱离实际空对空，去抄书、去读报，好像是在学习，时间也都赔上了，但觉得离自己比较远。我们的党委、各个支部，在搞思想教育的时候，必须要联系本单位的实际，辩证地看问题，统一我们党组织的思想，只有这样，才能带领群众、带领员工完成任务。

在作风建设方面，传统作风可以讲很多，如密切联系群众、理论联系实际、开展批评与自我批评等。作风建设方面现在确实存在很多问题，好大喜功有没有？报喜不报忧有没有？弄虚作假有没有？不实事求是有没有？光批评人家不批评自己有没有？我们的党委、基层的支部，大家在作风建设方面也要联系实际去抓。抓员工莫不如先抓领导，抓老百姓莫不如先抓党员，只要我们全体党员、各级领导都作出样子，有一个严谨的作风，有个实事求是的态度，我们这个班子、这个队伍，我们的发展就有希望。

以上三个方面都抓好了，就会有一个生动活泼的局面，有一支团结、开拓、高效的队伍。让我们共产党员，在全体员工的心目中是一个真正的党员，像张高丽书记说的那样，去真抓实干，层层抓落实，干才是社会主义，干才是共产党员，干才是好干部。

发展的优势从哪里来？

> 1998 年金融系统风险频发，6 月海南发展银行关闭，8 月广东国际信托投资公司进驻工作组（10 月关闭清算）。当时金融系统中高风险的机构极易发生连锁反应，大家承受着巨大的工作压力。9 月，在行领导中心学习组的讨论会上，我针对形势和任务，结合学习党的十五大会议精神，要求领导班子审慎乐观、积极进取，"只要思想不滑坡，办法总比困难多"。

党委安排布置学习任务，认真学习邓小平理论，我想给大家提两个要求。一是要联系实际，学习讨论都必须带着问题，争取能够更多地指导工作，更好地解决工作中存在的问题，争取通过学习进一步明确我行增创新优势的路子。二是把全行助理以上干部组织起来，编班分组，保证时间，有布置有检查。领导干部要带头学习，今天由我先谈谈学习党的十五大报告的体会。

党的十五大报告内容丰富，可以归结为一条就是要加快发展，要发展就必须增创新优势，落脚点就是要真抓实干。

我行如何增创新优势、怎么把握切入点？张高丽书记在增创深圳新优势时提出了八个方面的措施：深化改革、扩大开放、加快发展、机制创新、加强城市规划、精神文明建设上水平、依法治市、领导班子建设。结合我们银行的实际，我认为增创新优势要把握几个要点，认清形势，加强领导，深化改革，机制创新，再就是加快发展。

在国际上出现金融危机、国内出现大水灾的情况下，我国整体经济保持了健康发展的态势。我们行的情况依然严峻，行内、同业和社会上确实对本行存在着一些悲观、疑惑和消极的看法。我们自己应该怎么看？既要正视存在的问题，又要正确认识面临的形势。几点基本认识供大家思考：一是我行赖以生存的深圳地方经济一直保持着高速发展，近几年国家推行的财政及货币政策造就了国民经济的持续向好。二是当前防范化解金融风险的一系列政策措施，有利于解决存在的问题和矛盾。市政府对存在的问题心中有数，有力地控制着局面，并促使矛盾转化。三是本行的全体员工蕴藏着极大的积极性，都力争做好自己的工作。矛盾和问题不会永远铁板一块，需要我们做的就是想方设法促使矛盾向好的方向转化。所以对形势应该持审慎乐观和积极进取的态度，领导班子首先必须持有这种态度。我赞成一种说法："只要思想不滑坡，办法总比困难多。"

领导班子建设是我行增创新优势最为重要的环节。加强总行、支行两级班子的建设，要遵循市委提出的"政治坚定、团结务实、廉洁为民、真抓实干"四条标准。领导干部首先要讲政治，我理解讲政治就是执行党的纪律，就是少数服从多数、下级服从上级、全党服从中央。对上级党委的工作方针、政策、部署都应坚决贯彻、落实。领导班子应该团结实干，领导班子相互扯皮，就没法带领群众开展工作。班子创建工作肯定会不平衡，支行也好，总行部室也好，有的班子坚强有力，有的班子就显得软弱无力。对"软、懒、散"的班子我们要加强教育，要提供帮助，要及时指导，指出他们工作的不足，帮助他们解决一些问题，有必要的就进行调整。只有这样才能保证基层的每一个单位都成为一个坚强的战斗堡垒，能够守好各自的阵地，树立正气，积极有效地做好工作。年度要对干部进行考核，除经营指标考核外，通过群众评议来掌握一个班子的工作情况也是必需的，是实施监督的有效形式。班子建设必须常抓不懈，不断地解决历史遗留问题，改造并创立一支全新的队伍，我们的事业就有了希望和保障。

我行只有深化改革才有出路，改革中发生的问题只能用改革的方式去解决。我行自成立三年来实施了各项改革，有的问题通过改革解决了，有的改革还没破题，改革推进的阻力主要来自旧的思想观念。当改革涉及各方面利益，特别是涉及个人利益时，就会出现种种干扰，导致反复和停滞，推行的难度就很大。目前，我们面临的是夹缝中求生存、逆境中求发展的局面，不改革就没有出路，必须在深化改革上统一思想。不砸传统体制的锅，就可能在市场竞争中摔破自己的碗。

深圳航空公司就是改革求存的例子。今年初以来，航空公司大面积亏损，但深圳航空公司却盈利。深航首先是不贪大求洋，机型全部选波音737。一架波音767的价值是737的5倍，深航认为买波音737合算。飞机不在多，关键是提高周转率。再就是把员工人数压到最低，就五六百人，而且员工的淘汰率很高，一年更新百分之二十几的员工。今天报纸上有深航的报道，一位有着4年深航工龄的空乘主任被辞退，那位乘务主任不理解，认为自己工作已经很努力了，但公司却认为其没有做到优秀就应该被辞退。深航就是靠这种严格的要求，取得全国航空公司系统服务评比第一的成绩。现在大家乘飞机有个说法：要安全，选国航；要服务，坐深航。获得这种评价是不容易、不简单的。我们学深航，就是要学它的精神。

市里要求企业学邯钢，邯钢最成功的经验就是成本控制。深圳企业的市场竞争意识强于内地，但管理的精细程度却比不上它们。我们行要深化改革，也要树立些样板，学点典型。可以去深航取经，学习借鉴邯钢的管理经验。

机制就是办事的体制、组织形式、办法、业务流程控制体系等。我们银行就是机制创新的产物。3年过去了，我们依然面临很大的机制创新压力，在严峻的形势面前，不搞机制创新，就难以摆脱被动的局面。就目前面临的局面来看，消极等待，不做机制创新的工作，是没有出路的，可能就是坐以待毙。那么如何开展机制创新呢？从内部来看，现有的经营管理方法、组织形式、人员配备等方面都有创新的需求，应结合总结今年的工作，结合部署明年的工作来研究这个问题，不能让今年出现的问题又在明年发生。从外部看，金融行业前几年的高速发展中遗留了不少问题，并且已经逐渐暴露出来。我们行要在地方政府化解金融风险问题的这盘棋中积极想办法，立足解决自身的问题，争取下主动棋。省、市领导都在想办法努力解决金融风险问题，在这个过程中，我们不能消极等待。

加快发展才是根本出路。目前来看，全行从上到下，发展的愿望、意识、动作都是有的，但还存在两个突出的问题。一是发展不平衡，各分支机构发展不平衡。原因既有主观上的，也有客观上的。凡是主观、客观配合都比较好的单位，工作肯定有起色。有的单位有主观意识，但缺乏客观条件，有的单位具备客观条件，但缺乏主观意识，都不能作出成绩。同样的条件，由不同的人经营，会有不同的结果。今年我们调整了部分政策，领导力量也重新进行了整合，大部分都能看到工作的起色。二是工作协调不够，效率不高。这次民主生活会上，党员群众反映总行部门仍然存在着拖拉、推诿、不负责任的现象，特别是有的中层干部，不敢负责任，事不关己高高挂起。

总的想法，工作要一步一步推进，力度要逐渐加大，认识要不断深化，思想要逐步统一。把上面的这些问题解决好了，基础就稳固了，工作成绩、经营效果就自然都有了。我理解，这就是贯彻党的十五大精神，就是增创我行发展的新优势。

没有规矩不成方圆

> 为了建立健全"一级法人，统一经营"的银行体制，扭转信用社时期遗留的衰败风气，全行 1998 年开始从管理上推行达标升级活动。将游击队改造为正规军，解决重经营轻管理的习惯思潮，确实不是一件轻而易举的事情。在 9 月召开的全行干部会上，我不得不再次就达标升级进行宣讲动员，指出银行整体经营和管理基础工作的必要性。

今天召开全行中层以上干部会议，主要是想就达标升级的问题进行一次再动员。这项工作在此之前已经下发了文件，做了相应的部署，但是从近期调查了解的情况来看，进展不快，力度不够，有相当部分员工甚至还不知道达标升级这回事。当然，这段时间全行的经营压力大、担子重，也是一些客观原因。但是，无论如何没有理由懈怠和贻误这项工作的开展。

我想，要抓好达标升级这项工作，不仅要将它作为一项改变我们商业银行企业面貌和全体员工精神面貌的重要举措，作为提升全体员工凝聚力的高度来认识，更重要的是需要实实在在地从管理的基础工作抓起，这样才能改变面貌，抓出成效。所以，会后希望各行要认真地做好宣传动员，让每一个员工知道为什么要做？怎样做？倘若大家都不清楚，那么事情就形同虚设，又怎能谈得上落到实处呢？

经营和管理是企业的两个轮子，光抓经营，不抓管理，经营肯定抓不好；光抓管理，不抓经营，等于空中楼阁。两者互相依存，缺一不可。建行初期，行里曾提出"围绕效益抓经营，围绕经营抓管理"，这个提法无疑是对的。但是，我们需要认真地检讨一下，这些年来，经营和管理究竟抓得怎么样？大家经常谈到商业银行历史上遗留下来的一些问题，要么归咎于经营的失误，要么就是管理不到位，我认为实际上还是管理问题，是一个从指导思想到操作方法再到管理制度都不到位的问题，才导致了现在的经营难度大，经营任务完不成。这些道理其实大家都明白，但是不应该揣着明白装糊涂。急功近利过不了长久的好日子，桩基打不好也盖不了高楼大厦。大家有了共识，事情就好办了。

最近，从总行到各支行的各个支部都开了民主生活会，支行班子的非党员同志也都参加了。从汇总上报的情况来看，我感觉有两点：第一，大家都已经充分认识到在当前市场竞争激烈的情况下，我们的员工压力更大了，无论是精神上还是工作上，都不比以前轻松。第二，提出了总行机关的工作作风还需进一步改进，尽管大家考虑情面没有点到具体的事和人，但点到了需要改进的地方。我认为，当前我们面临着实际的困难，在这种形势下，需要有一种精神，要用精神凝聚起力量，才能战胜困难渡过难关。回顾今年以来所取得的业绩，最值得总结的就是我们大部分员工在困难面前，精神没有垮，大家都在奋力地拼搏，在各自的工作岗位上勤奋地工作。至于工作方法是否得体，工作效益是否理想，工作的结果是不是想象的那么好，那是另外一回事。但我们从上到下，精神不垮、红旗不倒、阵地没丢，就这一点就值得我们自豪和庆幸，这也是我们能够咸鱼翻身的本能。

困难和矛盾在一定的条件下是可以转化的，只要工作做到位，不利因素可以向有利的方面转化。今年初以来，我们从上到下工作的基调把握得比较好。通过前段时间的整顿，思想上、组织上都基本纳入合规经营的轨道，开始学会了如何执行规范操作的条理。"精神变物质，物质变精神"，我们不仅要注重在工作中促进这两者之间的转化，而且要善于研究和总结成功经验。这一次提出在全行系统内开展达标升级活动就是想通过这种形式强化管理、训练队伍、保持良好的精神状态，形成一股有力的凝聚力。

过去在相当一段时间里，我们的银行没有能够统一工作标准，各自为政分散经营，每个支行、每个部门由于负责人的认识程度、工作经历、学识上的差异，自然形成各个分支机构管理风格和经营手段的五花八门。但是，现在我们需要回归的是一级法人，强调的是银行的系统整体经营，而不是当年信用社"山大王"统领的街角地盘。因此，从整体经营规范管理的角度考虑，就必须要求银行工作的每个环节、每道程序、每个机构网点都统一工作标准，不仅是外表的装修、陈设、员工着装等总体形象要一致，更重要的是内在的工作质量标准也要一致。这就是开展达标升级活动的初衷，也是达标升级的基本要求。有的人也许会说，这样做是不是太烦琐了，我认为这是必需的烦琐。凡事都得有个规矩，没有规矩不成方圆。军人行走时要求二人成行、三人成列，走路要统一步伐，见到比自己职务高的要敬礼，这就是规矩。这些规矩培养了军人铁的纪律。

我们必须从头抓起，从细微处着手，这样才能逐步建立起良好的信誉，树立起良好的形象，信誉和形象靠大家以实际行动去赢得。虽说以后的路还很长，但是时不我待。从现在到年底还有不到 4 个月的时间，尽管工作压力很大、任务繁重，但是每个单位一定要高度重视。不要把此项工作当作额外的事。从长远看，抓好了基础建设，抓好了达标升级，我们在同业的竞争中才会逐步地显现自己的实力，否则一切都是空话。必须要有只争朝夕的精神，从现在做起，从每一件事做起。我相信，通过辛勤的努力，一定能够改变我行的面貌。

·1999 年·

闯关要不失时机

安全度过 1998 年严防死守的日子后，如何进一步防范化解既有的金融风险，如何尽快走出僵持的阴影，加快发展自然成为 1999 年经营管理工作的主要基调。在新年第一天的全行干部会上，我传达了市委市政府关于年底工作的要求精神，向全行呼吁闯关要不失时机，要求两级领导当苦行僧，从严治行，能快则快，牢牢把握决战决胜的转折时机。

新年放了三天假，我看大家也都没有闲着，在考虑工作、思考问题。我也见了几位同事，大家对过去的一年有回顾，对新的一年有考虑、有打算。今天是上班第一天，第一件事就是召集大家来开会，会议的目的是对去年有个交代，对今年也有个说法。今天我准备讲三个方面的内容。

第一，传达近期市委工作会议的精神。

年底市委用了两天半的时间召开工作会议，我和王骥行长参加了会议。去年年初，张高丽同志来深圳主持工作，一年来深圳各方面的工作变化、起色都比较大，突出地表现在经济工作、社会治安整顿、城市文明建设、城市规划、市容市貌等方面，全市人民有目共睹。去年，深圳整体工作情况有个圆满的交代，除了出口指标以外，其他各项经济指标都全面完成或超额完成了预定计划，深圳取得了全国卫生城市和旅游城市的称号。这次会议包括市直单位和驻深单位，开了大会和分组讨论，把近期市领导想传达、贯彻、总结、部署的所有内容捏在一起，两天半的会议紧紧张张，开得非常好。大家应该从报刊和广播电视上看到了会议的基本情况。今天我按会议要求，把主要精神和主要内容先简要做一下传达，会议的主要材料会在即将召开的我行年度工作会上印发给大家。

首先，这次市委工作会议的主题是贯彻落实中央经济工作会议和省委工作会议的精神，同时总结我市 1998 年的工作，部署 1999 年的工作。会上，结合依法治市、机关作风整顿等方面的内容，对 1999 年工作做了总体安排和部署，提出 1999 年我市经济工作总的目标，GDP 增长 13%，1998 年计划增长 14%，实际结果是 14.5%。会议提出，全市依法治市工作必须在两年内取得比较大的进展。人大常委会主任李广镇就这个问题做了专题的讲话，指出了当前深圳依法治市工作中存在的问题以及取得的成绩，依法工作做的是比较超前的，但执行还存在这样那样的问题，市里面有决心也有信心要在两年内取得比较大的进展。会议提出 1999 上半年要在全市纳入公务员系列管理的机关中开展大力整顿机关作风的活动，第三季度将按照国家的总体安排进行机关精简，要高水平、高质量把机关精简工作做好。今年上半年首先是整顿机关作风，促进机关工作作风的根本好转。

会上，市委书记张高丽、市长李子彬、人大常委会主任李广镇、市委副书记李容根，都从不同方面做了讲话。张高丽书记讲了几个方面的意见：首先要求各级组织把中央经济工作会和省委工作会的精神学习好、领会好、贯彻好，结合自身实际情况，有创造性地工作。他对 1998 年的工作进行了回顾总结，指出 1998 年是深圳特区建区以来困难最大的一年，大家的工作压力也是最大的一年。对企业来说是市场方面的压力，机关去年一年也是工作一项接一项，任务一个接一个，创建文明区的活动对各区的压力大，工作的标准高，新来的市委书记要求严格。但是全年取得了好的工作成绩，从各项经济指标来看，从整个的社会风气、社会治安、市容市貌来看都是这样。亚洲金融风暴发生以后，周边地区、周边国家经济增长下降，国内的整体经济也受到拖累，但我们深圳还能取得好的成就，确实是来之不易，是市领导和全市各界共同努力的结果。

张高丽书记在讲话中还对 1999 年的工作提出了八条要求，其中第一条提法是"能快则快",提出这么一个观点。去年7月市委召开了二届八次会议,年底召开了市委工作会议,在指导思想上是一脉相承的,就是按照中央和省委的要求,统一思想,坚定信心,抓住机遇,知难而进,团结一致,艰苦奋斗。这是中央经济工作会议对1999年的经济工作提出的指导思想,省里、市里也都是贯彻这一指导思想。当前,国民经济处于一个调整时期,内需不足,出口受阻,市场对生产、对整个经济的发展是个非常不利的因素。在这种情况下,中央、省、市要求我们都要本着这个指导思想来开展工作。同时要按照市委八届二次会议确定的工作目标,以争创新优势,更上一层楼,来统揽全市的大局,加快建设经济中心城市,加快实施科教兴市的战略,确保国家经济持续、快速、健康地发展。继续争创经济体制创新、扩大开放、产业升级、城市功能、依法治市的新优势,这就是深圳市最近几年的工作抓手。要努力实现高新技术产业、市容市貌、社会治安和领导班子建设有新的变化,创建全国文明城市,搞好物质文明和精神文明建设的两份答卷。这是市领导对1999年整个经济工作,对全市各方面工作的总体部署,提出的总要求。

我和王行长参加了几天会,有强烈的体会和感受。第一点体会,深圳市委、市政府班子是坚强的战斗核心,是真抓实干的班子,这是全市人民、各级组织的福分。一个城市、一个地区,要把工作搞好,首先取决于有没有一个坚强的战斗堡垒,一个战斗核心。深圳市委市政府班子通过去年以来的工作实践说明了这是一个真抓实干的班子,是个能够出成绩的班子。在去年非常困难的情况下,抓班子建设,抓城市的规划,抓治安的综合治理,抓文明区的建设等,通过这些方式,把全市的工作推动起来,发动了各方面的组织和群众,为了一个共同的目标一起工作,取得了来之不易的工作成绩。

第二点体会,1998年尽管工作难度大、压力大,但是市里面的各项工作的力度也是越来越大。过去一些不敢碰的事情,现在敢碰,对领导班子的建设抓得越来越紧。在规划方面,过去没有立法,或是有法而没有认真办的事情,去年认真办起来了。过去迟迟没有确定的规划去年也都明确定下来,而且纳入依法登记的轨道,张高丽书记说下一步的工作力度会越来越大。今年将要准备明年市里的换届,他说很多同志包括局一级的领导想约他汇报工作,他答复现在没有时间。首先要抓大的事情,对干部的考核、了解是通过工作来进行的,他随时都在考察干部,对一些不称职的、不胜任的、闹矛盾搞纠纷的,要坚决调整。1999年的整个干部工作,谁是真干事、谁是不干事、谁是乱干事,都只有通过工作去考核才能了解。同时,他再三强调该支持的要坚决支持,该保护的要坚决保护,该打击的一定要坚决打击。他认为,该打击的不打击,我们坐在这个位置上就是包庇坏人,而没做到支持好人,大家也就不会认真坚持原则、认真去做工作。但是如果是没事找事,一些人整天想告状、诬告陷害,这样的也不能放过。他在会上两次举到一个例子,就是湛江走私的连案、串案,由于原市委书记贪污受贿的问题,整个市委市政府的班子抓了很多人,还有一批人在逃。省里面在研究这个问题时一致要求把行贿的人也抓起来严肃处理,认为不能光抓受贿的,也要抓那些行贿的,是他们在害人。张高丽书记说,大家很熟悉、很了解的人,一旦出事了就谁也保不了,自己做的事自己负责。他从爱护干部的角度奉劝大家多想想家庭,好自为之。

第三点体会,从去年以来到现在,各级政府越来越多地关注防范化解金融风险的问题,朱镕基总理在全国经济工作会议上都有讲话。一是要稳定农业,二是加快国有企业的改革,三是做好金融工作。把金融从全国经济工作中单独列出来表述,过去没有这样提过,只是把金融工作作为促进国民经济发展的一种手段。可见,金融系统当前面临的种种风险和需要解决的问题,已经引起了党和各级政府的高度重视。张高丽书记指出,广东省发生的广信事件全国各界都知道了,带来的后续影响是非常大的,广东省金融存在问题是严重的,深圳市也出现了一些问题,但比全省总的情况要好一些,如一些上市公司,连续几年亏损,到期债务没办法解决,面临着破产。前几年搞的一些集资遗留下来的问题,这都是我们深圳地区金融方面存在的隐患,也要求我们大力防范。我们作为地方金融机构,有自身的风险和不可回避的责任、义务和工作重点,毫无疑问要把化解防范金融风险放在头等大事的位置,所有的工作都是围绕这个中心来展开的。

第二，传达市领导特别是主管领导对我行工作的要求。

武捷思副市长调广东省工作后，接替他的新任市领导是庄心一副市长。12月20日，他和人民银行领导来我行检查、指导工作，听取了工作汇报。罗伯川副行长代表人民银行讲了一些意见，庄心一副市长代表市政府也讲了一些意见。两位领导的讲话，已给大家发了简报。市委、市政府、人民银行对我们近年来所做的工作给予了肯定。对我们在确定经营指导思想、整顿治理、清理高息、制止违规等方面，以及对当前保证支付、防范化解金融风险方面所做的工作，都给予了肯定，同时对下一步的工作提出了要求。庄心一同志要求再花两年的时间，即1999年至2000年，我行的主要经济指标要达到全市同业的平均水平，这是代表市委、市政府对我们提出的工作任务。

1997年10月，李子彬市长到我行听取工作汇报，当时就要求我们用3~5年的时间达到全市同业平均水平。所以，庄心一副市长的讲话并不是突发奇想，而是一脉相承的思路，是按照李子彬市长的要求，把这个问题具体化，同时要求我们据此测算指标、安排任务、提出措施。12月31日晚，按每年的惯例，市政府的主管领导都要到财政、税务、银行走一走，看望大家，了解一年的工作成绩和指标完成情况。那天，庄心一副市长、人民银行的马经行长等领导亲临我行。会上，我们汇报了完成的任务数，王行长代表全行员工表了态，一定要千方百计、严防死守，保住我们的经营成果；一定要创出工作新局面、新的天地；一定不让深圳地区的金融风险在我行引发。王行长的表态非常有力，振奋人心，有震撼力。到场的市政府领导、人民银行领导都非常高兴，对这个表态给予了高度评价，相信我们有决心、有信心化解风险，做好工作。庄心一同志再次要求我们要严格管理、团结一致、做好工作。1月1日下午，庄副市长又约我和王行长到他办公室，谈了一下午。一方面是对我行的基本情况作了进一步的了解，另一方面是提出对我行工作的指导意见，提了一些明确要求。昨天下午行领导班子开会，在会上我把他的讲话也作了传达。他讲了很多，归纳这么几条：一是再次提出两年内要达到全市同业平均水平。具体来说，1999年、2000年两年都有指标。要求我们的营业收入在1999年要增长30%，费用要下降10%，这是一个总的提法。同时，又和我们具体算账，为实现目标，存款要增加多少？利润是什么账？费用大体是个什么情况？资金风险的监控指标应该是什么状况？储蓄存款是多少？对公存款是多少？我们理解，庄副市长之所以这样做，因为这是市委、市政府交代的任务，他是代表市政府向我们提要求，与我们研究这些问题，解决这些问题。他在谈话中说了很多主意、未来的设想，以及怎么逐步解决这些问题。说实在的，对我们两人也是很大的启发，毕竟领导的位置高，掌握的资源多，思路更开阔。我们有时是井底之蛙，看具体问题看得多，想具体困难想得多。二是他要求我们，也是要求我们两级班子当苦行僧，要舍得吃苦。在相对困难的单位里工作，当领导的、当管理者的人就得有吃苦的思想。他也举了些例子，现在大家在一起工作，无非是人家干8小时，你就干10小时，人家干10小时，你就干20小时，你就多花时间、多琢磨、多求人。一个事情想不好就多想两次，两次想不好就想十次八次，要求我们多花时间、多付出。我想这不仅是对我们两人提出来的，在座的各位都是我行两级班子的成员，工作靠我们大家去推动，希望各位都去这么做。由此我想到行里的两个分理处——和平路分理处和海滨分理处，它们去年存款的净增加额都接近一亿元。大家都是深圳市商业银行，都是合作银行的老招牌，这两个分理处周围也有其他银行，业绩好并不是因为地理位置好，或者有什么特殊关系。我觉得这里面一个都不是皇亲国戚，靠的是什么呢？靠的是勤快，脑勤、嘴勤、腿勤，就是多琢磨，一天到晚想这些事情。你说他们是为了升官发财吗？也不是，就是一份工作的责任感，就是一个想把事情干好的愿望，就是一个良好的精神状态，面对困难敢于拼搏。这就应了庄心一同志讲的那句话：要舍得吃苦，就是要当苦行僧。所以我觉得他说的这些道理对我们有针对性，困难的时候就是要有拼搏精神，没有这个，困难的时候就会越讲越难，越难就越没激情，越没激情就越没状态。在困难的时候，就是要有拼搏精神，面对困难能够知难而上。三是庄副市长要求我们碰到困难后，要多从自己方面找责任、找问题，不要光说客观，光说没用的。就是要从主观上找差距，自己的路得自己走，自己的困难要自己克服，自己想办法。上次我们请人来讲稽核，他讲了一个观点，在管理学上大家都听说过,就是不怕你干不好,就怕你想不到。所以碰到困难,要多找自己的不足,找主观的原因,你埋怨客观没有用。四是庄副市长要求严格管理,从班子做起,吃苦在前,享受在后。过去讲吃大苦、流大汗。所谓管理就是要通过压任务、压指标、压队伍,才能出成果。我们带队伍,首先就是讲作风上要硬,严格管理对我们行非常具有针对性。我们的干部调整去年就规定了一条,下了文件,跟你谈话,一周以内必须到任,不到任就免了,啥也没了。不会三番五次地去讲,没有时间讲,讲多了没用,事情误了。招商银行的管理是严格的,在全国开了很多分行,干部要从深圳往外派,谁都不愿意离开深圳,行里也是这个规矩,下了文件通知你去,你不去就免,什么都没有了。企业管理要严格,不是谁跟谁过不去,是企业组织内在的客观要求必须这么做。不严格,小事就会变成大事;不严格,队伍就是一盘散沙。所以市长提出这个要求,对我们行非常有针对性。

第三,对我行工作的几点意见。

做好传达、学习、贯彻工作。对于上级领导的精神和要求,我们已经原原本本地做了传达,接下来要认认真真地贯彻,不折不扣地执行,这也是我们组织体系的优势。我在几次会议上都讲过一个观点,也是历史传承的法宝,毛泽东主席提出,我们要相信群众相信党,相信组织就是传达学习上级的精神和要求,相信群众就是宣传发动全体员工,大家一定会迅速行动起来。接下来的年度工作会议还要组织大家讨论,还要发专门的文件。

对去年工作的基本看法。今天的会议王行长要报告去年的经营成果,怎么看待去年我行的工作,年度工作会还要专门进行总结,我在这里只说一个基本观点。去年我们行同全市工作一样,是困难最大的一年,也是压力最大的一年。怎么讲困难最大、压力最大呢?大家回顾一下,我们面临的形势,我们所做过的工作,历历在目、记忆犹新。分配的任务、指标,拼着命去努力,最后由于种种原因,有的完成得不好,这不仅仅是手段、能力的问题,有些确实是面对困难,感觉调整不过来。加上国内一些金融机构出现了风险问题带来了负面影响,都对我们造成很大压力。在这种困难和压力下,全行上下团结一致、严防死守,防范化解了风险，保障了一方平安。这一条，是应该充分肯定的。但事情总有另外一面，那就是方方面面的工作并不都那么令人满意。如果大家看不到问题，都麻木了，那就糟糕了。既然并非尽如人意，那么客观的分析评估就十分必要，解决好认识上观念上的差异，才能清醒地面对今年的形势，做到开局有利。

今年的工作怎么做？我们刚过临界点，闯关要不失时机。第一条还是说振奋精神，需要一种知难而进的拼搏精神。1999 年仍然要像 1998 年那样，一刻也不放松，一天也不耽误。今年要天天抓，周周抓，旬旬抓，月月抓，不能等到一个季度、半年过去回头再来算账。一开始就要这样抓，一天都不能放松。我们要抓住机遇，要知难而进。今年对我们行是关键的一年，是转折的一年，是大家奋起的一年，是解决临界点的一年。我们把临界点的问题解决了，就会驶入一个健康发展的快车道，所以新年的第一次开会就反复跟大家讲这个。我们要打破常规，打破固有的思维定式，不要埋怨环境不好、困难重重，再讲困难也存在，越讲越难，讲得自己一筹莫展，失去信心。要像打仗一样，派到这个阵地就要守住，要有决战的勇气和决心。1999 年是我行工作的转折点，希望大家都确定这么一个思想，要有拼搏精神，要敢拼，没有这么一个思想，没有一个决战的勇气，没有一个必胜的信心，今年这一仗就没法打。我们的指导思想就是中央和省市提出的指导思想，6 句话、24 个字，我把最后 4 个字改了一下，把"艰苦奋斗"改成"拼搏向前"，能不能这样提，大家可以商量，即"统一思想，坚定信心，抓住机遇，知难而进，团结一致，拼搏向前"。如果今年的机遇抓不住，我们将陷入进一步的被动。原来准备去年召开党委换届的会，由于市委批复还没有下来，会议推迟到今年开。在党委工作报告里面，我提了五要，"标准要高，要求要严，管理要细，工作要勤，作风要硬"，也希望大家通过讨论来丰富"五要"的内涵。

具体的工作要求，提出以下六条。

第一条，不失时机地加快发展。市里提出"能快则快"。在加快发展方面我们要做很多工作，要抓住机遇。

第二条，要趁热打铁，巩固完善现有的技术装备。我们忙碌了两年，特别是去年，叫作攻坚。完成了系统开发并投入运行，但是系统的稳定性、可靠性、操作的熟练、管理的规范等，都还有待于进一步完善。银行卡也发行了，但是卡业务方面还有大量的后续开发工作。大楼马上面临着搬迁，大楼怎么管理，内部设备运行怎么能正常，这一套东西都有待于巩固和完善。不是没有工作做了，不是大家可以刀枪入库，可以歇一会了，没有歇的时候，还得接着干。

第三条，从严治行，要全面培养、锻炼、培养、提高队伍的综合素质，这项工作还要进一步做。从严治行，讲了很多年，在哪个单位都是这样讲，在我们这个单位有特殊的意义，市场竞争拼来拼去，拼的就是人。说我们人员素质比人家差，大家不服气，从学历和从业经历看，整体水平是差，这是事实。但越是这样就越要努力提升，越需要从严治理，我们也有不少高素质的能人，大家要站出来加入严格管理的行列。不怕队伍水准参差不齐，不怕能力有高有低，也不怕觉悟有先有后，就怕放任不作为，就怕脚踩西瓜皮。从严治行首先是严，不严队伍就散了。王行长提了一条，我非常赞成，咱们新年伊始，从我开始，一直到下面每一位员工，今年要干什么、奋斗目标是什么？你承担什么工作任务？你打算达到什么业绩？每个人给自己开个单子，开个药方。前两天我批了一个文件，办公室转发下去了，深圳发展银行内部一个简报，登载了宝安支行行长在行内开会的时候，谈了该行怎么发展的一段话，我看了以后有触动。深圳发展银行宝安支行是先进行，利润占全行的7%。但这位行长居安思危，他要求支行的员工自己想，我为宝安支行做了什么？哪个业务是我做的？我做了什么贡献？我还存在什么不足？在全行内部开展查、学、比、帮、超的活动。从别人的严，要看到我们的差距，一定要严，不严这个队伍没法带。去年在调整员工队伍结构、提高素质方面，有的支行很自觉，很主动去做工作，通过调整确实精神面貌有了很大改变，人员的结构有了很大的变化，综合素质有了很大的提高，这是有目共睹的事实。这也说明李子彬市长的要求是完全正确的，我们要求大家这样做也是对的，这项工作还要继续。但有些支行没有这样做，力度不够，首先是支行行长怕事，找了种种理由、种种困难、种种原因，不愿做这项工作。素质不抓、队伍结构不调整，从严治行就是一句空话，抓工作首先是抓队伍，抓队伍首先是抓班子，抓班子首先是抓思想。

第四条，要全面加强内部制度的建设，确保各项金融管理工作合法合规。这一思想现在在我行已深得人心，但还有差距，工作差距是永远存在的。管理追求极限目标，市场在变，情况在变、我们必须变。要加快发展，内控必须跟上。在扩大负债资产业务的同时，不抓好控制好资产质量，我们还会重复过去的老路，作出的努力会付诸东流。

第五条，要深化改革，加快创建股份制商业银行的机制、企业文化和企业精神。我们既然是股份制商业银行，就要维护股东的权益，处理好股东、企业与员工几者之间的关系，那种吃光、分光、短期观念，只图眼前的做法，过去说是对不起国家，现在讲是对不起投资者，对不起股东。

第六条，要加快探索我们行资本结构与资产结构的调整。最近几年，我们摸索走出了一些路子，还要进一步地做。比如说，在对老的债权清收过程中，创造性地结合实际做了很多有益的工作，维护了银行的权益。在现行商业银行经营管理法规的框架下，银行业还有一定的业务创新发展的运作空间，国家层面正在探索如何走出新路以解救不良资产的困境。戴相龙行长提到，要花两年的时间解决国有商业银行不良资产的问题。现在提出的解决方案，由国家财政注资成立专门的资产经营公司，将国有银行的不良资产剥离出来集中清收经营。像我们这样小规模的地方金融机构，还没有可行的方案做这项工作。就目前的情况，只能是两条腿走路，支行清一块，总行清一块。除了这两条路，我们还有其他什么路呢？今年要找出一些好的办法，来解决这些长期困扰的问题。

正在安排年度工作会议，会上还要把以上的想法进一步跟大家讲，借今天的机会先开个头。我再重复一下这么一个观点，1999年对我们行的转折非常关键。大家一定要打起足够的精神，以必胜的信念，付诸拼搏的勇气，投入今年的决战决胜中去。

大干一场的时候到了!

> 这是一篇以谈心的方式在 1999 年初全行员工大会上的即席发言,目的是要让每一位员工都知道,1999 年是抓住机遇、加快发展的一年,是打翻身仗的一年;调动积极性,号召知难而进,拼搏向前;呼喊"此时不冲更待何时?"强调首先各级领导要有好的精神面貌,"兵熊熊一个,将熊熊一窝",不要让下属觉得窝囊;公开向全行表态,有信心创建好班子,有信心带领全行开创我行的新天地。

今天的员工大会,人到得很齐,我还通知监事长和副董事长一起来参加,跟大家见面。我一直希望有机会与大家一起交谈、交心,今天是一年的开始,难得的好机会。我想谈两个问题:一是我们全行面临的形势和任务;二是作为股份制商业银行应该具有怎样的企业精神、企业文化,应该具备怎样的运行机制。

一、形势和任务

在谈我们行的形势和任务之前,有必要介绍一下全市的有关情况。在去年底的市委工作会上,市领导回顾总结了去年全市工作,传达了中央经济工作会和省委工作会的会议精神。去年全市在改革开放、经济建设、社会治安、城市规划、文明城市建设等方面取得普遍认可的工作成绩。1998 年是深圳特区建区以来困难最大,也是工作力度最大的一年。1997 年下半年亚洲金融危机发生后,1998 年这种影响一步步加深。出口加工通道不畅,国内各种需求萎缩,深圳由于外向型经济的比重很大,因此整个经济工作遭受了空前的困难和压力。市委、市政府广泛深入动员，各项工作一天一天抓得很紧，所以年度经济依然保持了14.5%的增长，出口保持了3.2%的增长，非常了不起。全国去年出口零增长，深圳的出口占全国总出口的14%，因而深圳增长3.2%对全国实现零增长的贡献巨大。作为深圳人，我由衷地为我们取得的成就而高兴。

市委工作会议认为今年的形势和任务依然严峻，不能掉以轻心，困难和压力依然很大，工作任务依然很艰巨，一天都不能放松。全市今年的目标是增长13%，外贸出口增长3%。市委、市政府对金融行业，对我们行非常关心、非常关注，并给予我们很大的支持。庄心一副市长上任后的两个多月时间里，几次听取了我行的工作汇报，去年12月14日到我行检查指导工作，12月31日晚10点多到我行看望大家，今年1月1日下午把我和王行长叫到他办公室，了解我行情况，对今年的工作提出了明确具体的标准和要求。市政府办公厅编发了专项会议纪要，我现在把这个《纪要》的精神再作一次传达，目的是要大家明确市委、市政府的要求和我们的任务。

《纪要》首先肯定了我们的工作，肯定了新班子上任后一手抓整顿、一手抓稳步发展的经营指导思想，肯定了实际工作初步取得了成绩。特别是在保证支付，纠正违规和清收工作方面，我们克服了很大困难，取得了很大成绩，初步摸清了家底，转化了部分历史包袱，为继续改善资产质量、实现各项业务平稳发展创造了有利条件。《纪要》同时要求我们，第一，要学习国家有关防范金融风险，整顿金融秩序的文件，要认清当前金融形势，紧紧把握工作方向，使我们银行逐渐走上良性发展的轨道。第二，要注意抓好合规工作，彻底摸清家底，确定企业发展目标。加强内控，从严治行。要创建好班子，领导要带头苦干。要协调关系，争取理解和支持。第三，要将李子彬市长的要求具体化，对资产质量、负债规模，经营业绩等主要指标实行量化考核。全行员工的工资、奖金、福利总量要与指标完成情况挂钩。虽然《纪要》文字不长，但内容却非常丰富，寓意也非常深刻，把市委、市政府对我们的关心、支持和希望都表达出来了。《纪要》既肯定了过去工作的成绩，又对今后的工作提出了非常严格具体的要求。在昨天下午的全行干部会议上，参加讨论的同志也一致认为，《纪要》表现了市委、市政府对我们下一步发展的最大的关怀，是指路明灯，标志我行开启了又一个发展的新历程。在此，我代表全行员工对市委、市政府的关心关怀表示衷心的感谢！

1997 年我们的主要工作是纠正违规，这项工作一直持续到 1998 年。金融行业是个特殊的行业，在国民经济中有着特殊的地位，现代经济离不开银行、离不开资金流。这个行业的垄断特征也是由行业的特殊性所决定的，这个行业必须依法合规，只能稳健经营。我们通过整风统一了思想，使大家都认为必须稳健经营，走可持续发展的道路。现在的经营指导思想、业务操作规范和制度建设都有了翻天覆地的变化，因此，整顿治理付出的代价是值得的，它的作用和意义无论怎么评价都不为过。通过两年风风雨雨的考验，统一了思想，调整了结构，健全了制度，资产质量有了提高，队伍也开始逐渐成熟起来，素质和战斗力明显增强。

去年一年我行大力抓了基础工作，三大基础建设的任务如期胜利完成。AS/400 系统运行终于提供了必不可少的技术基础，在当今金融电子化高度发展的背景下，没有这套综合账务系统，赤手空拳不可能完成银行交易。再就是发行了银行卡。光有先进的电脑系统还不够，里面跑的东西更重要。作为全国城商行的第一张借记卡，银行卡不完善不怕，能够拿出手就有了改进的基础。标志我行新面貌、新形象的银行大厦全面竣工，1 月 7 日通过了专门机构的验收。新大楼代表我们在深圳的形象和面貌，地理位置好，车流、人流量大，外观及功能也好，是一流的现代化办公大楼。这三项基础建设的完成，达到了预期的目的，实现了预定的目标，为银行的发展提供了最基础的物质技术条件。

今年的经济形势依然艰巨，我们要做矛盾转化的工作，要从困难中看到希望，从不利中看到有利。从中央到地方，都把金融工作放到前所未有重视的高度，和国企改革一样，都是今年全国经济工作的三大任务之一。不同时期有不同时期的工作重点，今年重视金融工作，这也是前所未有的，说明当前金融面临着一些必须解决的问题，这种关注实际上为我们提供了做好工作、解决历史遗留问题的机遇。所谓机不可失，时不再来，我们一定要抓住机遇，创造机会，让大好形势为我所用。

现在看来，有了上面讲的三条，路子也清楚了，方向也明确了，下一步就该冲刺了。全行员工在两级班子的带领下，满怀战胜困难的信心，有一心干事业的拼搏精神，此时不冲更待何时呀？大家说，今年该不该大干一场呢？要不要大干一场呢？（台下齐声回答：干!)，再来一次，干不干？（干!!)。

今年全行面临战略调整、战略转移、战略突围，今年是大决战、大拼搏、大希望的一年。我们要掉头完全有条件，我们这条船并不大，所谓船小好掉头，事在人为。我们最近开了几次会，围绕为什么要发展、为什么要前进，怎么发展、怎么前进的问题，反复沟通、反复动员。目的就是要让每一位员工都知道，今年是抓住机遇、加快发展的一年，是大干一场的一年，是打翻身仗的一年。因此，要调动大家的积极性，号召大家知难而进，拼搏向前。昨天上午召开了全行三级经理以上干部会议，我和王行长都作了发言，下午进行了分组讨论，大家普遍充满了信心，认为行里作的决定以及市里的要求都是正确的，大家有决心、有信心大干一场。今年的经营指标是进取的，完成指标有难度，但通过努力可以达到。这次大会是全行进一步统一思想、进一步动员的大会，是誓师的大会。大干一场的时候到了！在此，我还想听听大家对今年工作的信心和决心，大家对完成今年的任务有没有信心、有没有决心呐？（台下高呼：有!!!）大家干不干呐？（干!!!)。

谢谢大家。

二、如何形成我行的企业文化，企业精神

王行长在昨天会上讲了几个观点：一是企业要有必胜的信念；二是要强化质量意识；三是强化服务意识；四是要有企业的观念。我们思考问题、处理问题、行事的方式都必须是企业的方式。这四个观点实际上已经把我们的企业文化、企业精神都表达出来了。在去年召开的表彰会上，我对我们企业文化的建设提出了一个初步的框架，我讲了尊重员工、除旧布新、深入基层、精益求精等八个方面，这八个方面的内涵可归结为两条：第一条是精神面貌，企业最重要的是上上下下都要振奋精神，要有精、气、神，大家看传统戏剧，演员一登台亮相，他的眼神就会让戏迷感到这个演员有神气、气宇不凡，精神面貌好。我们干企业要

面对千千万万不同的客户，要不断面对一个又一个难题；不仅要面对别人，还要面对自己。所以，一定要有个好的精神面貌。没有好的精神状态，遇到困难就会退缩，碰到矛盾就会回避，遇到难的事情会溜肩膀，就会推诿。领导干部的精神面貌首先要好，各单位一把手的精神面貌首先要好，领导人的精神面貌不好，手下的兵的精神面貌肯定不好，员工就不愿意跟着你一起干活，就会觉得窝囊。所谓"兵熊熊一个，将熊熊一窝"，当头的不行怎么能叫下面的人好好干呢？碰到困难整天萎靡不振是不行的。市长要求我们不要埋怨，不要推诿，要敢于面对困难和矛盾，敢于战胜困难，解决矛盾。不同层面遇到的矛盾困难不同，关键就是要有一个好的精神面貌。人要获得尊重靠做人，靠良好的精神面貌。我们搞股份制商业银行，塑造自己的企业文化，首先就要求大家具有饱满的工作热情、旺盛的工作干劲、全新的工作面貌。在我们银行，凡是工作做得好的单位，那里的精神面貌一定好。他们在困难面前不退缩，敢于拼、敢于想办法去克服困难，有一种强烈的工作热情和奉献精神。有些东西用钱是计算不出来的，几斤几两可以用秤称，人的贡献用秤就称不出来。不讲钱不行，在商品经济、物质第一的社会里，没钱万万不能；光讲钱也不行，钱也不是万能的，还得讲精神、讲奉献。基层工作成绩突出的单位的领导都有一个共同的特点：都有奉献精神。全行员工或直接或间接地参与了去年三大基础建设，算不出来他们加了多少班，付出了多少心血，算不出来他们受了多少埋怨，受了多少委屈，但是他们都没有计较。我们行要解决问题，走出困境、走向希望的田野，最终必须靠大家良好的精神面貌。

按市委、市政府创建"好班子"的要求，我代表班子在全体员工面前表个态，作为深圳市商业银行领导班子的"班长"，首先我有责任，有义务，自己也有这个想法，把这个班子建设成一个好班子，希望全体员工来监督我们，鞭策我们，有谁做得不对就揭发他，让我们这个班子能够带领大家走出困难，走出自己的天地。值得庆幸、值得贺喜的是我们有一支非常好的员工队伍，从领导干部到一般员工，有很多可歌可泣的故事，令我深受感动和鼓舞，因为有这样的员工队伍，我才敢在这里表态：我有信心建设好这个班子，有信心带领这个班子，通过这个班子的工作去开创我行的新天地。

第二条是建设我行的企业文化、企业精神，要突出尊重员工，以人为本。今年要开展"三讲两提高"活动，"三讲"即讲学习，讲政治，讲正气，"两提高"即提高机关的工作效率，提高基层的服务水平。基层一直反映总行机关的服务质量效率不尽如人意，存在碰到矛盾绕道走，互相推诿，一件事情很长时间办不完等问题。这些问题都要通过"三讲两提高"活动去解决，从而使基层能够信服我们，相信我们，使我们的想法、部署、措施顺利地在基层实现。事情砸在我们自己手上是非常糟糕的，在结合去年工作检查自己时，我就感觉问题还是出在标准不够高、要求不够严上，出在对问题的处理不够及时，抓问题常常碍于情面、缺乏狠劲上。

尊重员工，以人为本的思想实际上体现了企业内在的精神。有些员工认为一年来管得太严，经常加班、经常考试。对这个问题要辩证地看，一要看到这是工作需要，我们是个基础很差的银行，大量的基础工作还是空白，短时间内要提升素质，面对浩如烟海的任务，不加班赶点最后就要垮台走人；二要看到快速的工作节奏实际上是市场竞争的要求，竞争迫使提高队伍的整体素质。竞争的社会靠人，人的素质决定工作的水平，人的素质不是先天就有的，而是后天训练的结果，知识和素质来自书本和实际工作。当前我们面对的问题很多，不学不能解决问题，形势的逼迫使培训的压力很大。作为管理者有双重性，从管理一个企业上说，要按企业的原则，根据市场的情况去认识和处理问题。看到一个机构不行，从盈利的角度就应该砍掉这个机构，机构撤了，人员不能都安排，消化不了的只好遣散。从人情的角度讲，人都是平等的，应该互相关照，人心都是肉长的，找份工作不容易；在职务聘任上，做加法容易，做减法就很难，但不做是不行的。如果我们是福利机构，那就容易做了，你好我好大家好，企业不能这样。作为管理者，不是不要讲人情，但必须先按市场的规则、企业的法则做。所以大家要体谅，企业要发展必须严格要求。不严格要求，队伍就会松松垮垮，而松松垮垮的队伍是打不了胜仗的，打不了胜仗就会是败仗，那就是对员工最大的对不起。应该做的是给大家创造公平、公开、公正的企业生态，一个人人奋发向上、个个干事兴业的良好氛围。要鼓励竞争,通过优胜劣汰使一部分人获得进步,一部分人也会掉队,这很残酷,但我们必须面对它。同时,各级管理人员要经常找大家谈心,关心员工的疾苦,尽力帮助大家;要善于疏导化解矛盾,不要激化矛盾。

我到行里工作一年多的感觉是,我们这支队伍有很强的承受各种压力的能力和精神,比一般的企业要强,队伍的战斗力和凝聚力已经在经风雨见世面的捶打中,逐渐成长显现出来了。我相信不会有什么我们过不去的坎儿、翻不过的山,困难靠大家去克服,希望就在自己的脚下。今年的任务一定能够完成,我们的银行是大有希望的。

自己的天地靠自己创造

> 《自己的天地靠自己创造》这篇 1999 年度经营工作会议上的讲话，是开年在全行干部大会上《闯关要不失时机》讲话的加强版，重新整理时将部分重复的内容做了删节，包括在员工大会上谈心的《大干一场的时候到了》中的相关内容，一个月内针对三部分不同听众的讲话，都是在动员发动，为转折而战，为生存而战。

这次全行年度工作会议的主题，就是传达贯彻落实深圳市委工作会议的精神，总结我行 1998 年的工作，部署 1999 年的工作。通过这次会议，要进一步动员和组织全行员工统一思想、坚定信心、抓住机遇、知难而进，全面完成今年的各项工作任务，以充满生机活力的崭新面貌进入新的世纪。

1998 年工作回顾和 1999 年工作总体要求。

刚刚过去的 1998 年，是我行成立以来困难最大、压力最大的一年。这一年发生的亚洲金融风暴以及对经济和社会生活空前的破坏力，不仅造成我国、我市经济增长的空前困难，而且极大地强化了社会各界的金融风险意识。这一年又是我国金融风险频发的一年，海南发展银行关闭，中创倒闭，广信清盘，负面消息一个紧接着一个。我们建行只有短短三年，底子薄、规模小、包袱重，又是地方商业银行，外部经济运行环境的变化又给我们的经营造成实际困难。在市委、市政府和人民银行的关心和支持下，我们咬紧牙关、知难而进，主要依靠自己的力量，不仅胜利渡过了难关，而且各项工作保持了稳中求进的态势，全面完成了 1998 年三项基本工作任务，实现了全年既定的战略目标。

保证了正常支付，扩大了存款规模，改善了资产质量，赢得了生存发展的时间和空间。1998年，全行人民币存款日均余额为84.4亿元，较1997年增加6.1亿元，增长7.8%。全行外币存款日均余额为4.1亿元，较1997年增加2.4亿元，增长71%。特别值得一提的是，各项存款的年末余额突破了100亿元大关，这标志着我行规模已跃进全市同业的中游水平，实力大大增强。全行不良贷款指标有所下降，部分长期不能落实的债权已得到落实，部分高风险的资产已得到转化，清收工作的僵局逐渐被打破，手段有所创新，经验日渐丰富。应该看到，以上成绩的取得，是非常了不起的成就。一年里，我们在艰难困苦的考验下，全体员工以坚忍不拔的毅力、战胜一切困难的勇气、扎实细致的工作，稳定了各项存款，主要依靠自己的力量，保证了正常支付，从而化解了流动性风险，在中央银行、同业和广大客户中赢得信誉和尊重，为今后发展赢得了宝贵的时间和空间。它标志着我们银行过去一年争取生存权的任务圆满完成。

新的系统投入运行，发行了万事顺卡，竣工了新的大楼，基础设施建设任务基本完成。AS/400综合业务系统一期工程和万事顺卡，经过两年多的努力终于取得了成功，一举解决了制约发展的技术瓶颈，标志着技术上已达到同业先进水平，为我行发展奠定了必不可少的技术条件。同时，以新行名、行徽的启用和万事顺卡的发行与推介为契机，以各种大型社会活动的参与为主要形式，辅之以形象大使的创新，我行的市场宣传在社会上引起了广泛的关注。"深圳人自己的银行""五彩缤纷万事顺""年轻、活力、向上"的企业形象等都已经开始得到市民的关注。我行的企业形象初步改观，亲和力开始增强，从而激励调动了员工的自豪感和自信心。随着我行新大楼的启用，我们的形象将得到进一步改善，从而为发展创造更有利的条件。

控制了变动费用，清收了部分欠息，消化了政策影响，质量和效益与规模同步增长。1998年受"商业银行一年以上两年以下逾期贷款欠息不再计入当期损益"和"抵押贷款要计提呆账准备金"的政策规定，以及中央银行三次降息、息差收窄等几项金融和财务政策变化的影响，我行全年减少收益约10290万元，通过强化清收工作，收回欠息2.4亿元，通过实行严格控制综合业务费用，倡导厉行节约，使变动费用减少了 2000 多万元，从而较好地消化了政策变动对我行财务成果的负面影响，全年实现了利润 1079 万元，达到了年度调整计划的目标。

加大了培训力度，调整了组织结构，推行了达标升级，迈出了打基础上水平的第一步。全行完成"三定"工作，完成了组织结构的改造，调整优化了队伍结构，通过组织多层次的员工培训，提高了队伍的整体素质和战斗力。全面推行以达标升级为主要形式的全员目标管理，在狠抓经营的同时，把大家的注意力开始引向加强基础管理。

总的来看，1998 年我们战胜了困难，保持了稳步发展的态势，实现了既定的战略目标。市委、市政府和人民银行对我行的工作都给予了肯定。这些成绩的取得，一是靠上级领导的正确指引和关怀支持。过去的一年里，李子彬市长针对我行工作做了几次重要批示，为我们解决实际问题。副市长武捷思、庄心一亲临我行检查工作，多次听取情况汇报并作具体指导，给了我们极大关怀和最有力的支持。二是靠坚持规范经营，反腐倡廉，加大查处违规违纪工作的力度。三是靠两级班子和全行干部群众团结一致，知难而进，奋勇拼搏。没有全体员工对突发事件的冷静、对事业执着的追求、对战胜困难的勇气，没有全体员工扎实细致的工作，我们就不可能应对这么困难复杂的局面。在这里，让我代表董事会和行党委，对大家一年来的辛勤劳动，表示衷心的感谢和诚挚的慰问！对你们取得的成绩表示热烈的祝贺！此时，应当自豪，应该骄傲，我们很团结，很有战斗力，我们赢得了时间，取得了胜利。

在充分肯定去年工作成绩的同时，还必须看到，我行的工作离市委、市政府的要求，离广大股东的期望还有很大的差距。如果我们抓得更紧一些，标准更高一些，要求更严一些，管理更细一些，工作更勤一些，作风更硬一些，我们的成绩会更大、更理想些。标准不够高、要求不够严的责任首先在领导，作为董事长和党委书记，这个责任首先由我承担。新的一年，这种局面必须彻底改变，因为形势和任务逼得我们只能知难而进，拼搏向前。

今年面临的形势依然严峻，任务十分艰巨。从外部看，亚洲金融危机的影响仍在持续，国内需求不振的局面也将继续。从内部看，调整资产结构，保证正常支付，提高综合素质，提高经营管理水平的工作还十分繁重。另外，必须看到今年我行的营运环境有了相当大的改变，我们必须把握有利时机，充分运用有利条件。中央经济工作会议将化解金融风险作为年度三大工作任务之一，市委、市政府对我行领导、关怀和支持的力度都在加大，我们要力争为全市重点项目出力服务。技术设施的创建和管理基础的改善，已为业务创新和业务开拓提供了必要的条件。加上一心一意奋力拼搏的全行员工，和团结一致、知难而进的两级领导班子，我们对深圳市商业银行的光明前景和广阔未来充满了信心。

今年我行必须在逆境中奋起，实行战略突围。在这大转折、大决战的时期里，全体员工要迎接新的挑战，经受新的考验，万众一心，决战决胜。在坚持稳健经营的前提下，积极开拓、加快发展，再用二年到三年的时间，使我行的业务品种更加齐全，服务质量更加优良，资产质量明显改善，队伍素质明显提高。不断提高管理水平，不断提高市场占有率，使我行的业绩达到全市同业平均水平，甩掉贫困落后的帽子。今年具体的工作目标和经营计划由王行长安排，下面我谈谈实现今年全行工作总目标必须做好的几项工作。

不失时机，加快发展。加快发展是解决长期困扰我们种种矛盾和问题的总钥匙。为此必须打破常规，打破固有的思维定式，不要再埋怨条件不好、环境恶劣、困难重重、问题多多，要认识到发展和困难实际上是你进我退的关系。大发展，小困难；小发展，大困难；不发展，更困难。因此，解决矛盾、战胜困难的根本途径就是加快发展，正确对待困难和矛盾的态度，必须是知难而进，拼搏向前，加快发展必须要抓住时机。我行在完成"纠正违规"和"打好基础"两项战略任务后，已经有了一个新的发展起点，必须抓住新世纪来临前最后一年的一切机遇，一刻不放松，一点儿不耽误。工作要天天抓，旬旬抓，月月抓。只有抓紧抓实，才能把握机遇赢得主动，才能把大困难变为小困难，胜利走出"临界点"，驶入健康发展的快车道。

趁热打铁，巩固完善现有的技术装备。经过两年多的努力，特别是去年一年的攻坚，新系统、银行卡、新大楼都有了，但系统运行的稳定性、可靠性，银行卡功能的开发与实现，大楼的管理等都需要我们做好工作。有了不等于行了，更不等于好了，必须克服"喘口气"的思想，要趁热打铁，巩固完善以技术为依托的业务拓展，新品种的开发和技术功能的完善工作都要跟上。我们已经有了一个先进的技术平台，就必须充分发挥它的作用，去占领市场。今年以卡业务为核心的个人业务必须取得突破，发卡 10 万张、特约商户 600 家、卡交易额 3 亿元、活卡率 80% 的指标必须完成。卡的功能和应用项目还要完善，各种系统应用软件要抓紧开发，这就如同一块地完成"七通一平"后，不在上面盖房子，就卖不出好价钱的道理是一样的。

从严治行，全面培养、锻炼、提高队伍的综合素质。当今的市场竞争归根到底是人才的竞争，人才能力发挥的大小和要求的松紧有密切关系，提高战斗力必须从严治行。现在员工队伍总体上并不比别人差很多，继续提高素质，关键是要严格管理。一切经营管理活动都要严字当头，队伍的战斗力就随之而来，业绩就自然随之产生；要求不严的结果就是队伍疲沓，标准不高的后果是素质低下，管理不细必然导致资产损失，作风稀拉肯定是一盘散沙。这些都是我们银行经过实践换来的惨痛教训，经过一年多的调整，大家建立了新的认识。不在沉默中爆发，就在沉默中死亡。全行各级都要在从严治行中实行自赎自救，找回自己的尊严。

抓队伍首先要抓班子，抓班子首先要抓思想。"兵熊熊一个，将熊熊一窝。"班子软弱涣散，不思进取，队伍就会松散无力，就会士气不振。抓班子建设首先必须统一思想。要重点解决好三个方面的认识问题：一是要破除"不出头、不下游、舒舒服服居中游"的无所作为的思想，树立开拓进取、敢争一流的观念；二是要破除"创建好班子是'班长'的事，与副职无关"的思想，树立整体观念，增强配合意识；三是破除"创建好班子是上级组织的事，与己无关"的思想，树立主人翁观念。抓班子建设要坚持"政治坚定、团结和谐、廉洁为民、开拓实干"四条标准。抓班子建设要在"创"字上下功夫，搞好"四个结合"。第一，理论学习要结合经营管理的实际问题，杜绝讲一套、做一套，学用两张皮。第二，要与贯彻市委工作会议精神结合，解决真抓实干的问题。只有实实在在的行动，才有实实在在的发展，只有实实在在的行动，才有实实在在的收获。第三，要与调整班子选拔考核干部相结合，解决干部队伍建设问题。在实际工作中培训提高干部的综合素质，培养出敢于负责、敢打硬仗的干部队伍，尤其是能带队伍的主要负责人；通过多种形式的岗位锻炼，使优秀人才脱颖而出；对个别薄弱、松垮的班子加强教育，限期改正，实行黄牌制度。对长期精神不振、不思进取、没有业绩的干部及时进行调整，对班子长期不团结、内耗严重的，不再轮岗换岗；通过竞争激励和考核监督，干部队伍的建设让群众满意，让组织放心。第四，与加强党的基层组织建设相结合，解决班子建设的组织保障问题。

强化内控，确保依法合规经营。内部控制对于金融企业防范化解风险具有决定意义。我们行过去在这上面花了太多学费，内部控制的缺失，造成了惨重的资产损失和经营信誉的无奈流失，也导致了此后生存发展的种种障碍。近年来，加大内部控制力度，全面清理高息揽存等违规经营行为，堵塞了一些经营管理的漏洞，内部控制的思想开始深入人心。但工作还是存在差距的，内部控制与业务发展有脱节现象。痛定思痛，现在重提内部控制，坚持一手抓发展、一手抓监控，无论碰到什么具体问题，都不能置内控于不顾，都要坚持发展与监控并重，或者说风险控制到哪里，业务才能做到哪里。去年我行国际业务信用证垫款较多，被主管机关暂停售汇业务，原因就在于内部控制跟不上。今年有很多新业务开发以及技术功能完善的工作，都要求内部控制必须跟上加速发展的需要。在信用卡业务方面，要建立起完善的内控制度，严格控制从申请、制卡、发卡到支取使用等全过程可能发生的业务风险，保证信用卡业务的正常发展，防止资金损失。综合业务系统方面，不仅要控制好前台的操作业务，对科技人员、系统管理人员的控制也要到位。在国际业务上，要吸取教训，严格控制信用证及押售汇业务中存在的风险。内部控制除要适应我行业务发展的需要外，还要适应我们所处环境变化的需要，包括市场变化的需要等。

加强现场稽核、业务专项稽核，查处违规违纪，确保依法合规经营。今年内部控制工作的一个重点是要加大稽核力度，现场稽核监督与非现场稽核监督相结合，对各项业务、各经营单位进行稽核，确保各项业务、各经营单位依法合规。要对违规违纪行为进行严肃处理，情况严重的还要移交司法机关。

深化改革，不断完善股份制商业银行机制，加快培育企业文化，积极铸造企业精神。我行是股份制商业银行，必须树立并时刻保持在市场竞争条件下求生存、求发展的思想。全行干部员工，尤其是领导干部，要在市场竞争的环境中学会生存发展的本领，要居安思危，不断进取，追求企业的可持续性发展。

我们要通过继续深化企业改革，不断完善股份制商业银行的管理机制。今年，要继续完善在用人方面的公开招聘、竞争上岗、择优录用的制度。合理调整人员结构，优化劳动组合，促进人力资源的合理流动和利用，为人尽其才提供良好的制度保障；要严格实行全员业绩考核制度，彻底改变干与不干一个样、干好干坏一个样的状况，使收入分配、进修培训、职务晋升等向业绩突出者倾斜，形成员工奋发向上、人才脱颖而出的良好氛围；要本着精干效能、减员增效的原则，继续实行离岗培训、下岗分流制度，克服机构臃肿、人浮于事的现象，更好地搞活和完善用人机制。

通过管理机制的不断完善，加快培育并全面推行企业文化建设，增强员工的凝聚力和战斗力。我们曾提出过企业文化建设问题，就尊重员工、客户至上、务实求真、精兵简政、贵在行动、深入基层、除旧创新、精益求精八方面的内容，提出了一个初步框架。在企业文化建设中重点把握以下两个环节：一是积极铸造企业精神。全行上下要振奋精神，工作上要讲精、气、神。振奋精神，就是要有一个统揽全局、迎难而上、敢打硬仗的精神状态；就是要不回避工作中的矛盾和问题，坚定不移地贯彻国家和地方一系列加强管理、防范风险的要求，从严治行，依法、依规治行；就是要从实际出发，因地制宜，开拓进取，创造性地开展工作。振奋精神必须从一把手做起，从领导干部做起，通过自己的言行、品德和人格去影响、感染和带动全体员工。二是要坚持以人为本，尊重员工。要通过竞争、激励、淘汰的机制作用，公平、公开、公正地为每一个员工提供发展的环境和机会，让大家在工作中学本事长见识，创造并提供一个人人干事兴业的良好氛围，消灭闲人、闲事、闲话。我们要关心员工的疾苦，及时疏导化解各种思想矛盾，努力塑造员工共同的价值观。

积极探索，优化资本结构和资产结构。盘活资产存量，优化资产和资本结构意义重大。不良资产既是发展的包袱，也是一块很大的资源，清收工作也能出效益。我们必须始终坚持两条腿走路：一方面是加快发展，抓增量优化，在发展中逐步消化历史包袱；另一方面是抓存量调整，抓清收，保全资产，减少损失。总行在下达今年经营计划指标时，也突出了资产质量这个指标的考核。历史包袱较重的几个老支行，今年在清收方面继续狠下功夫，存量调整必须有所突破。要积极探索优化资产结构和资本结构的新途径。优化资本结构和资产结构是当前国内银行界共同面对的课题，最近戴相龙行长在业界提出成立专门的资产经营公司，剥离国有银行不良资产的设想，对我行调整资产和资本结构很有启发，我们应该有所探索，有所创新。

今年搞好了，前途将一片光明；搞不好，就会陷入更大的困境。我们即将迈入新的世纪，面对社会各界的期望和投资者的重托，唯一的选择就是勇往直前。希望与困难同在，挑战与机遇并存。"世上无难事，只要肯攀登。"我们一定要坚定主要靠自己的思路，牢记自己的天地靠自己创造。

争做管理的有心人

> 当干部做管理工作要有一张"婆婆嘴",管理管理,既要管又要理,要三省其身,不厌其烦。为了推动全行的"三讲两提高"和"达标升级"活动持续深入开展,1999年第一季度起草了这篇关于为什么要抓管理、怎么抓管理,要求大家争做管理有心人的短文。几年后,当局面大为改观之后再作回顾,确实可以体会到狠抓管理的切实功效。

搞好"三讲两提高"活动,不仅是在贯彻全市工作的总体部署,也是我们自省自救,改进并加强管理,提高自身管理水平的重要举措。要把"三讲两提高"活动搞好抓实,就要把这项活动与好班子创建工作和达标升级工作紧密结合起来,切实推动企业管理各个环节的健康运转。今年的经营任务重、压力大,十分必要进一步统一对加强和改进管理工作的几个重要认识。

一、抓管理是稳定大局的需要

管理可以稳住局面。形成我们银行历史包袱最根本的原因是管理混乱,目前制约我行进一步发展的主要障碍仍然是管理工作不到位。我们用了几年的时间,推崇"依法合规、稳健发展"的经营理念,建立、健全各项规章制度,坚决清理高息存款、账外经营,堵塞内部管理的漏洞,使我行管理工作逐渐步入规范化的轨道,改善了我行在金融监管部门、银行同业和广大客户中的形象,为我行正常经营创造了必要的内外部条件。通过严格管理,我行清收工作开始打破僵局,贷款质量有所提高,资金成本降低,业务费用下降。在去年亚洲金融风暴和海发行事件的巨大冲击下，我们主要依靠自己的力量保证了支付，证明管理已成功地稳住了我行的局面。强化管理已经并且必将继续成为我行的立身之本。

管理可以出效益。一个组织不搞管理是不行的。三个和尚没水吃的故事说明每人心里都有自己的小算盘，没有基本的沟通协调，不做一些类似值日这种基本的制度安排，最后的结果只能是没水喝。在我们这样一个由一千多名员工组成的企业，不搞管理就不能生存。管理可以通过两条途径提高企业的生存能力：一条是通过对现有资源的有效组合，达成更多或更大的业务目标；另一条是通过严格控制成本，使达到一定业务目标的花费较少。管理可以降低成本、增加收入，可以创造效益。我们行就有很多管理出效益的例子。去年 11 月，稽核部就全行的费用情况写了一个报告。该报告显示，由于实行了严格的综合业务费用控制，倡导了厉行节约，使我行 1998 年头 10 个月的变动费用较上年减少了2000 多万元，下降 49%。这 2000 多万元具有非同一般的意义，在去年我们经营面临诸多不利因素的影响和冲击下，它直接为确保盈亏平衡创造了重要条件。更重要的是，它使全行感性地认识到管理的重要，尝到了严格管理的甜头，为全行统一进一步加强管理的认识奠定了基础。我行去年实践证明，管与不管不一样，认真管与走过场不一样，管理一定能够出效益。

管理可以发挥技术优势。经过艰苦的努力，我行现在已经有了新的电脑系统和银行卡，已经在技术上迎头赶上了深圳的同行。那么，是不是具备了领先的技术优势就有了市场竞争优势呢？不是的。再先进的技术也需要人去使用，管理是将人和技术联系起来的结合性要素，离开了高水平的管理，再先进的技术都不能实现生产力，也不能创造经济效益。我们现在配置的自动柜员机都很先进，但如果经常发生"吃卡"，经常出现"机器故障，暂停使用"，机内经常缺钱，顾客就会有很大意见，就会使技术优势不仅不能发挥，而且还会破坏我行的形象。所以，有了先进的电脑系统和银行卡，配置了先进的设备，还要管好、用好。

管理应该先行一步。应该看到，影响我行竞争能力的不仅有技术水平的因素，还有经营管理方面的诸多原因。即使现在技术水平上来了，我们依然在同业竞争中处于劣势。在我们目前所面临的各种条件限制下，要扭转这种劣势，只能从自己能够把握的事情做起，只能继续坚持"靠自己"。靠自己的一个重要内容就是加强管理，我们不仅要使全行的管理水平赶上同业平均水平，而且还要努力实现管理领先。

第二次世界大战后的日本只剩下残垣断壁，在一片废墟中重振经济，日本只用了十几年的时间就重新回到国际舞台，并成为举足轻重的经济大国。日本的经济奇迹震惊了全世界，特别是使美国人有了危机感，因为美国企业的市场纷纷被日本企业抢了过去。日本企业没有美国那么好的设备，没有美国那么雄厚的资金，没有那么多受过高等教育和专业训练的人才，它们靠什么占领本属于美国企业的市场呢？美国的威廉·大卫通过几年的深入研究，写了一本叫《Z 理论》的书，他的结论是，日本企业在管理上超过了美国。日本企业的经验证明：管理先行是落后企业竞争市场、迅速赶上先进企业的有力武器，管理先行应该成为扭转我行经营被动局面的突破口。

二、抓管理是管理人员的主要职责

管理人员必须首先明确管理工作的内涵，做管理的有心人。管理学上有一个认为企业是一个协作系统的学派叫社会系统学派，其代表人物是美国的巴纳德，他将管理人员的工作归成三类：一是提供信息交流的体系。二是组织、用人等促成的必要努力，也就是激励、协调。三是提出和制定目标。明确管理工作的内涵，就是明确管理人员的主要职责。

要优化组织结构，实施人才战略。精简整编，消除"闲人、闲事、闲话"，是我们生存发展的客观要求，因而"三定"工作的成果必须巩固。"三定"后普遍反映人手不够，实质的问题是管理工作不到位。旭飞分理处在总行核定的人员编制内，通过合理精减临柜人员，相应增加业务拓展人员，达到了强化业务拓展的目的。它们的经验证明，人手不够的矛盾可以通过合理分工、优化组织结构和人员配置来解决。在减员增效的基础上发掘人才是我行实施的人才战略的重要内容。在过去的工作中，我们都切身体会到人才的重要，都感受到市场拓展和专业人才缺乏对工作的影响。必须指出，对人才缺乏的现状不能抱漠不关心的态度，不能顺其自然，无所作为。不能只知道向上伸手，管人教部要人。我们要实施"125"工程，培养100个优秀的客户经理、200个合格的综合柜员和50个称职的分支机构负责人，管理人员必须积极主动地做好人才管理工作，既要注意做好内部挖潜，人尽其才，也要注意视野向外，在广阔的市场中竞选人才。

要重视员工激励，履行协调职责。做好员工激励，要注意个人目标与组织目标的结合，物质激励与精神激励的结合，外在激励与内在激励的结合。在重视正激（奖励）的同时不能忽视负激（惩罚）的作用，对思想颓废、不思进取、工作怕苦怕累的员工要坚决调整。要坚决反对利用职权或职务之便，贪天之功以为己有，全体管理人员都应在各种分配问题上作出表率，以创造公开、公正、公平的环境，营造人人奋发向上，个个干事兴业的良好氛围，充分调动员工工作的积极性和创造性。完成今年的工作任务必须发扬团队精神，讲求协同作战。管理人员不仅要在业务拓展中身先士卒，更要注意经验推广和以老带新，实现共同进步。我行工作中存在的互相扯皮、相互推诿、事情久拖不决等现象，不仅是协作意识淡薄的问题，更是协调不力的问题。协调工作到位，就可以促进沟通、解决冲突，就可以使结果清晰、责任明确，从而加快处理问题、化解矛盾的进度。

要坚持从严治行，落实目标管理。如何提出和制定目标，一直是我行管理工作的薄弱环节，必须坚决贯彻今年工作的总体要求，即标准要高、要求要严、管理要细、工作要勤、作风要硬。管理人员在其位就必须谋其政，不能碍于情面放松要求，不能对困难有丝毫的畏难情绪，要敢于碰硬，敢于打硬仗。目标的确定要具体，任务的落实要到人。支行与所属"三部一室"签订经营目标责任书，使各部室的员工对今年的工作目标都心中有数是一种很好的做法。提高服务水平和服务质量的目标要形象具体，我们可以把身边招商银行的优质服务作为榜样，认真查找差距，找出我们能做到的和不能做到的因素，对能做到的要及时改进；全行员工要有在服务水平和服务质量上赶上招商银行的志气和决心，要通过有效的全员参与，达到管理活动的目标。

要注重现代管理方法的运用。当今社会是管理科学的时代，在技术突飞猛进，竞争日益激化的社会里，不掌握科学的管理方法，不注重在实践中运用先进的管理手段，是不可能胜任管理工作的。PDCA 循环和 ABC 重点分类法是现代管理的科学方法。PDCA 的主要内容是，制订计划和目标，据此提出具体措施，付诸实施，进行检查验证，最后总结，找出差距，转入下一循环。计划阶段要求分析现状找出存在的问题，分析产生问题的各种因素及主要因素，针对主要因素制订改进计划，提出活动措施。实施阶段要求按照所制订的计划和措施，有条不紊地付诸实施。检查阶段要求对照计划，检查实施的情况和效果，及时发现计划实施过程中的经验和问题。处理阶段要求根据检查结果，把成功的经验纳入标准，以巩固成绩。总结失败的教训或不足之处，找出差距，转入下一循环，以利改进。PDCA 循环的适用面很广，在我行拓展业务、强化内部管理和提高服务质量的工作中都大有用武之地。

ABC 重点分类法是根据事物有关方面的特征，进行分类、排队，分清重点和一般，以有区别地实施管理的一种分析方法。其基本原理就是区别主次、分类管理，将管理对象分成 A、B、C 三类，以 A 类为重点管理对象。包括"开展分析"（区别主次）和"实施对策"（分类管理）两个基本程序，关键是区别一般的多数和极其重要的少数。我行存款、贷款以及清收等方面的客户管理工作可应用此方法。要注意结合实际，加强学习，不断总结和积累经验。现代科学管理是对传统经验管理的扬弃，全体管理人员都必须深入基层，准确把握管理的对象，要克服狭隘的经验主义和形而上学的文牍主义，坚决杜绝以发文件代替管理的现象。

三、抓管理更是一项全员活动

我们要在以人为本的管理模式中，突出强调全员管理的管理理念。

全员管理可以迅速提高企业的管理水平。全员管理通常是指企业中所有员工均参加管理活动，履行一项或多项管理职能的管理模式。自从 20 世纪 50 年代日本丰田汽车公司喊出每位员工都是管理人员的口号，并迅速提高了管理水平，增强了竞争能力起，全员管理就迅速在日本的企业中传播开来。全员管理被实践证明是一条提高企业整体管理水平的捷径。我们常说"三个臭皮匠，顶个诸葛亮""众人拾柴火焰高"，也都是这个道理。

全员管理有利于贯彻制度。达标升级制度基本回答了"该怎么做"和"做到什么程度才算好"这两个问题，为全行员工立了一个规矩。这个制度的规范是面对全行员工的，是全体员工共同参与的管理活动，是全员管理的重要形式。全行员工必须坚决地严格地按照《管理达标升级手册》（以下简称《手册》）的要求，规范工作行为。为此，全体员工对《手册》的要求必须牢牢记住、深刻领会，使《手册》的要求深入骨髓，变成铁的不可动摇的行为准则。我们强调全员，不仅体现在《手册》规范了全体员工的工作行为，更重要的是，只有当每一个人都认为必须这么做的时候，制度的执行才有可靠的保证，因此，要使《手册》的规范得到坚决彻底的贯彻，使管理落到实处，就必须使《手册》的规范成为全行员工共同的意志。所以，我们要强调达标升级活动必须人人参与，提倡做管理的有心人，让《手册》的规定深入人心，让各项规章制度、办事程序、行为规范都变成我行全体员工自觉的行动，从而使《手册》的规定得到有效贯彻。

全员管理有利于完善制度。在新的一年中推行全员管理的理念，提倡做管理的有心人，还有一个重要的任务就是启动管理完善制度的功能。通过严格的人人参与的管理活动，可以迅速及时地发现各种规章制度、工作程序、行为规范的漏洞，以及不适应情况变化、导致效率低下、阻碍业务拓展等方面的问题，可以迅速及时地找到堵塞漏洞、解决问题的办法，从而完善制度，迅速提高管理水平。

四、抓管理要循序渐进，打持久战

管理问题依然是我行各项工作的薄弱环节，是制约我行发展的瓶颈。以营业网点的招牌灯为例，晚上到各网点转转，还会发现有不亮或损坏的招牌灯。花了钱买马，却不把鞍配好，说明管理不善。或是不知道要亮灯，或不知道不亮灯的利害，灯不亮也没有反应；或知道要亮灯，也就灯不亮的问题反映过，但得不到解决。这些问题的出现，都反映出我行管理的水平，反映出规章制度在执行上缺乏普遍的铁的观念；

反映出我行的监督稽查还存在漏洞。这些问题最终都反映为计划、组织、指挥、协调、控制等管理职能缺位，反映为管理不到位。

作为在城市信用社基础上组建的商业银行，尽管三年来我们作出了很大努力，尽管我们在过去的一年多时间里狠抓了严格管理工作，我行整体管理水平不高却是不争的事实。军队要求两人成行，三人成列，见到比自己级别高的首长要敬礼，目的就是通过对最基本行为的规范，培养军人服从命令听指挥的铁的纪律。军队没有铁的纪律就会打败仗，银行没有铁的管理也难以生存。为此，我们反复强调管理要从基础抓起，管理要细，管理中要贯彻"铁规章、铁算盘、铁账簿"的原则，通过开展"三讲两提高"活动，推动并完善各项管理工作，通过狠抓好班子创建工作，推行以规范最基本的工作行为为目标的达标升级制度，夯实我行管理基础。

管理水平会有反复，必须常抓不懈，一松劲就会出现管理滑坡。就说上班打领带这一要求，强调一下就整齐划一、人人都打，过一阵子领导不说了，渐渐就开始有人不打了。规范的东西有时确实同人的自由天性和行为习惯有矛盾冲突，要贯彻规范，管理人员必须有一张"婆婆嘴"，对于确实与规范不符的现象，要年年讲、月月讲、天天讲，要反复纠正打持久战，直到旧习惯被新习惯替代，规范成为自觉为止。

管理的工作没有穷尽。管理规范的对象不断变化决定了制度缺陷的永恒存在，技术发展的无止境又决定了管理方式必然不断迈向先进。从管理工作的外部约束看，客户情况、股东要求、监管政策、员工思想的变动，都会对管理提出新的要求。因此，管理的工作不可能一劳永逸，必须打持久战。

新的一年，对管理的有心人要进行奖励。为激励员工积极参与管理，保证全员管理理念的顺利推行，我们除了要向全体员工反复强调管理是目前我行发展的瓶颈，管理可以出效益，管理可以先行等观念以外，还必须对管理的有心人进行物质的和精神的奖励。我们将在全行范围持续开展"好点子"活动，对提出建议的员工都给予适当的表扬和奖励。我们必须牢记这样的信条：企业的成功是三分技术七分管理的结合。我们所面临的形势和局面决定了必须选择加强管理作为打开工作新局面的突破口。在当前基础缺失、管理薄弱的情况下，弘扬全员管理的理念，开展"三讲两提高"活动，推行达标升级管理，是迅速提升我行管理水平的必由之路。在新的一年里，我们大力提倡：人人想着管理、人人谈着管理、人人参与管理，做管理的有心人，充分履行管理职能，努力实现管理先行，为迅速改变落后面貌作出各自的努力。

思想工作说起来虚　做好了就实

> 企业党组织的主要任务就是监督保障党的中心工作的贯彻落实，而作为主要抓手的思想政治工作必须围绕经营管理的中心任务来开展。1999 年上半年党委（扩大）会议上的讲话，我再次强调思想工作的必要性，不能期望用经济责任制就能管理所有的思想活动，也不要放弃基层党团工会组织的阵地。思想工作说起来虚，做好了就是实在的。

这次会议我主要讲一讲思想政治工作。我们的事业要靠人去开拓，去创造，去认真地干，做人的思想工作非常重要。

市政府主管领导本月 10 日下午同我行领导班子谈心，做我们的思想工作。他对我行工作的总体要求是要进一步抓紧、抓实、抓细；关起门来少讲成绩，多讲问题；打开门要多讲成绩，少讲问题。我们处在一个发展的关键阶段，不进则退，班子要统一认识，明确肩负的责任。在困难和机遇面前，班子状况是工作的关键，是根本的因素。在工作的压力面前，一般的努力、一般的辛苦、一般的办法是不够的。要齐心协力，艰苦拼搏，用自己积极的行动去感染带动大家，用自己良好的精神状态去改变我行的社会形象。大家要全力支持董事长、行长行使职权。在业务方面，要尽最大的努力，往好的方向去转化。与股东之间要保持良好的关系，可以把行里边的情况适当地向他们通报，以增加共同语言。今年要把增资扩股批下来。要对不良贷款的清收和市场定位进行专题研究。内部管理上一要从严治行，要有铁石心肠，因为这是对员工、对股东、对社会负责；二要形成一个体系，不要抓此失彼，各个方面的力量要综合起来。对外关系一定要处理妥当。社会化大生产离不开方方面面的支持，一些不必要的麻烦、矛盾，不要人为地去制造。要感谢社会各个方面对我们的支持。要忍辱负重，每个人要经常问自己，在哪些方面还没有做到，没有做足，没有做好。要处理好主观与客观的关系，处理好基础与现实的关系，处理好优势与劣势的关系。既要估计到不足，也要看到优势。在当前这种经济形势下，大家谁也不比谁高明，实际上大家拼的就是一种工作的责任感，是不是真正地用心，大家只要扎扎实实、含辛茹苦，肯定会有效果，花的工夫多不会白花。

他的谈话，不仅是针对总行班子讲的，也适用于支行班子。大家认真体会可以领悟不少的道理，绝对是非常实在的。

下面我围绕思想政治工作讲三点意见。

第一，思想政治工作必须紧紧围绕全行的中心工作展开。企业党组织的主要职责是监督、保障，促进企业两个文明建设。从我们行几年的实践来看，就是如何做好人的思想工作。今年全行经营管理工作的中心任务，还是防范和化解金融风险。全国经济工作会议把金融工作作为三项任务之一，这是针对全国经济形势，针对金融行业存在的问题提出来的，是有针对性的。人民银行马行长来我行作报告，他从全国讲到广东、从广东讲到深圳，从深圳讲到我们行，中心思想是要在深圳创造金融的安全区，我们依然是个重点。在这种形势和局面下，毫无疑问，我行工作的中心任务依然是防范化解金融风险。那么怎么防范化解金融风险呢？还是过去讲过的"稳健经营，加快发展"的八字方针。思想政治工作的出发点和落脚点，都必须联系稳健经营、加快发展这个中心工作来做。各级组织都要围绕这个基点开展工作，看待形势。我们的工作就是不断地解决问题，克服困难。对所面临困难和问题的艰巨性、复杂性和长期性，我们必须有充分的思想准备，解决这些问题不可能一蹴而就，而是需要大家持续的努力，需要坚持不懈的斗争，需要反复做工作，这是一个历史过程。

九届人大二次会议上朱镕基总理的报告非常实在，存在什么问题就说什么问题，而不是文过饰非。困难大、挑战大，但是大家充满信心。联系看我们行的工作也是这样，每年有每年的局面，每年有每年的形势，我们就是在这种环境和形势条件下开展工作的，不可能脱离实际。

第二，思想政治工作是各级领导、各级组织、全体员工共同的任务。我们讲全员管理，说的是大家都是这个企业的一分子，都要关心企业的兴衰。搞好管理不仅是企业管理者，或哪个领导者的事情，也是全体员工的事情。思想政治工作是管理的内容之一，当然也需要全员参与、全员投入。刚才王行长讲的一番话，我觉得讲得很好。从今年人事工作的四个方面来讲，我们现在整个管理框架是形成了，但人是活的，人的思想是变化的。因此，我们必须根据不同时期的形势、任务，有针对性地做好员工的思想政治工作。各级组织、各级领导、大家都要来做思想政治工作。

春节前，我在各支行讲了一个观点，就是要再宣传、再发动、再动员，让所有的人都明白我们今年面临的形势，大家要统一思想，明确任务，每个人都要知道自己应该做什么、怎么做。同时，我还讲了另外一个观点，我们要帮助每一个员工，发扬协同作战的精神，不要单干。作为支行和部门的领导，首先要完成自己的工作任务，但是这还不够，还要带领支行和部门所有人，把各自的工作任务都完成好，强调一种协同。我们要随时掌握大家的思想动态，了解大家在想什么、为什么这么想。管理者的职责不是简单地下任务、下指标、签合同。工作怎么干，我不管，那是你的事，完不成任务我就罚你，这种工作方法是不行的。框架的建立是非常必要的，没有规矩就不成方圆，但仅靠这个做工作还只是一手，不是两手，我们做工作要靠两手。在完成今年的经营任务的时候，还必须做到思想政治工作先行。

思想政治工作先行要靠全体党员、共青团员，包括我们的工会组织，发挥先锋模范作用。要求别人做到的，首先自己做到，要求别人做好的，自己比别人做得更好。

工会组织是企业中的一个非常重要的组织，在资本主义社会形态下，工会代表工人一方也就是劳方，投资者代表资方，他们的关系是一种劳资关系，是对立面。在社会主义条件下，员工是企业的主人，工会讲的是如何激发员工的主人翁责任感。全行员工都不要简单地把自己看成是打工的，你叫我干什么，我就干什么，而要体现主人翁精神，工会要把员工这种积极性调动起来。工会要通过民主决策、民主监督参与企业管理，哪些地方不对，你们要出主意想办法。我们开展好点子活动，大家都要说、都要讲，一定要把这种形式组织起来。要动员一切可以动员的资源，动员一切可以动员的力量，把大家发动起来，把我们的思想政治工作做得有声有色，而不是那种呆板的说教。政治思想工作先行，就是一种全行的动员，是全员参与管理的一种形式。我觉得要完成今年的任务，就是要把大家发动起来，把思想统一起来。要了解大家在想什么，要协调好各方面的力量，搞好配合，更好地指导大家去干事。

目前，思想政治工作方面还存在一些薄弱环节。一是我们的党团工会基层组织还不够健全。不仅有些基层组织不健全，更重要的是我们基层组织的作用发挥得不够好。党的基层组织要起到政治上的核心作用，支行党支部在怎样围绕支行的中心工作，如何发挥思想政治工作和群众工作的优势等方面还有欠缺。去年，我们发展党员的步伐也没有跟上客观形势的需要。二是对思想政治工作的认识还不够到位。这个问题可以说带有一定的普遍性，不能把党的思想政治工作归结为党的部门、书记的事、几个人的事。三是整体协调，全员投入，推动我们行两个文明建设的氛围还不够强烈。有些同志对党的工作不够重视，总是强调工作忙，党的生活摆不到日程上来。要解决这些薄弱环节，必须解决思想认识问题，要把各方面力量综合协调好，搞全员管理，我们的各级组织、各级领导、各个方面、全体员工都能参与这个工作。

第三，抓好思想政治工作要突出抓好班子建设。抓工作就要抓队伍，抓队伍就要抓班子。创建好班子不仅是市委、市政府提出的要求，更重要的是我们生存发展的需要。现在我们是逆水行舟得有个掌舵的，有喊号子的，大家都拿桨划船，如果喊号子的自己睡着了，大家听谁的？船没人划了，就会被水冲走。

创建好班子，首先，要真正做到"三讲"，即讲学习、讲政治、讲正气。现在社会各个方面反映出来的问题，有的对中央的政策，对地方政府、地方党委提出的一些工作不理解，甚至有抵触、唱反调、发牢骚、讲怪话的现象，这些对党员来说是违反党的纪律的。所以讲政治、讲正气，强调纪律，都是具有针对性的。

其次，要有动力和压力。动力和压力一是来自对自身的认识。作为班子成员都应该把自己的班子创建成好班子，这是一种责任，是一种内在的动力和压力。二是来自上级组织的要求。现在全市都在开展这个活动，市里对我们这一级是这么要求，同样我们对支行，对各部门也是这样要求。三是来自群众的监督，也是群众的呼声。大家都盼望自己所在单位工作能够好，环境能够好、气氛能够好，这是大家共同的要求。在我们这么一个单位工作，确实困难大一些，压力大一些，但我们的任务就是解决问题、克服困难。所以我们要吃人所不能吃之苦，忍人所不能忍之事，受人所不能受之气，要有使命感、紧迫感和责任感。

最后，要靠信心、靠道义、靠行动、靠协同。干什么都得有信心，好班子也要有信心去创。总行班子是这样，要求支行一级也是这样。会后把创建好班子活动方案发给大家，要组织学习，各支行要研究，我们今年创造好班子打算怎么做，你得有信心做这件事。靠道义，是靠制度、方法、责任。靠行动、靠协同就是团结一致、真抓实干。光说不行，还得靠做。班子要团结，不能搞三心二意。只有这样，我们才能把工作抓紧、抓实、抓细。各级班子今年还有突出的任务，要针对思想政治工作存在的薄弱环节，抓紧解决这些问题。最近各个支行、各个部门都把"三讲两提高"第一阶段学习查找问题的情况做了总结。大家都不说别人的问题，专说自己的问题，风格确实很高，但是我说任务只完成了一半。支行怕说上面的问题，怕得罪人，以后不好打交道。我们想组织总行的人员分期分批到支行去，同时把支行的对口人员交流到总行机关来，这也是一种岗位培训和学习，信贷部早已在做这项工作。除此之外，支行之间也可以做交流培训。我们是企业，做些交流，跟班学习，上下互相了解都在想什么、做什么，互相之间增加理解，这是非常必要的，也是加强思想政治工作的一种很好的形式。总之，思想政治工作说起来虚，做好了就实。大家的认识会更进一步地统一，大家积极工作的情绪会进一步地高涨，很多问题在相互理解、帮助、协同、关心、支持之下就能在日常工作中得到解决。各级领导做管理工作，就是化解矛盾、疏导矛盾，尽快解决矛盾，把问题消灭在萌芽状态，这就是我们的思想政治工作。

好班子必须行道义讲协同

抓工作要抓队伍，抓队伍要抓班子。张高丽同志主持深圳工作期间将班子建设作为施政的一项主要措施，2000 年度我行被评选为市管的好班子。这篇文章是在 1999 年 4 月，为了推动全行两级组织创建好班子活动而起草的。文中描述了自己对好班子内涵的理解，以及当下好班子对我们银行的关键作用。

今年初以来，我行上下一致，全员投入，深入开展了"三讲两提高"活动。各单位各部门高度重视，积极组织，在学习和查找的过程中，涌现了一批爱行如家、勤奋工作的好人好事，体现了我们基层领导识大体、顾大局、懂经营、善管理的精神风貌，反映了全体员工投入"三讲两提高"活动的高度热情和急于改变我行面貌的迫切心情。如何引导保护大家的积极性和创造性，让精神变物质、物质变精神，的确是我行两级领导班子的一项战略性任务。为了不负此大任，我们两级班子必须全身心投入到好班子的创建中去，带头讲学习、讲政治、讲正气，带头提高自己的工作效率和工作水平，挺起腰板子，作出好样子。

首先，创建好班子要求我们各级领导干部都要有压力和动力。领导干部都要有责任把自己所在的班子创建为好班子。压力和动力首先是来自对自身的认识，因为这是领导干部安身立命、行事处世的责任。组织上信任我们，群众支持我们，把我们摆在一个承担责任的岗位上，你就必须负起责。我们行的干部队伍中，的确也有极少数人雇佣思想严重，把自己混同于普通员工，遇到矛盾绕道走、不负责任乱开口，是在混事，而不是在干事。在目前的经济形势下开展工作，确实困难大一些，压力大一些，但眼下这就是我们的岗位，每个当领导的都要敢于担当，都应该有为岗位尽义务的责任。目前我们建功立业就是要吃人所不能吃之苦，忍人所不能忍之事，受人所不能受之气。克服困难，解决问题，必须要有使命感、紧迫感和责任感。

压力和动力又来自群众的呼声和监督。有道是"当官不为民做主，不如回家卖红薯"。我们领班带头的人，必须为自己带的一帮人，为自己的队伍操心尽力。员工们都盼望所在的单位兴旺发达，希望工作好、环境好、气氛好。真善美的东西靠我们去创造，靠一个好班子、领头人去创造。"没有落后的群众，只有落后的领导。"这句话至少从一个方面反映了领导作用的重要性。当领导的其实是诚惶诚恐，常处在唯恐有误的心境，怕误人子弟，怕误人生计，唯恐对不起别人。创建好班子实质上也是接受群众监督的一种形式。班子好，大家自然信服，归属感增强了，向心力加大了，员工中蕴藏的积极性和创造性就能源源不断地发挥出来，一个员工支持班子大胆管理，班子带领员工创新经营的生动局面就可以形成。

压力和动力还来自上级组织的要求，现在全市各级组织各个单位都在响应市委的号召，开展创建好班子的活动。更重要的，创建好班子是我们生存发展的需要。逆水行舟，只有号令一致，才能齐心操桨。在这只能前进、不能后退的时刻，为领导班子必须要有打破常规的勇气、吃亏是福的思想、卧薪尝胆的毅力、做苦行僧的行动，行船掌舵，扎扎实实做好每一项工作，成为坚强的战斗堡垒。行党委和经营班子经过讨论，大家都表示了创建好班子的决心和信心，全行上下都要支持监督行领导班子开展创建活动。支行班子的创建方案下发后，各单位已在酝酿行动。个别反应迟缓、行动不力的班子的确应该对照检查、反省三思。我们领导者、管理者，做人做事要恭敬诚恳，对上、对下、对自己的工作都要尽心尽力、尽职尽责，做到恭、敬、忠。

其次，创建好班子要真正做到讲学习、讲政治、讲正气。全社会在宣传精神文明的时候，提出了"五讲四美三热爱"的口号，现在中央要求全国基层党组织开展"三讲"活动。其实无论讲多少，讲的都是人的思想认识。以整风的要求开展"三讲"，目的就是思想认识要正确、要统一、要提高。现在大家都说企业管理要以人为本，重视人的价值、理顺人的思想、统一人的意志，把全员的投入和人生价值的体验作为企业管理的宗旨。可见，创建好班子首要的是通过"三讲"统一思想，把领导干部的言行统一到党中央的方针政策上来，把我们行两级管理者的聪明才智集中到建功立业的大局上来。领导班子是不是带头"三讲"非常重要，凡是不"三讲"的单位，必定在打小算盘，在搞小圈子，必定杂音绕梁。创建好班子，领导带头讲学习、讲政治、讲正气，就可以在全行上下营造一个鼓励创业、鞭挞空谈、支持改革、追究诬告、惩治腐败的良好氛围，就可以形成一个领导与群众齐抓共管、心往一处想、劲往一处使、汗往一处流的干事兴业的生动局面。

联系我们行经营管理的现状，创建好班子开展"三讲"活动，其实有实实在在的具体内容。作为地方银行，我们的中心任务就是"稳健经营、加快发展"，我们的最大政治就是防范化解金融风险，我们的主要职责就是尽快改变历史遗留给我们的落后面貌。当前，国际国内的经济正处于结构性调整的阵痛之中，在这并不宽松的环境中，我们领导班子任何一点认识上的偏差、信心上的动摇、决策上的失误、作风上的拖拉，都将会给全行的生存发展带来致命的影响。思危才能求安，惧乱方能得治，我们两级班子讲政治，一天不耽误，一刻不放松，就是要聚沙成塔，不断构筑稳固事业的堤坝。

创建活动中搞好"三讲"，这是一次生动的党性教育。开展创建活动，其方法步骤的本身就是有关组织观念、组织制度、组织纪律等方面的党性要求。开展创建好班子活动的过程，也是我们各级党员领导干部接受党性教育的过程。在我们行的领导干部队伍中，不少同志是近年来才刚刚走上领导工作岗位，还缺乏岗位训练和实践经验，缺乏正反两方面的比较和艰苦环境的磨炼。新老同志都要在创建过程中有意识地学习、温习民主集中制、批评与自我批评、群众路线以及调查研究等工作方法和制度，培养提高组织管理的才能，增加领导艺术的修养。

最后，创建好班子要讲信心、讲道义、讲行动、讲协同。我们两级班子的成员在创建活动中一定要树立敢于争一流的观念，破除"先进难干，后退难看，不前不后最合算"的无所作为的思想。在逆水行舟不进则退的征程中，"自信自有冲天力，舍此便为地狱门"。那些还没有上场就想着输球的球队必输无疑，放弃了信心就等于放下手中的武器而甘认失败，一个人、一个集体之所以能够克服困难、排除险阻，之所以具有坚韧、进取、恒心、耐心等美德，都是因为立足于自信，都是因为战胜了自己。我们行几年来经营管理的实践表明，天大的困难靠人顶，没有过不去的火焰山。我们不少优秀的支行长，面对烂摊子不是一筹莫展，而是励精图治，他们相信自己的理想，相信自己的能力，他们把信心糅合在有限生命的脆弱与无限生命的坚强精神之中，从而产生一种内在的、始终不渝的源泉力量。他们不安于现状，而是拼搏进取，并取得了成就。他们的事迹告诉我们，人在有志、事在人为，创建好班子首先班子要有信心。

好班子还要行道义。当领导的必须清楚明了自己什么该干什么不该干，该怎么去干，敢于叫板"向我看齐"。这就是领导者的善生、正生之道，一个有凝聚力和战斗力的班子，肯定是讲道义的班子。他能够将有共同理想的人才紧紧地吸引在周围，将那些懂经营、善管理、敬业为本、吃苦为乐的人才网罗在一起，并通过这批人卓有成效的工作去实现共同的奋斗目标。诸葛亮"鞠躬尽瘁，死而后已"的思想是合乎道义的思想，我们无论是大领导还是小领导，无论是处于顺境还是逆境，无论身在什么时间、什么地方，都应该以这样的态度、操守和职业道德去保土守疆。"公生明，廉生威"，创建好班子，只要领导带头，以诚待人，以德服人，就能取信于民，就有感召力，才能带仁义之师，行非常之道，尽分内之责。很难想象，一个只谈不做，谈多做少的领导，一个松、懒、散的班子，能够带领员工顽强拼搏，共渡难关。

好班子的建设，贵在行动，重在创建。成绩只能干出来，绝对不是总结出来的。创建好班子，最终落实在实干、苦干加巧干。实干就是说老实话，当老实人，干实在事。苦干就是一步一个脚印，吃大苦流大汗，一分耕耘一分收获。巧干就要动脑筋想办法，四两拨千斤，求的是事半功倍。今年全行的经营计划下达后，不少支行自加压力，自我超越，鼓足了劲要干一场，大家想干、敢干、能干。有些支行领导在指标分解时，带头挑重担，帮助员工疏解困难和矛盾，体现了领导班子吃苦在前、冲锋在前的先锋模范作用，显示了领导班子主心骨的战斗堡垒作用。总之，好班子要靠干，好班子是好干、干好的班子。

好班子必定又是一个协同团结的班子。现代社会的特点是分工协作大生产，管理者的聪明才智更多地表现为善于协调沟通，IQ 加 EQ 才会SUCCESS。作为领导面对人和事，三省其身，不妨自问：能同别人和谐相处吗？能像对待自己那样对待别人吗？知道自己不同人友好合作会造成损失吗？为人者贵在自知与自明，对人对事都要客观与谦和。现实生活中我们可以看到某些傲气自许的先生，难以共事，不易合作。其实，知退一步之法，明让三分之理，不仅是一种谦让的美德，也是一种知书达理的善措。不要遇事不沟通，走到一起就掐，想掐出个我对你错，你小我大，甚至要掐个你死我活，这不是君子的风范，更不是党员领导干部的做派。可以说，不能与人合作的人绝对不是一个称职的领导，搞不团结的人走到哪里都不受欢迎。大家有缘做搭档，磕磕碰碰在所难免，关键在于善识善处。回避矛盾，表面平静，有事当面不讲背后讲，此处不见彼处见，这种团结和谐有害无益。我们提倡的是真情相见，宽厚为怀；主要领导带头吃亏，人人争着吃亏；求大同，存小异；讲原则，留情谊，有什么矛盾非要结成疙瘩解不开呢？团结协同并不是无原则的团结，团结不等于结团。结团的实质是以个人或小团体为核心，利己主义为半径的山头，危害极大。全行正风正气，必须让拉帮结伙、相互拆台的现象无滋生之地。

搞好"三讲两提高"，努力创建好班子，我行相当多数的员工已经形成了共识。生于忧患，死于安乐，人只要肯"奔"，事业就有希望。我们两级班子要充分发挥主观能动性，树立"无功就是过"的理念，不仅要守好自己的一亩三分地，更重要的是种好、管好、经营好，出好收成。

略谈企业文化在我行

摆脱了最困难时期事务的缠绕后，我开始将注意力更多地投放到企业文化的创建上。1999 年 8 月在行里管理人员培训班上，我第一次系统地讲述企业文化。这是按照提纲现场发挥的一次漫谈。企业文化是一只看不见的手，它可以帮助企业在发达的路上越走越宽，也可以让企业在末日的山坡下越滚越远。空有一副躯体皮囊还不行，有命还得有魂。当企业文化的主线条很清晰、力度很强大的时候，整个管理才可能简捷有效、纲举目张。

我给大家谈谈企业文化以及我行的企业文化，整个内容分为三个部分。

一、"有文化的人在没文化的企业工作"这话对吗

第一，像"炒辣椒"似的企业文化无处不在。我想说明一个问题：企业文化无所不在，不是说你认为有就有，你认为没有就没有。不同的企业有不同的文化，我们商业银行也有自己的企业文化。企业文化像炒辣椒一样。大家都下过厨房，没下过厨房的也吃过辣椒。切辣椒时辣味就开始挥溢，等到下锅用油爆、煎炒的时候，满屋子都是辣椒味，不论你愿不愿意闻，它就在你身边，你的毛孔、头发、皮肤都附着辣椒味。企业文化也是这样，任何企业都有文化，看问题、谈问题、行为举止等方面都透露某一个企业特定的人群对企业内部一些问题的看法。所以，企业文化是肯定存在的，与炒辣椒一样无孔不入、无所不在，不以人的意志为转移。有人说你的企业没有文化，其实不是这样。因为这里所讲的文化不是以一个人文凭高低来代表文化程度，而是一种泛指，是大家

对问题的看法。在企业内部反映企业文化应有一些要素，归纳起来，应该是对客户、员工、股东的看法和态度。无论什么类型的企业，销售型的也好，生产型的也好，开发型的也好，它都要将自己的产品销售出去。作为服务型的企业，如银行这类金融服务企业，它也有它的服务对象、服务载体。通常说要正确处理企业与员工、国家股东等几方面的关系。实行股份制改造以后，像我们这样的股份制银行，对我们的股东老板是什么态度，如何看待客户和员工，这些都体现了我们的企业文化。无论什么类型的企业，在企业文化的要素上都离不开这几个关系。

作为企业文化，可将其分成两个层次：第一个层次是容易观察到、容易感觉到；第二个层次是难以观察到、难以觉察到，但又实实在在地存在。其中，浅表层是企业成员延续共同、普遍的行为方式和经营风格。不同的企业经营风格不一样；不同的企业，行事、办事的方式也不一样。比如，中保寿险业务员怎么上门推销自己的产品，怎么待人接物，他的谈吐技巧、方法等和平保的寿险推销员是不一样的。平保的业务员在谈吐的技巧、着装等方面比人保的要求要高，但并不等于平保的业务员一定比人保的业务员能拉到更多的保单，这是两个不同的概念。同样，在深圳，外资银行和中资银行的经营方式、员工的行为方式也不一样，细小到公文、函件的书写格式，甚至接电话的语句都体现了不同企业的经营方式和行为方式不一样，这些都是看得到、摸得着的。

第二个层次，也是深层次的，是企业成员共同拥有的基本价值观，这不是几句话能表达的，也不是起草一份文件能说清楚的，但它们是企业形成经营管理行为最底层、最基础的因素。它决定了企业在想什么、怎么对待客户、怎么对待员工、用一种什么理念来开展自己的经营活动。作为银行其经营理念应该是服务社会，在服务社会的基础上获得利润。这是一种理念，它来自最基本的价值观，这是企业文化最底层、最基础的因素。

第二，企业文化像雨像雾又像风。平时感觉不到，但真到了一定时候，人们就能感觉到它的存在、它的力量、它顽强的力量。正所谓"不识庐山真面目，只缘身在此山中"。一旦有意实施了一些与企业文化的核心价值和行为标准相抵触的新政策或新项目时，就会明显地感觉到它的力量，而且抵抗的力量是非常强烈的。如我们行今年以来作为年度的经营策略，其中很重要的一条就是大力发展个人业务，大家都认为刻不容缓，非常必要。但真正付诸实践，将这种说法变成我们的行动时，就感到了它的阻力，发现不是那么容易实施。我们企业现有的文化、基本的价值观念、行为方式与之是相抵触的。我并不是说我们现有的企业文化与现阶段的发展不相适应，我举这个例子的意义是想说明，当你推动它的时候就感到它的存在、它的力量。

第三，企业文化是"清汤挂面"还是"疙瘩汤"？北方人吃面食较多，人们经常用"清汤挂面"来形容女孩子的发型，很清爽，风格很清楚。而"疙瘩汤"则是用面粉加水搅和一下，倒入锅里后，什么也看不清了；吃起来呢，有大有小，一点儿也不透明。作为企业来讲，企业文化、行为、观念客观上是复杂的，不同的企业其复杂程度是不一样的。所以，有时说某个企业管理比较规范，往往在很大程度上取决于该企业的主流文化比较清晰，主流文化的力量比较强壮。当我们说某某企业管理不规范，各基层单位、分支机构都按自己的想法去办事，各干各的，有令不行，有禁不止，按个人的理解、按个人的价值观来处理一些问题，这样肯定一团糟。打这个比方，我是想说明，在企业里，当它的文化主线条很清晰、力量很强大的时候，则表现出整个管理上令行禁止、线条清楚、轮廓清晰；反之，当主流文化不清晰、力量不强大的时候，各种价值观、各种经营行为掺杂、混合在一起，那么整个企业的行为难以一致，是一种发散的表现。

第四，企业文化又是"一只看不见的手"。虽然你没感觉到，但它确确实实的存在。经济学中讲过，价值规律是一只看不见的手。商品的价格是由它的供求关系所决定的，当供大于求时，商品的价格就低；当求大于供时，商品的价格就高，价格高于它的价值。这就是价值规律所起的作用，它调节社会资源的分配、调节生产与消费、调节流通。这就是看不见的手在起作用。事实上，企业文化在企业、在经营管理上同这个道理一样。好的企业文化对企业的业绩是起决定性作用的，无论是国外企业还是国内企业都是这样。下面举一个发生在我们身边的例子，20世纪80年代中期国家金融机构主管部门——人民银行想通过培养一些小型的股份制商业银行打破过去国有银行一统天下沉闷的金融格局。在商业银行改革道路上迈出的第一步就是选择在深圳特区进行试点，创建了招商银行和平安保险公司。这两家金融企业都始创于蛇口工业区。蛇口工业区作为交通部的下属机构，当时作为大股东投入了资金。十几年来，这两个金融企业在银行业、保险业的发展应该说是相当不错的。究其深层原因，我认为企业文化起到了相当大的作用。这两个企业有一个共同的特点，从一开始就在企业内部推行一套国际惯例——市场经济，以及股份制企业的一些做法，在对待客户、对待员工、对待股东、对待政府等方面所采取的策略是成功的。再就是企业的领导层非常稳定。所以十几年来，这两个企业都得到了长足的发展，这就是企业文化了不起的作用。反观其他银行，建行时间与招商银行差不多，但规模和效益都比不上招商银行，这里面有很多发人深思的问题。总结起来，有人说它们的科技手段先进、工资待遇高、内部管理严格，但这些都是一种表象。实质上是它们的企业文化在起作用。正是因为有了这种企业文化，才使它们不断改进科技手段，严格内部管理，取得了良好的经营效果。反过来，先进的科技手段、高工资待遇、严格的内部管理对客户、对员工更能好上加好，从而形成一种良性循环。再从国外著名企业来看，如世界500强企业中任何一家企业都能体现企业文化对企业的业绩起决定性作用这一观点。资本主义的发展已经200多年了，在近100年或近20年历史的企业里这种例子随处可见。它们之所以能长盛不衰、不断创新，都是良好的企业文化在起作用。这些年来，人们提到最多的是美国微软公司、IBM以及日本的大公司，从这些公司反映出的贯穿始终的企业精神、文化是值得学习和借鉴的。反过来，众多倒闭的企业也是内部文化紊乱所造成的。企业价值观念背离，不能正确对待客户、员工，对周围发生的事情不敏感、漠然处之，最后使企业文化走向衰败，导致企业末日的到来。深圳也有这样的例子，如20世纪80年代的外贸行业有不少相当不错的企业，但后来难以生存，其中最关键的原因就是企业文化的衰败。对客户、对员工都是一种短期行为，一种纯贸易的行为，这种企业肯定不会长久，必然垮台。所以我说企业文化是一只看不见的手在左右着企业的发展。

第五，企业文化像蒙娜丽莎的微笑。蒙娜丽莎是一幅世界级名画，她那微笑确实难以言表，令人思索回味，从而使其成为一幅不朽的名作。打这个比方是想说明，好的企业体现出好的文化，就像这幅画一样，是永恒的、耐人寻味的。好的企业文化有三个特点：

第一个特点是强力性。所谓深入人心、仰慕忠诚、献身企业、英雄无悔，这种特点在日本的企业更鲜明一些。因为日本企业鼓励员工长期为企业服务，并忠于企业、献身企业。特别是在第二次世界大战以后创立的企业中，这种特点更为鲜明。哪怕是遇到经济萧条的时候，大家一起挨饿，从社长到普通员工大家一起降工资，守着这个"破饭碗"大家要饭在一起，死也要死在一起。日本的大企业如索尼、松下，都经历过这种很艰苦的发展阶段。为什么企业内部的凝聚力如此强，这是它的企业文化在体现其强力性的特征。又如沃尔玛，从偏僻的州县卖百货起家，到风靡全美乃至全球，是因为它有着独特的经营理念，强调为人民服务，为客户服务。经过这么多年的发展，它们抽象、概括、总结出两条经营准则。第一条是顾客永远是对的；第二条是如有疑义，请参照第一条。这是沃尔玛的经营准则，沃尔玛将其昭示大众、昭示社会，让社会反过来监督自己的企业，监督企业的每一位员工，使每个员工自进入企业起，就知道这个企业是干什么的，应该怎么干。在这个问题上充分体现了企业文化的强力。这种强势的价值观非常清晰。大家可以回想十几年前的中国百货业，卖出去的货哪有退的，顾客买东西好像是接受店家的施舍，这就是传统的计划经济体制下的企业。现在的企业在市场经济背景下早就实行了三包。

第二个特点是适应性。因应变化，多元并存。整个人类社会，特别是商品经济的社会，由于竞争的出现，整个社会、整个商品的生产和消费变化的速度越来越快，产品更新的速度越来越快。1958年发明第一台电子管的计算机后，随着半导体工业的产生，集成电路的出现，硅工业技术和超大规模集成电路的发展，电子计算机不断更新换代，速度越来越快。其他企业、其他产品也都反映了这个变化非常快的特点。在这种情况下，企业要生存、要经营，企业文化就要鲜明地体现出适应性，不断地调整、变化、适应。因此，企业文化需要因应而变。"人无我有，人有我优，人优我转，人转我廉"，也说明了这点。比尔·盖茨领导的微软公司的目标是全世界每人的桌子上都有一台微软生产的电脑，并使用它的操作系统，这种文化侵略是企业经营的一种最高手段和境界。

就是说用了它的产品，你的文化都随着他的产品在变化，受到它产品的牵制。但现在强大的微软公司也受到挑战，面对现实，微软公司提出"要敢于否定自己"，从整个思路实行自我否定，用新的思路来制造产品。

第三个特点是变革性。好的企业要求其文化有变革性，而且要主动变革，要本着一种末日心态，不竞争、不发展、不创新就会被淘汰，要有这么个心态，对不适应市场发展的东西实行时时变革。美国克莱斯勒公司面临绝境时，新任总裁雅科卡走马上任，这个人20世纪80年代在美国呼声很高，很多人推举他竞选总统。为什么呢？因为他上任时克莱斯勒公司濒临倒闭、破产的边缘，他上任后实行重大改革，把整个产品的开发、产品的生产、产品的销售等组织动了大手术，在几年的时间里，使这个企业获得了新生。这不仅对克莱斯勒汽车公司本身有贡献，而且带动了相关产业的发展。所以美国民众当时对这个人的评价相当高。大家可以回想在20世纪80年代，日美贸易摩擦相当大，日本人抵制美国货，不进口美国的商品。两国政府因此进行谈判，当时日本因其企业和国力的强盛，其态度自然强硬。然而进入20世纪90年代后，日本被泡沫经济所淹没、陷入沼泽，逐渐走向衰败，而美国特别是克林顿当政后变得强大了，经济发展如日中天。大量成长性的企业为其提供了充足的税收，消除了财政赤字，消除了内债。对于企业同样是这个道理，一个企业好的文化，将体现出强力性、变革性、适应性，敢于否定自己，抓住苗头、实行创新。

第六，企业文化是一个没有终点的起点，要不断追求企业文化新的理想目标。企业文化的理想目标包括：高度重视客户、员工、股东等企业要素，适应变化倡导转型，为维护要素的合法权利敢于承担风险、果敢改革、寻求新生，理想的企业文化是没有止境的。我们即将迈向21世纪，新的世纪也是人类文明不断发展的世纪。随着商品经济的持续发展，企业作为国民经济的细胞将不断产生，有些企业生存不下去必将灭亡，适应的企业不断发展壮大，因而又会出现新的企业文化，出现新的理想目标。

二、谁说我们没文化

我们的企业文化可概括为三个阶段：信用社时期、成立初期到更名为合作银行、从合作银行到更名为商业银行。尽管没有人专门研究，也没有人有意识去归纳、总结，但我们行确实存在着自己的企业文化。它分散在各个方面，散落在各种经营管理意识和行为中，并表现出令人惊奇的一致性和广泛性。我将它们归纳为几个转移和几个待转移。几个转移：从"打擦边球"到"规范经营"；从"员工素质差"到"全员整顿提升"；从"一锤子买卖"到"你中有我"。

第一，从"打擦边球"到"规范经营"的转变，也就是说我们经营理念的转变。1995年，人民银行开始发出各种通知，要求全国的银行系统实现规范经营，制止、反对各种不合规、不合法的经营手段。1997年，我们提倡规范经营，在经营思想上实现转变，大家确实认识到问题的存在，也准备迎接这个转变。但当时在思想上还是感觉应该打一些擦边球。例如，高息存款这件事，我们行不做其他行也会做，那我们就会吃亏。现在从思想上到行动上我们完全规范经营，这一个转变过程也是一波三折，非常艰难的。

第二，从"员工素质差"到"全员整顿提升"的转变。经常可以听到关于"员工素质差"的说法。但我的提法是，我们行的总体素质不适应我们行所面临的形势和任务。有些分支机构领导也向我们反映，我这里搞不好，没办法，人不行，素质太差，应该招聘一些什么什么样的人。一年这么说，两年这么说，三四年过去了还能这么说吗？员工素质差，我们要去改变它，否则要我们干什么。队伍怎么带，谁去带，是消极地等待，还是积极地创造条件。"全员整顿提升"是一种转变，也是对员工的一种态度。它是触及全行每一个人既得利益的行动，可谓是磕磕碰碰负重前行。

第三，从"一锤子买卖"到"你中有我"的转变。金融行业，一锤子买卖是做不长的，总想着算计别人是不行的。我给你贷款是想要你的存款；到期不收你的贷款是因为想收你的罚息。这种一锤子买卖过去在我们这里是存在的，在某种程度上这种思想还相当普遍。转换到"你中有我"的观念后，对客户的看法改变了，处处为客户着想。回过头来，客户会为我们着想。这样我们才能把自己的发展建立在客户的发展之上，通过对客户的服务来获得自己合法的收益。这个转变也是逐步形成的，实际上要真正做到规范经营就必须为客户着想。

除此之外，有几个方面还有待我们转移。第一，从"一轮明月"到"满天星辰"的转变。我们不能单纯地依靠几个大户，一家银行也不能单独地依靠一两个能人，这种文化是一种堕落的文化。现阶段，我们提出这个转变，就是要深耕细作，扩大客户群体，扩大产业接触面。自己队伍的能人当然是多多益善，但要提倡总体发展、全面发展，不能把我们的希望和命运寄托或系在某几个单位或者某几个人的裤腰带上。这个转变可以说正在做但还没有最终实现。

第二，从"阿爸的大院"向"希望的原野"的转变。政府是我们的"阿爸"，不靠政府肯定不行。特别是当前防范化解经营风险，不靠政府确实不行。但长期依赖政府，躺在政府的怀抱里，这样也不行，一个企业长期必然没有出路。所以我们要从阿爸的大院走出来，自强、自立，走向广阔的田野。

第三，从"加大考核力度"到"责任重于生命"的转变。"加大考核力度"用来形容对员工的态度。按管理学的理论，人有两面性，即社会性、经济性。如果把人简单地看作一种赚钱的机器，如计件工资，做多少给多少钱，这就把员工看成是"经济人"了。在商品社会，人的两重性即劳动力的两重性，有这样的一面，没钱不行，到商店买东西差一分钱都不行；我在这里有一份付出，你就要给我一份报酬，但真正讲起来，人是不是满足这种欲望后，仅仅用钱就可以调动他的积极性吗？很多研究、很多例子都否定了这种说法，人还有社会性的一面，他有需要激励、尊重、关心、爱护的一面。不能单纯认为管理就是"加大考核力度"，这样不行。从过去没有考核到建立考核制度，从过去单一地考核存款到进行综合考核，这是一种进步。但我们不能停滞不前，我们行的企业文化应该给大家一种责任感、使命感。因此，要从"加大考核力度"转变到"责任重于生命"。强力型的企业文化有一个共同的特点，就是把企业的事情看成是自己的事情，企业的生命就是自己的生命。

以上谈了有关我们银行企业文化的几个转移和几个待转移，但究竟如何评价我们行目前的企业文化，我在这用一句话来描述，就是"生命之树常绿，结果胜于开花"。意思是说，从理论上来讲是贫乏的，而从实际上来讲，既然存在就有它合理的一面，正如哲学家所说，存在的东西就是合理的。"结果胜于开花"，花确实好看，你说得像朵花，做得像朵花，你的表演使你像朵花都可以，但开花的目的是结果，我们不要当无花果，我们又要开花，又要结果，但"结果胜于开花"。所以我们要追求事物的实质、本质。

我认为，评价我们行目前的企业文化可以从两方面讲。一方面，这适应了现阶段生存发展的需要。几年来的工作都有一个主题，那就是防范化解金融风险。这使我们对政府和监督机关的重视程度胜过了对客户的关心，对于一个企业来讲这是不正常的。比如，清理高息存款、储蓄业务的定存活取等，主管部门的有关精神下达后，我们可以有几种做法：可以不做，可以拖着做，可以多说少做，也可以言行一致，说到哪儿做到哪儿。如果是说到哪儿做到哪儿，则要向客户做大量的解释工作，因为当初客户将钱存到我们行时，我们对客户是有承诺的；如要取信于客户，就要按过去说的去做。对这个问题的处理，我们当时坚持按规定做，于是对客户的利益可能照顾得就不是那么周全。又比如"存款立行"，这个口号的内涵反映的是银行没有存款就不能生存，但是如果把存款作为银行唯一的、全部的经营目标，那么银行就糟了。我们行的资金头寸一直处于紧平衡，因此就得与其他商业银行一样想方设法抓存款，而且更紧迫，不抓不行，不抓就不能生存。于是就要求全体员工揽储吸存，人人有任务、个个有指标，并将其与员工绩效工资挂钩，加强考核。而国有大行不一样，它们持稳健的态度，也知道揽存的重要性，但它们没有像其他银行一样将揽储吸存作为强制性措施。而我们现阶段还不具备国有银行的条件，因此就不得不这样做，这就是我们行企业文化与现阶段发展水平适应的一面。另一方面，我们行现阶段企业文化与中长期经营业绩增长的目标不适应也是客观存在的。我们的主流文化、主体精神还没有形成，不同部门、不同支行、不同的个体对同样的问题还持不同的意见、不同的看法，采取不同的措施和处置，这与我们的总体利益、长远利益是相悖的。形象地说，少林、武当、太极、八卦各行其道，还没有形成强制型、强力型的主流文化结构，缺乏统率全局的主流文化。同时我们行现阶段企业文化也不适应不断变化的市场环境，当前深圳的市场竞争已经非常激烈。随着浦东发展银行深圳分行的创立，所有的商业银行都在深圳开设了分支机构。这样的市场局势全国也只有在北京、上海、广州、深圳才存在，而深圳的经济总量比其他三个城市都要小。截至7月末，日均存款总量北京约7000亿元，上海5000多亿元，广州4000多亿元，而深圳只有2300多亿元。尽管深圳总量规模比别人要少，但全国的金融机构都在这弹丸之地开设了分支机构。足见业界对深圳经济长远发展的期待，足见深圳金融市场的激烈竞争程度，而我们适应竞争、适应创新的能力显然还没有跟上。这也对我们行的企业文化提出了新的课题，应该建立什么样的企业文化，才能更好地适应这种变化的环境，能让我们在这种激烈竞争的市场中站稳脚跟，更上一层楼。客观地讲，现在要站稳脚跟，虎口夺食，分一碗羹都是很不容易的，光靠站在原地不动是站不住的。所谓"逆水行舟，不进则退"，积极的进攻是最好的防御。只有向前行进才有可能站住并巩固地盘。大家要有新的观念，就要改革我们的企业文化，但目前这种改革的氛围尚未形成。

三、我们有很多失望，我们再也不能浪费时间

时间是公平的，未来是预期的，自己的命运只能靠自己去把握。失望没用，只有振作精神，团结一心，行动起来。所以我说，伙计们是时候了。我们要系统地确立，加强转换，主观地倡导全行的价值观念和行为方式。在1998年经营工作会上和行庆三周年员工大会上，对这个问题我曾提出过八条：尊重员工，客户至上，务实求真，精兵简政，贵在行动，深入基层，除旧布新，精益求精。概括起来就是企业如何对待员工、客户、政府以及自己的股东。今天在这里重复这个问题，是号召大家都来动脑筋，我们行的企业文化应该是什么，是把客户放在第一位还是把员工放在第一位，能否用一句话把我们的企业文化一言以蔽之，或一孔窥全貌，或一叶见森林。我想在全行开展讨论，现在是我们关心自己人格的时候了，我们不关心不尊重自己，谁来关心尊重我们。自己的天下靠自己打，没有神仙皇帝，就得靠自己。

重要的是行动起来，只说不做不行，那么究竟我们要做什么，怎么

做。在这里，用几句话来形象地加以说明。

第一句话，"危机是一种机会"。两年多的时间，我们行做了很多工作，特别是在防范化解金融风险中站稳了脚跟，但确实受到了危机的冲击。我们不掩盖事实，危机是深刻的，弄不好就顶不住、站不住。今天，我们在危机中顶住了、站住了。一方面是因为政府和主管部门的态度和策略，另一方面则取决于全行员工的态度和行为。所以说，危机是一种机会，它给了我们时间充分地去认识、去把握，让我们知道下一步发展所存在的问题，前进道路上还有什么路要走，还有什么障碍。虽然危机过去了，但大家还应该有危机感，不是要渲染危机，而是确实需要在脑子里时时保持危机感。

第二句话，"极目楚天舒"。我们对未来的发展、走向要有总体规划。这几年的发展目标是用三年到五年的时间达到深圳市同业平均先进水平。然而进入 21 世纪后，珠江三角洲率先实现现代化，在这种背景下，我们的发展应该如何规划？行领导已决定成立专门小组进行研究，了解我们应该做什么、如何做。

第三句话，"不断风云极地来"。意思是说我们的发展规划制定之后，要围绕规划在全行形成广泛的共识，营造积极参与的局面，人人关心发展，人人关心改革，人人来贡献自己的力量，人人都找准自己的位置，大家都行动起来。

第四句话，"集小成为大成"。通过日常实实在在的经营管理工作，收获日积月累的成果，将小成果变成大成果。一口吃不成胖子，一步也登不了天，这一点我们一定要有清醒的认识。但是每月都要有成果，每年都要有收获，使大家不断看到发展的希望，使外界逐渐改变过往的印象和看法。

第五句话，"桃李无言花自红"。在我们这个只有 1000 多人、几十家分支机构的小银行，形成自己的主流文化也许需要几年的时间。这个过程需要所有人不断地参与、修正、认可，在比较中感悟差距，在审视中体会转变，再想不通、再顽固的观念最后都会被经济发展所淹没，被社会进步所溶解。循环往复，形成一股持续推动发展的内在动力，这样我们行新的企业文化就形成了。

人力资源管理的有形与无形

狠抓职业培训是整顿提升队伍素质的题中之义，1998 年"125 工程"启动，全行开始实施系统的培训计划。每期管理人员培训班我都要负责一两个专题的讲授，这是 1999 年 10 月就人力资源管理专题的培训发言。城商行继承的历史遗产中，改造训练队伍比提升资产质量更为艰难。管理员工首先要有效地管理从事管理工作的经理人员，让他们知所应为，明白使命与目标，忠于职守和组织；又要有力所不能及的深切感受，知道自己的才干及付出不足挂齿，时时会被社会进步和新人辈出所赶超。

人力资源管理这个题目很大，认真地研究人力资源管理，研究其规律、特点及其基本要求，对我们有目的、有意识地管好人、管好队伍，做好工作，是非常重要的。在企业做管理工作，业务经营方面的知识不全面、不熟悉可以原谅，但管理队伍的基本功是必须要掌握的。管理者的首要任务是推动工作，而不是事必躬亲，在座的各位或多或少都在一定的管理岗位上工作过、锻炼过，在管理人的方面都有自己的经验和体会，要注意总结。今天我主要从人力资源管理理论的角度，讲一讲人力资源管理的有形与无形。

一、人力资源管理的重要性

人力资源管理是每一个经理人员的工作和责任。一个企业领导的经营管理工作有三项重要内容：一是环境分析；二是经营决策；三是人事管理。

第一个任务是环境分析。所谓环境分析就是对企业所处的社会环境、手中的资源、面对的市场做一个深入详尽的研究和考虑。以支行为例，作为一名支行行长得考虑和分析有几个网点、面对的客户、面对的市场、手中的资源。在做经营计划时，就得分析任务是多少，为什么是这么多，怎样去完成。要完成这个任务，手中要掌握多少资源，资源包括多少人力、资金和市场份额，甚至分析得细小到每个人放在什么岗位、车辆怎样安排、考核的办法、每个人的合理定额，甚至谁生病了要去看看，事无巨细都是你要管的，要考虑和分析的。这就是在一个企业作为管理者要掌握的全局，就像是下一盘棋，面临的局面下棋的人要时时掌握。环境分析是一个渐进的过程，循环反复、不断评估，不是认识一次就完了，要反复多次。所谓认识基本国情，其实国情是在变化的，一个支行也是如此。你每天很大的一部分精力都要花在做环境分析和环境评估上。

第二个任务是经营决策。在环境分析的基础上，对情况有了通盘的了解，脑子里就会筹划具体的做法，再将想法一一付诸实施。对大的方面需要做 3～5 年的安排，小的方面，具体到一个月做什么、几个月怎么做，都是需要决策的事项，作为当家人每天都得干这些工作。有的人认为当家人很轻松，把活都安排给别人干了，其实当家人要不断地收集掌握信息，不断地分析比较权衡，不断地作出自己的判断和决策。决策水平高，经营效果好；反过来说，经营中不出成果，或出了差错，那就是对环境分析不到位，主观决策失误。

第三个任务是人事管理。有的人环境分析、经营决策都不错，但就是在人事管理上差一些，人事关系理不顺，不是进不去出不来，就是进去了出不来，这个不顺，那个不顺，弄得自己很累，员工意见也很大，员工积极性调动不起来，队伍带不起来。人事管理怎么做应该是有方法的，有一套讲究。人事管理与人力资源管理的区别在哪呢？传统的人事管理将人事干部当作政工干部看待，过去评职称还有政工师，人事干部评政工师，深圳没有搞这个系列。而人力资源管理是改革开放的产物，历史并不长，人力资源管理从概念的提出到形成理论体系，再到实践应用，也就经历仅仅 20 多年的时间。大家可以回顾一下，企业管理发展的历史过程，开始是将人作为机器，也就是作为经济人来看待，主要是研究工作过程中人的动作，目的是提高生产率。以后的人事管理理论强调重视人的心理、情感，研究人的需求，把这个理论运用到人事管理上，就形成了人力资源管理这一套体系。人力资源管理既把人作为经济人又把人作为自然人来管理。经济学里将人作为生产要素来看待，在资本主义生产方式下，劳动力是商品。在社会主义条件下，劳动力不称作商品，人是劳动要素，是劳动力，是一种资源。作为资源就要付费用和计算成本。既然人是一种资源就不仅仅具有经济性，还具有社会性。社会性就是要研究人的心理，研究人的需求，研究人的情感，整个把人的积极性调动出来。所以人力资源管理有别于传统的单纯的人事管理，就在于重视人的社会性。人力资源管理把人当资源来看待，把人当资源开发，把人当资源来应用。所以人力资源既是可应用的，也是可开发的，可见人力资源管理是非常重要的，对每个企业而言，把人力资源管理工作做好了，也就可以说这个企业的经营管理工作有了一个很好的基础。人力资源管理是每一个经理人员的工作和责任。

二、按人力资源管理系统分类的有关管理方法

既然人的管理如此重要，那么如何搞好人力资源管理呢？人力资源管理有两种方法。按人力资源管理系统分类的有关方法，包括人力资源的规划，如研究工作系统，建立分工合作体系，以及人员系统的管理，如人力资源开发，员工的激励、选拔。

（一）做好人力资源的规划

人力资源的规划有五个方面的内容：晋升规划、补充规划、培训规划、调整规划和工资规划。做晋升规划要考虑两个需求量。一是组织的需求，企业的发展为员工提供机会。二是员工追求自我价值实现的需求。马斯洛的需求五层次理论回答了这个问题。当人们补缺衣食住行之后，他们还有更高层次的需求。西方社会鼓励人们追求自我发展，认为个人发展了，社会也就进步了。在我们现在市场经济条件下，员工追求自我发展，对企业也是有利的。否则，人人不求进步，这个企业也就不会发展。鼓励员工追求自我发展，企业也应该有个规划，不能临时随便拿个人就用。做这个规划时要根据企业的发展来确定，要循序渐进地培

养高级人才。

补充规划有两个动因：一是企业发展需要不断补充人，二是人员的正常流动，要能进能出，为避免人才断层，也需要不断补充人。

做培训规划是企业必须提高员工的素质，以适应形势发展的需要。培训也有两个方面：一是有规划、有目的地培训员工；二是做一些原则要求，由员工自己去学。

调整规划是为了促进员工内部流动，使员工队伍充满活力。调整主要是内部的岗位轮换，金融行业的工作性质要求员工必须在一定的工作时间后进行岗位轮换，以满足内控制度的需要；另外又是培养人才的需要，要培养人就得要让他在不同的工作岗位上锻炼。

做工资规划是员工激励的要求，也是成本控制的要求。管理体制建立后，必须建立起与之相适应的工资体系作为这个管理体制的支撑。而在工资结构的设计上要特别重视激励作用，使其发挥激励员工的作用。一般来说，企业工资水平往往是以当地实际工资水平为制定依据的，深圳的工资水平就要比内地的工资水平高。同时员工工资增长又受到企业效益增长的制约，这就是企业的成本约束。

（二）研究工作系统，建立分工协作体系

建立分工协作体系就必须研究工作系统，做好工作评价、工作分析、组织设计和工作衡量。

工作评价。工作评价实际就是确定岗位的地位和相对价值。就我们一个支行来看，基本的岗位很多，但每个岗位的地位是不一样的，价值也是不一样的。支行行长不会将一个营销能力很强的人用在上门收款的岗位上。所以做人力资源管理就得要做好工作评价。尽管我们说不能搞岗位歧视，但各岗位之间重要程度存在差异却是不争的事实。

工作分析。在工作岗位确定后，每个工作岗位都要规范其行为，分析其工作环境，明确该岗位任职所需要的个人综合素质条件和要求，也就是明确岗位任职资格，制定工作标准以便考核工作质量。例如，对于本币结算与外币结算而言，它们之间就有区别，其工作环境不同，技能要求不一样，任职资格也不一样。因而，对于考核它们的工作质量也要有相应的标准来衡量。这些必须要搞清楚，否则无法回答员工谁的工作重要，谁应该任经理或是主办这类问题。

组织设计。一个单位设多少部门，怎样确认各部门的职责，如何分工与协作，这些问题也需要搞清楚。总行机关为何是 14 个部室而不是 20 个，支行现在是 4 个部门，当然个别支行可以有所不同，这是我们在组织设计时需要考虑的。

工作衡量。如何衡量我们的工作？以会计部为例，只要发生了业务，在会计部就有记载和记录。如何合理地设计工作流程，怎样做到工作最简、过程最少、时间最短，怎样做到节约劳力、提高效率和质量，怎样确定员工最佳的工作负荷，这些都是工作衡量的内容。

（三）研究人员队伍系统，管理员工的激励、选拔及资源开发

包括建立企业文化、选人用人、建立完善激励机制和人力资源开发。企业文化是无形的，凡是好的企业，必定有好的企业文化。员工相信领导讲的话，按领导的想法去做，上下一心，大家有共同的理想信念，员工热情就高，队伍凝聚力就强；反之，领导说一套做一套，与员工想的不一样，这个企业肯定没有凝聚力。所以，企业文化看似无形，但好的企业文化发挥的作用和威力却是有形的、无穷的。中国共产党之所以团结和带领全国人民推翻了国民党取得政权，就是因为党的宗旨得到了人民的赞同和认可。

选人用人。选人用人就是将适当的人用到适当的地方。首先要将适当的人选出来。适当的人不一定是最好的人，用最好的人成本代价也会很高，不一定能养得起，也没有那个必要。我们有的岗位要求没那么高，一般的人只要尽心尽力去做也就可以了，没必要花高的代价去找最好的人。有的人有七分能力，只要发挥了他的七分能力也就可以了；如果有的人有十分能力，但在他的岗位只能发挥到七分，这也是一种资源浪费。所以，我们说要选适当的人。人是有区别的，每个人的能力和特点都不一样，有的人性格内向，有的人性格外向；有的人是经营型的，有的人是管理型的。因此，怎样用好一个人，将这个人放到适当的岗位也是颇费思量的事，有时反复考虑也下不了决心，在座的支行长也许都有这种体会。

建立完善激励机制。建立完善激励机制的目的是最大限度地调动员工的积极性。调动员工的积极性就是要搞好激励、淘汰。做领导的要舍得表扬员工，不要吝啬表扬的话，有的人独立性强，不管你领导怎么看，他还是照样干他的，而有的人就很在乎领导对自己的看法，这也是人之常情，谁不喜欢听表扬的话呢？此外，进人要公平、公开，用人要讲业绩，要末位淘汰。要用机制的力量来调动员工的积极性，靠说教、靠人情或靠手段都是行不通的，真正规范的管理是靠机制。这几年我们在人事、工资管理上做了一些改革，为的就是要建立一种激励机制。

人力资源开发。人力资源不能任其自生自灭，而要主动开发。作为企业要培养人，就要在政策上鼓励员工冒尖，要提供机会培养和锻炼员工，如培训、岗位锻炼等。这是人力资源管理中一项非常重要的工作。

三、按人力资源管理过程分类的有关管理方法

按照人力资源管理的过程分类，人力资源管理包括人才配置、人才激励和人力培训。

（一）人才配置

人才配置是每个企业经理人都要面对的问题，往往选好人、用好人后，领导也就好当了，少管很多事，可以轻松许多。做好人才配置，需要对岗位和人进行双重衡量，以实现人才的合理配置。所谓"双重衡量"就是既对岗位进行衡量，也对人员进行衡量。对人的评估要掌握两个差异：一是素质差异，二是类型差异。只有区别不同类型和素质的人，才能将适合的人选放到适合的岗位。有的人善于跟人打交道，善于拓展市场，你办不成的事他一去就办成了，你不佩服不行。比如，在机关工作就得要有一类是会办事的人，有一类是会写作的人，机关工作文来文往、上传下达，没几个会写的人是行不通的，不可能凡事都由当领导的来写。诸葛亮事必躬亲，军事、政治、后勤一把抓，最后只能累死在定军山。这里说的就是人的类型区别。就企业来讲，也要有几个会办事的人，不然当头的也很难弄。

素质区别要靠在实际工作中来把握，比较复杂，不可能像考学生那样考一下，看一看成绩就行，关键还是要看这个人的业绩。而考核业绩

这个工作往往也不容易做，有时费尽脑子和心思，也弄不出一个结果。究竟该把何人放在某一个岗位上才是最好的呢？在座的各位都是管人的，在用人问题上应该有不少经验和体会。如何用人，我有两个观点：频繁的人员变动会牺牲企业的成长性；从外部选聘人员要同内部员工的发展取得协调，无论做什么工作，我们都强调要保持适当的稳定。频繁的人员变动必定会对企业产生负面影响。作为银行，需要员工有一定的工作技术和经验，而任一岗位的工作又都需要一定的时间去熟悉，需要培训。如果员工刚刚熟悉了工作就把他弄走，再换一个人来干，这样对工作的连续性、工作效率、工作质量都会有影响。当然，在市场经济条件下，企业与员工双向选择，有时员工的流动是不可避免的，如留学、移民、自己办公司或到别的条件好的地方工作，这也不是说我们的工作就没有做好，这些都是很正常的，尽管如此，还是要注意相对稳定。在选聘人员的问题上，我认为凡是能从内部提拔的，要尽量从内部提拔。只有在内部不能选拔到合适的人才时才考虑向外面招聘，不然就会挫伤内部员工的积极性。一般来说，内部的人往往不希望从外面进人，因为破坏了原来内部整体的平衡。

（二）人才激励

人才激励也是在企业做管理工作的人感到非常困惑的事情。有的支行行长反映，我们也动了不少脑筋，想了很多激励员工的办法，可有的人再怎么激励也没有作用，他还是那样。对于人才激励，我也有两个观点：尊重是给予员工信心和人格体现的需要；信任是满足员工人际交往和尊重需要的手段。有了以上两个基本观点才能谈激励。

首先讲一讲尊重人。人是有思想的，也是有自尊心的。你不尊重他，就会伤害他的自尊心，也就谈不上激励了。最近我听到一件事，有个支行行长在批评员工时不注意方法，极大地伤害员工的自尊心，弄得人家眼泪汪汪。尽管员工也应该有一个正确对待和自我排解的态度，但情绪还是受到了影响。

其次讲一讲信任人。人与人的交往是需要信任的，有了信任就能克服许多交往方面的障碍。比如借钱，我明知你有钱才向你借，而你却不借给我。这很明显是你不信任我，或是怕我不还钱，或是怕我拖欠你的钱。这些说的都是信任问题，不信任人，对人的心理上来讲也是一种打击。另外，用人的一个基本原则就是用人不疑。不要用人又去防人。如果你不信任他，那么他在心里就会说既然不信任我，我还干那么辛苦干嘛。他心里就会有情绪。所以，要把这两个观点理解得比较透彻，并在实际工作中讲究方法，我们才能把人才的激励工作做好。

激励有两种方法：一种是物质方法，另一种是精神方法。就物质方法而言，就是工资、奖金。在物质比较匮乏的时候，物质方法绝对有用。当人们的基本生活较富裕时，再简单地奖一点小钱就没有多大的作用了。员工更看重的是你对他的态度，是认同还是否定。所以精神激励是非常重要的，方法也很复杂。如果简单地把精神激励理解为开个会表扬一下，或是年底评比时评一个优秀、戴个红花，恐怕也是不行的。我个人认为精神激励的方法很多，但是有个基本的东西，就是你要对他作出的事、作出的贡献要欣赏，要给予肯定。深圳许多人吃穿不愁，来上班也是为了寻求一种寄托，不是为了几个工钱。外资企业的工资较高，但有的人愿意到国有企业工作，也就是对外资企业的管理观念不认同，不适应外资企业的工作环境才离开的。再如，我们在座的各位到深圳来工作，不外乎图两样东西：一是深圳工资收入较高；二是深圳整个社会的人文环境较好。所以，精神激励在我们这个企业来讲，首先就是要提供一个宽松的环境，为每个员工提供一种实现理想的机会和舞台。

所谓宽松的环境，简单来说就是要给员工减轻压力。压力也不能一点没有，没有压力我们就会垮台，就会散伙。因为压力来自市场，不是我们主观加给大家的。现在银行这套管理方法是从业人员公认的，不下指标行不行、不抓管理行不行？肯定不行，因为我们不是福利单位，有人发工资，有人管吃穿。如果上班想干多少是多少，轻轻松松，上班纯粹图一种兴趣，在我们这里是行不通的。既然压力是市场客观给予的，那么如何变压力为动力，就要靠机制，靠强调企业文化，靠强调精神激励，靠创造宽松的环境。有的支行行长，工作方法比较简单，工作会议一开，指标一分解，然后这个月你干多少，他干多少，不行我就炒你，给员工造成很大压力。如果今天炒张三，明天炒李四，搞得员工成天提心吊胆，不知哪天自己被炒，有意见有建议也不敢说，在这样高压的环境中工作能有好的成绩吗？

有的支行行长做得不错，处处以身作则，自己完成存款任务以后，就帮助别人完成存款任务，帮助自己周围的人完成存款任务，平时也带领员工加班加点，搞宣传、推广业务，员工也很佩服。他也没有说一天到晚炒这个炒那个，相反员工队伍较稳定，凝聚力也强，各项指标完成得也好。一般来说，成功企业的人才激励工作必定也做得很好，员工精神风貌也好，所以说人才激励是一个很大的课题。

企业只要为员工创造满足自我实现需要的环境，就可以最大程度地发掘员工潜在的工作能力，这种宽松的环境就是尊重员工、关心员工，与员工进行坦诚的双向沟通，对每个员工付出的努力和贡献作出赞赏和鼓励，不断地训练和培养每个员工。

（三）人力培训

对于人力培训，我也有两个基本观点：较之知识的培训，更重要的是工作能力的培养；员工应该拥有开展工作所必需的客户资源，但更重要的还是要有开发并获得客户资源的能力。培训有多种形式和方法，基本知识、技能的培训是重要的，但更重要的还是工作能力的培养。人的区别主要在工作能力上，有了工作能力，就能自学，就能举一反三。员工拥有客户资源是重要的，但更重要的是要拥有开发客户资源的能力。一般来说，先天有客户资源的人不多，大多数人都没有什么客户资源，这就特别需要拥有开发客户资源的能力。招商银行南山支行有一个小伙子，刚从深圳大学毕业时，没有一点客户资源，3个月以后，工作毫无起色，搞得他压力很大，最后他开始发奋，连续几个月在外面跑客户，送回单，帮企业做财务账，晒得像黑煤球。从做第一个客户开始，一直做到招商银行深圳管理部的吸存状元，这个小伙子的事例说明只要舍得吃苦、舍得动脑筋去开发，就会有客户资源。不怕你一天两天没有一个客户资源，就怕一年两年还没有一个客户资源。所以，能力的培养十分重要。

我们各级经理是带队伍的人，要有非常强烈的管理意识。

第一，要让自己手下的每一个员工明白企业制定的目标，以确保其实现。我们有的员工对企业目标并不关心，认为不关他的事，他只要干好自己的活就行了。这种情况可能还比较普遍。这里我举一个例子。有一个保险公司的业务员，打着某个区长的名义到我这里来揽保险，我跟他聊了几分钟，我问他，你们有几个营业部，你们这个营业部全年的任务是多少，结果他对自己单位的任务是多少一点儿都不清楚，我问他自己的任务是多少，结果他对自己的任务和指标非常清楚。可见并不是每个员工都会了解所在单位的目标和任务。

第二，要让每一个员工了解自己的职责，了解自己与他人的关系。有的员工就对自己的职责不很清楚，不知道什么该做，什么不该做，什么该汇报，什么不该汇报。

第三，要定期检查员工的绩效及个人潜力。这个事情是与考核联系在一起的，这个问题支行可能做得好一些，总行部室有一些距离，有的部门老总这个意识要强一点，每个月搞一次讲评，可以促使员工不断提高自己的能力。

第四，协助并指导员工提高自身素质。我们不能让员工自生自灭，要有意识地培养和扶持，该浇水要浇水，该施肥要施肥，每个月搞一次讲评，可以促使员工不断提高自己的能力。要指出他们的薄弱环节，告诉员工应在哪些方面努力，要指导他们学习，或者找一本书，让他们读，让他们自学，然后定期检查，让员工汇报他们的学习心得。

第五，应有恰当及时的鼓励和奖赏。现实生活中有两种极端的例子。一种是平时什么也不说，到年底考核时算总账；另一种是从来也不说好，也不说坏，让员工搞不清领导对他是怎么看、怎么想的。这两种情况都不好。我认为，还是要有意识、有目的地找员工做一些沟通与交流，该表扬的要表扬，该肯定的要肯定，该个别指出不足的也要指出。

第六，使员工从工作中得到满足感。我们应该有意识地为员工创造一种氛围，让员工觉得自己一件事情即使做得不好，领导还是给予肯定，大家还是很赞许，这就会使员工产生一种满足感。有的员工独立性很强，可能对这些无所谓，有的员工就很在乎这些东西。

企业又是一个群体，我们每个人都是企业的一分子，都有自己的独立人格。我们每个人都要明白企业对自己有什么期望。期望自己做到什么程度，每个人心中都应有一本账。要明白企业的使命或者目标，从而明白自己工作的重要性，增加责任感和荣誉感。

有机会做自己最擅长做的事。把握能发挥自己长处的机会，树立信心。自己最大的优点应该是具有明确的主动性。人与人之间的差异就在于主动性这方面。比如知识方面的差异，你说我不行，我主动地学就行了，主动性是人的最大的优点。

在过去的一个季度或半年里上司谈到过自己的进步，把自己当作一个有用的人来关心。说起来大家可能都会说：干活吧，又不是图表扬。说实在话，谁不愿意听表扬的话呢？既然上司谈到过自己，表扬过自己，说明自己努力过。一般来说，大家对表扬不会无动于衷。

非常善于管理自己。有的人对自己的整个发展都有系统的考虑，一段时间目标是什么、学什么、干什么，他都有计划，这就是说他非常善于管理自己。善于管理自己的人，总是进步最大的人。

人力资源管理问题我在这里就说到这，在座的各位都有自己好的经验，希望大家多交流。人力资源管理是无形的，又是有形的，做好人力资源管理是我们每一个经理人员的工作和责任。

·2000 年·

站着不动是会跌倒的

> 辞旧迎新，唯恐贻误时机。1999 年，全行实现了战略调整的既定目标。事实证明，大发展、小困难，小发展、大困难，不发展、更困难。在 2000 年初全行的表彰大会上我加油打气，告诫大家："满足于现在，失去的是未来，在激烈竞争的市场上，站着不动是会跌倒的。"

首先我代表董事会、行党委、行经营班子，向获得本年度先进集体、先进个人称号的单位和同志们表示热烈的祝贺，对于你们，以及全体员工去年一年来的辛勤劳动表示衷心的感谢，对于你们在各个岗位上作出的成绩表示由衷的欢欣。

1999 年是深圳市商业银行不平凡的一年，是值得我们全行上下认真铭记的一年。去年，我们全行同事精诚团结、奋力拼搏，实现了战略调整和战略转移的既定目标，各项经营指标大幅增长，队伍的面貌焕然一新，为我们今后的发展迈出了难能可贵的一步。事实再一次证明，商行人是能够打硬仗的，我们不仅有勇气，也有能力，我们能够战胜困难，能够立业创新。

今天表彰的几个先进单位，各具特色、各有高招。上步支行的经验告诉我们，自己的梦要靠自己来圆，不是你不行而是你没有行，不怕做不到就怕你想不到。它们非凡的业绩提供了有力的启示，为全行的发展打开了想象的巨大空间，也充分说明了在商行员工中蕴藏着极大的积极性。南山支行连续几年荣获先进单位称号，它们的实践昭示着我行可持续发展的方向，用心耕耘才能根深叶茂，实干创业始于一点一滴。福田支行这次作为扭亏增盈支行的代表，也被评为年度先进单位。它们的实践告诉我们，扭亏要有雄心壮志，脱贫必须真抓实干。这次表彰的还有机关部门，还有一大批优秀员工以及通报表彰的先进个人，他们用自己的心灵拥抱商行的事业，在平凡的工作岗位上认真打拼。我们行之所以能够在激烈竞争的市场上自立于同业之林，不正是有一大批像他们一样的优秀员工吗？说到这里，让我们再一次把掌声献给我们的先进，献给我们的榜样，献给每一个好员工，献给每一个好团队，献给我们的全体！

满足于现在，失去的是未来，在激烈竞争的市场上，站着不动是会跌倒的。我们要十分珍惜我行目前得之不易的大好局面，同时要放眼未来，寻求新的突破。深圳市商业银行的历史靠我们大家来写，事实会一再证明，大发展、小困难，小发展、大困难，不发展、更困难。我们的希望在于敢干，我们的出路在于能干，说一千道一万，还是要实干。这次表彰大会以后，各单位和我们每一个员工都要对照先进找差距，互相激励，自我激励，创造一个学先进，争先进，人人都要做先进的热烈氛围，以非凡的信念和非凡的干劲，在新的一年实现新的超越，让榜样的今天成为我们每个单位、每个员工的明天。

最后，值此辞旧迎新之际，向我们全体员工致以节日的问候，并向你们的家人、亲属致以亲切的慰问，祝你们合家欢喜，万事如意，身体健康，心想事成。好人一生平安！

职业生涯靠打拼

> 人事结构的调整和队伍素质的提升，不仅需要竞争和淘汰，也需要鼓励与指导。2000年1月，在总行部门人员下基层任职的欢送会上，我讲了职业生涯发展的有关理念。不要说自己不行，不要讲没有时间，把自己押上众目睽睽的舞台，在聚光灯的照射下，检讨触觉的每一根神经，心平气和地回忆每一句台词，扮演好角色，不要留下自己无能无为的遗憾。

　　刚才三位同志以及支行、总行机关的代表发了言，从不同方面谈了自己的感想，很鼓舞人。像我们这些过来人，回忆自己成长的经历，觉得现在的年轻人仍然能这样想、这样干，说明事业的发展大有希望。今天以总行机关总支和工会的名义召集欢送大会，也是想借这个机会，在我们全行倡导一种风气，鼓励大家到基层工作，鼓励大家到实际工作中去磨炼。在此，我想讲讲职业生涯的问题，题目是"职业生涯靠打拼"。

　　一个人从学校毕业到社会上工作，就开启了职业生涯。选择干什么？今后的路怎么走？每个人都多多少少有些打算。对这个问题有的人想得不多，反正混着过，有的人考虑多一些。比如，我今年想干什么，或者最近几年有什么目标，长远有什么打算。现在大学生流行一种想法，就是"先就业，后择业，再创业"。是不是每个人都走这条路呢？不一定。大学生里对就业问题讨论得比较多，是因为他们面临着毕业以后干什么工作和怎样干工作的问题。比较实际的选择是找个单位先就业。有个饭碗，稳定以后再择业。骑马找马，看哪个山头高，什么地方有发展，再往哪儿跳。有的人有自己的创业打算，按照三步走，取得了成功。但大多数人只处于平凡普通的工薪阶层，有一份工作，拿一份薪水，过一种安分的日子。当今社会每一个人都面临着这样的问题：什么是职业生涯？怎样选择自己的职业生涯。

职业生涯里讲的社会身份不是一次在短时间里就能全部得到的，而是通过一生的努力获得的，是一个长期的过程。职业生涯实际也是个人和社会联系的一个过程。因为个人的工作必须会同单位、同参与的社会发生联系。职业生涯是和社会联系的一个过程，而且是人生各个职业过程的总和。有些人一生中从事过很多种职业，在这个单位工作几年，在那个单位工作几年，这数个"几年"的工作经历就组成了一长串的过程。同时，职业生涯又是个人能力体现的过程。这个过程包括两个方面：一方面就是无论你在哪个单位工作，你肯定要把自己的能力贡献出来，从而给这个单位作出贡献。另一方面就是从组织给你提供的条件和环境中，你个人的能力也得到提高。所以每一个过程都将导致你对个人能力的一种新认识。所谓不想当将军的士兵不是好士兵，这句话固然不错，可实际上有多少人能当上将军呢？但是，当你由士兵做起的时候，当你对社会贡献越来越大的时候，反过来社会会对你的能力和贡献作出确认。这个过程是需要年头的，不可能一步登天，需要循序渐进。而且在这个过程中，每一次个人的成功都使个人对事情分析处理的能力，对自己能力的自信度得到新的提升。就说我自己，在年轻时做过很多不同类型的工作，当时那个年代也不是个人想干什么就可以干什么，我也从没想到我现在会在这里当董事长，但这确实是岁月积累的过程。不想当将军的士兵不是好士兵的这种说法，把它作为一种豪言壮语来讲很简单，但是把它作为一个人整个职业生涯所追求的目标来看，它是一个非常漫长而艰苦的过程。所以说，个人能力价值的体现不是一下能够得到的，是需要一步一步的不懈努力才能得到的。

联系到这次我们召开的欢送三位同志下支行、下基层的大会，我觉得我们企业的文化，实际上是一个军队的文化。商场形同战场，企业形同军队。企业在这个市场上要生存、要发展就会面临竞争。这就好像在战场上两军相斗一样，就像一场战争，战争意味着什么呢？战争意味着要不断地进攻，而不是退缩。所以，我们说胜利在前线，不是在后方。当过兵的都知道，参谋、干事是军队机关里设置的职务，司令部的参谋、政治部的干事，指的就是机关里的工作人员。而军队里的基层是连队，军队以连为战斗单位，要守一个阵地，一个山头，不是那些参谋、干事去守，也不是司令官去守，靠的是基层连队去守。作为一个企业，我们的基层就是支行。工作积小成于大成，各支行的工作做好了全行整体就好了。如果大家都坐在商业银行的大楼里，支行艰苦的工作没人去做或者没人愿意做，那经营上要取得成绩，完成经营目标，就是不可想象的事情。商业银行每一份的成就，每一份经营上、管理上的成绩都直接来自支行，体现在支行。所以，应该在我行提倡这企业文化，这种企业文化就是军队里的文化，冲锋上前线，成就在基层。我们的企业文化体现了"以成败论英雄"的观念。

有一种说法：不在乎结果，只在乎过程。但实际上，无论作为军队还是作为企业，人们真正在乎的只是结果，不在乎的是过程。同一件事情，有的人做得非常艰辛，有的人做得轻而易举，但是在最终论功行赏的时候，看的只是结果，并非过程。过程再辛苦，付出再多，结果不行还是不行。这就叫作深圳不相信眼泪，在竞争激烈的市场上，两军相斗的战场上，不会怜悯弱者，最后还是强者胜。在我们的企业里，无论是对基层还是总行管理部门，都要以成败论英雄。论功行赏就是看工作有没有成绩，在军队里讲的就是有没有战功。一个人老打败仗，说自己好辛苦，没有人同情，市场经济的残酷性也就体现在这里。过去计划经济年代，大家一律平等，低工资、广就业，没什么更多的想法，日子过得安分。但这是有代价的，代价是中国社会与当今现代文明的隔绝，只要实行市场经济，就要遵循市场经济竞争的规律。市场经济竞争带来社会生产力的高速发展，带来物质的极大丰富，但它的代价是什么呢？就是竞争的残酷。参与了竞争，就回避不了残酷的现实。从这个意义上讲，到支行工作，特别是自己要求，主动提出来到支行工作，到艰苦的地方工作，是符合市场经济下企业文化要求的，是符合我们企业发展需要的。我们要提倡一种精神，就是到基层、到前线去的精神。这既是市场竞争中生存的需要，也是我们培养人才成长的需要。

　　一个人的社会身份不是一次得到，而是需要终身去追求。那么何为成功？不同人对成功标准的理解不一样。但是很多人都认为一个人成功，就说明他学业有成、事业有成，表现在工作上就是他作出了业绩。这种业绩实际上更大程度上是一个人努力的结果，是一个人吃亏的结果。事业的成功需要我们用心灵去拥抱，也就是说工作必须全情投入。一个人要真正做成一件事情，学习、工作都要投入，别指望轻而易举、投机取巧就能办成一件事。厚积而薄发，成功靠的是积累。没有付出就没有收获。所以我觉得用心、真正全身心去经营一件事情，是这件事情从开始到结果能顺利进行的平衡支点，用心是耕耘和收获的平衡支点。很难想象一个人不用心去做一件事情能够做好。这种例子在我们行、在我们日常工作中都能举出很多。我想举个身边的例子，我们有家支行的营业部主任，1992年大学毕业，她学的专业并不是银行等经济类专业。来深圳以后，她先在某公司的财务部工作了一年，1993年调进当时的信用社，她深感自己的不足，除了应付日常工作以外，还花大量时间熟悉业务、学习专业。通过一年自学，她参加社会统考，拿到了会计师资格。非会计专业的学生，在一年的时间内能够取得这个成绩，没有努力是办不到的。这说明，首先这个人很用心、很有心，我们行有多少人参加统考取得中级专业资格呢？大多数人都有这个学习能力，但并不是每个人都那么有心、用心，也不想去考，能过就混着过。此外，她在日常工作中学习业务操作技能，1995年全市银行举行操作技能比赛，她拿到了全市青年岗位操作能手称号，那时她参加银行工作才两年。1996年她任营业部副主任，1998年竞聘上岗担任支行营业部主任。我觉得从她的身上看到一种精神，就是有心去学习、用心去工作，对自己的职业生涯、自己的发展，有一种考虑、有一种计划，而且不断地通过自己努力达到自己的这种计划、这种想法。除了用心外，就是要实干，现在不是讲自我价值吗？自我价值砝码的增加，靠的是不断地付出，实干是挖掘潜能的最好途径。要论自我价值、显示个人价值，实际上就要不断地付出，你的砝码才可能会加重，天上掉馅饼的事是没有的，怎么办？只有实实在在去做、去实干。高智商的人不过万分之二三，其他大多数人智力上的差异并不是很大。虽然人跟人之间的差异是客观存在的，但每个人都有自己潜在的能力。那么差距在哪里呢？差距就在努力的程度。想要把自己的潜能最大限度调动起来，只有通过实干才能实现。通过不断的学习、不断的实干，才能丰富自己。所以，做得多干得多，才可能见得多、学得多、经验多，个人的工作能力、价值当然也就越高了。

对待工作有典型的两种态度：有的人越是艰苦的事情，就越是抢着去做，加班就加吧，干活也不叫苦、不叫累；有的人就回避，能够躲就躲，能不做就不做。实际上做得越多的人越见多识广，经验以及劳动技能的积累也就越快。从简单劳动的角度说，长期从事某一个工种，他的动作重复的次数越多，就越熟练、手越巧。我们现在从事的劳动很多都要动脑筋，需要付出脑力。每个人在工作过程中需要不断地学，不断地练。新东西越来越多，你不学、你不练，你仅说我过去读过大学。说实在的，不用说20年、30年前毕业的大学生，就是10年、5年以前的大学毕业生，现在知识都在老化。你要不学、不练、不接触，很多东西你就不知道。我们现在所从事的职业，需要自己通过工作不断地学，不断地练习，通过工作逼着自己去熟悉资料，熟悉背景情况，了解问题应该怎么解决。在做的过程中学习。做得越多，就学得越多，学得越多本事就越大，当新的问题出现的时候，你应付这个问题的能力跟别人就不一样。从这个意义上讲，做得多的人，实际上吃亏也是一种福气。

我经常会碰到各种人来向我说情。其中一种情况就是我们基层的一些员工，考试通不过，面临被辞退的事实。这些人考了三四次也考不过，考试内容都是平时天天要接触的基本操作，难道就不能花点时间学一学、练一练吗？除了极个别人文化基础很差，没有基本的学习能力，实在没办法外，其余的人不是这种情况。那只能说明他不用心，根本不把自己的工作当一回事，自己不珍惜自己，别人无法珍惜你。

职业生涯的基石是实在，成功是积累，吃亏是福。还要有种真诚的精神，不要投机取巧。我们希望在行里提供、提倡一个公平、公开、公正的竞争环境，让有本事、有能力的人都有表现的机会。实实在在地做人，实实在在地做事情，能力一时不足没关系，只要你肯学、肯干。作为企业应提供这样的机会，不怕员工不会，就怕员工不学、不干。我们要确实提倡一种实在、真诚的精神。真诚是职业生涯的珍珠玛瑙,你实实在在地做事情,周围人都会体谅你。从过程来看不在乎你这个人在具体事情上的成败如何。迎难而上的精神大家是会认同的。一个人可能某件事没办好、没办成,但是如果你有那种真诚的精神,我觉得周围的人都会认同你。当然,在完成这个艰巨任务的过程中,你可能自己会受到磨难,你会感受到各种各样的痛苦,但痛苦会使人成熟。我们都是过来人,我觉得要提倡这种精神,尤其是我们这些年轻的同志,大家都得有这种精神。敢于受磨受难,敢于向困难挑战,敢于到艰苦的地方去工作,自己要有一种打拼的精神。

随着中国加入世贸组织步伐的加快,市场竞争会越来越激烈,对人素质的要求会越来越高,如果我们满足于手头上的工作,满足于每天有班上,每月有薪水拿就止步不前,那么你将失去你自己的未来。这就是满足于现在,失去的是未来。在我们周围有很多的人给自己充电,利用业余时间去学习,在社会上寻找自己发展的机会。作为企业来说,我们要培养人才,而且要极力留住人才。但作为个人来说,我欣赏那些不断寻找发展机会的人。他们都明白这道理,如果满足于目前这个局面,随着整个社会的发展需求的改变,吃亏的是自己。前几天,我约了在交行国际业务部工作的朋友打球,他告诉我实在没空,过几天要去英国银行工作一年。我问他是怎么出去的,他说是自己考试考出去的。这人也三十五六岁了,我觉得这类人他们一边工作一边学习,并且眼观八方,哪个地方有什么机会,他们能够抓住就抓住,自己把握、自己发展,不断地丰富充实自己。我们行里也要提倡这种精神,大家不要局限或满足于目前我做的事情多安定、稳定。求稳定是人的天性,这是肯定的,但是社会的发展,我们面临市场经济竞争局面,不允许这样去求稳定。"树欲静而风不止",你只有在动中才能求得静,这是辩证法,要学会面对挫折,学会善于总结,因为成功,所以失败。

不要怕挫折,要学会不抱怨。在日常生活中,我们经常看到有些人喜欢抱怨,对什么都不满意,这个不顺心,那个不顺眼,整天埋怨很多。不能没有埋怨,但是人不能沉溺于埋怨,这于事无补。人要善于面对挫折,学会总结,善于从挫折中寻找经验教训,能够从挫折中走出来。人的整个职业生涯不会总是那么顺利，绝大多数的人生都是不顺利的，都有一番辛酸的血泪史。但如何对待挫折，不同的人有不同的方法。有的人碰到挫折以后，从此消沉。有些人面对挫折善于总结，在挫折中自己能够奋起，更加激励自己。在整个职业生涯中，个人碰到的一些问题、一些困难，自己要能够正确面对、化解，不要让挫折所累，被挫折所击倒，要学会不抱怨。不要让人家觉得你这个人就是个"怨怨"，什么事情你都埋怨，没有什么事情你满意的。什么都是你对，什么都是人家不对，对什么事情都觉得人家对你不公平，我说做人做事如果做到这个局面，那就麻烦了。人要走到这一步就要赶快回头。我们看到这种什么都埋怨的人也要帮他们，不要跟他们一起整天发牢骚、讲怪话。光埋怨于事无补，对公对私，对己对人都不能解决问题。

当你跌倒时，不要空手站起来。面对挫折要有一种观念，叫作挺过去前面是另一个天。三位到支行的同志特别是两位到二级支行当负责人的，说实在的，不好当。刚才，李舟的发言对我很有鼓舞，我想肖文也是激情满怀。那活儿不是好干的，你们会碰到一些你们思想上还没准备到的问题，碰到一些你们甚至想回头、想后悔的问题。做事情没有一帆风顺的，既然是在基层，既然是在一线，就要有充分的思想准备，要有一种挺住的精神。战争是残酷的，基层是困难的，既然把我派到这个阵地上来，那我就以一种必胜的信念，碰到困难不后退、不退缩守住阵地，一定要胜利。这个非常重要，不要碰到困难就打退堂鼓。

一个组织要为自己员工的职业生涯提供政策和实践，就是要从政策上鼓励大家去发展，提供实践的机会。企业管理的历史，经历了好几次的转变，过去的管理叫作只见物不见人，对事不对人，把人作为机器，这是在工业化发展早期的情形。当时的管理科学更多地研究动作，怎么提高生产效率，把人作为一种机器对待。在以后的管理发展过程中，更多地注重发挥人的积极作用。如今在知识年代里，对受过培养、训练，具有较高文化层次的劳动者，作为一个组织、一个企业，确实要知晓他们的心态。让他们乐在工作、乐在超越、乐在成功。企业要发展，个人也要发展，但个人利益要寓于企业发展之中。我们鼓励员工乐于奉献、乐于工作、乐于学习，在企业里面要创造这种气氛和条件。去年开始，我们组织学习讨论企业文化的一些观念，也提出来在今后要进一步抓好员工的培训工作，使大家在整个工作过程中得到学习和充电，学习新的知识、新的观念、新的文化、新的劳动技能，使大家能够适应新的形势要求。人事教育部最近下发了 2000 年全行员工培训的组织实施计划，准备多层次地举办各种培训班，使大家的劳动技能进一步提高，通过培训更好地把员工积极性调动起来。好企业应该能够调动每一个员工的激情，调动每一个员工的积极性，企业是把珍珠连在一起的那条线。单方面调动积极性是很难成功的，所谓单方面的调动，如同放羊，拿着鞭子抽赶羊一起走，哪儿有草往哪里走，这是牧羊人自己的意愿。而从另一个角度来看，一种情况是个人的简单再生产，即有份工薪，能维持自己家庭生活；另一种是个人的复杂再生产，就是要提高员工的劳动技能，要提高知识文化水平，要使员工的情感全面升华，而这是企业需要做的工作，很复杂。首先，在我们这个企业里面，要有一个很好的民主氛围，大家都可以积极地参与管理，提倡一种积极向上的精神。同时，在这个企业里面还要合力建立一种团队精神，同事之间讲求兄弟姐妹般的情义。企业应该给员工更多的发展机会，给员工提供机会和平台，使他们能做自己想做的事。员工在这个企业里能持续性工作，才能不断得到认可，有机会担负更大的责任，能够学以致用。员工将来离开这个企业到其他的地方工作或者自己创业时，回想在这里工作的经历感觉到值得，没有虚度光阴，使大家感觉这地方亲切、实在、可靠。

为了达到上面所说的一种理想化的境界，我觉得当前或者下一步还要继续努力做好基础性工作，建立全方位评价系统，最高的激励是员工的自我激励。有些同志有抱怨，我老老实实地干了多少，领导也不知道；有的人投机取巧，做一点小事就去邀功；或者是我辛辛苦苦干了那么多事情，一点点差错给你们抓到了，就全面否定了我。这都说明了什么呢？说明在企业里面，对员工工作业绩的评价，真正做到公平、公正，必须找到科学的办法。这是一种管理学，这也是目前世界性的管理难题。有些企业花大价钱，请国外的咨询公司帮它们制订一些内部管理的方案。当前我们营业机构还不是很多，员工的人数还有限，但要做到科学、客观、公正地评价每一个员工，评价他的业绩、评价每一个人应该从事什么样的工作，由此调动每个人的积极性，把每个人放到更合适的位置上，这是一项很复杂的工作，需要我们进一步努力。最近两三年，我们在人事工作上做了一些改进，前段时间为了调查验证这几年做的工作究竟是不是有实际效果，采用随机抽样的方式，发出了一份调查问卷，一共120份，100多个问题。从回收以后统计汇总情况来看，绝大多数填表的人对最近两三年以来，人事制度中关于人的评价系统、奖励、惩罚、任免的这些问题上是认可的。大家对未来几年在这个问题上的改进，也还抱着希望。抱着希望，我的理解是两点：一是现行的东西还有待继续完善；二是我们坚持这个方向是对的。

最后，祝三位同志到支行工作以后，按自己的想法，工作取得成绩。同时，也希望我们总部机关里面，有更多的员工能够主动地站出来，主动地要求到支行去工作。一旦形成这种气氛、这种风尚，我们的事业将得到更大的推动。

管理体制与组织架构

> 机制改革与组织结构调整必然涉及利益重组，统一思想才能使各项改革有效执行。2000年3月，在全行管理人员培训班上，我结合管理学的理论方法和行内的实际情况，系统地讲述了存在的问题和解决的途径。明知道丢失痛苦后快乐就会显现，但斩断痛苦的病根并不是一件容易的事情。

我讲的题目是管理体制与组织架构。讨论问题要取得共识就要有共同的价值观，即认识问题的共同的方法。我说的方法对不对，大家可以讨论。我准备说四个方面的内容。

一、体制与架构的内在要求

事物有内在的因果关系，有果必有因，有因必有果。根据什么来确定行内的管理体制和组织结构呢？第一，要弄清楚我们是什么，该干什么？是什么，该干什么，似乎是常识性的问题，但这是认识问题的前提。我们是什么，我们是市场经济条件下的商业银行，或者再加一个是中国市场经济条件下的商业银行。市场经济有些什么规律，市场经济条件下的企业运行应按照什么法则，以及作为银行作为商业银行应遵循什么规律，讨论问题的时候一定要统一到这个基点上来。没有这个基点，咱们谈问题就没有共同的基础。你说你的，我说我的，大家个人理解都不一样。我们是在市场经济条件下，而且是在中国市场经济条件下的商业银行。讲过去的银行怎么样，那些都过时了，还拿那个老皇历来念不行。现在是市场经济，而我们做的是银行，是商业银行，不是政策性银行。所以这几个问题是一个前提，我们认识问题、分析问题，确定我们行的管理体制、建立我们行的组织架构，这是一个最基本的出发点。这说起来很清楚，但是往往碰到具体问题很容易混淆。我们是什么，就决定我们要干什么，我们该干什么。我们该干中国市场经济条件下商业银行应该做的事情，既不是计划经济条件下银行要做的事情，也不是政策性银行要做的事情，该你做的你就做，不该你做的，你别动脑筋。

第二，精简、高效。管理学的理论书籍很多，但讲来讲去，好的组织结构有一个最基本的定义就是精简、高效。举一个我们身边所看到的例子，旭飞分理处是我们行建立新型组织管理体制的一个试点。当时是文锦支行策划考虑在旭飞选定一个点，1997 年行里决定将其独立出来做个试验。在这个分理处实行业务创新、管理创新。那么两年来试验的结果应该说是成功的。这里面清晰体现了一套思想，就是精简高效。小高一方面说人不够，在相当长的一段时间内，七八个人干十几个人的活，但他在选人上考虑的是宁缺毋滥。宁愿累一点，但大家的认识统一、步调一致，措施得当，干起事情效率高。人多心不齐说的东西接受不了，要花相当大的精力做说服、解释工作，不如保持一种精干、高效的运作方式。

第三，还要体现竞争、激励、淘汰这个市场原则。一个管理体制决定人怎么管、资金怎么管、财务怎么管；激励的方式是什么，人员调配的方式是什么，奖励的方式是什么等，但管人、管物、管资金必须都要有效率。为了达到这个目的，在市场经济条件下，法则就是竞争。市场经济的经营组织方法受制于所谓看不见的手，它可以自发地调节社会资源在不同产业、不同部门、不同地区的分配，使资源的配置达到最优化，流动到最需要的地方。价值规律可决定商品的价格。东西多了就会少，少了就会多，这是竞争带来的结果。近代两百年以来，人类整个历史发展的过程所产生的财富，远远大于有史料记载以来两千多年历史所产生的财富，而且这种财富呈一种加速状态增长。在这里，竞争起到了相当大的作用，竞争带来的结果就是优胜劣汰。从人类进化的历史、物种进化的过程来看也是这样，物竞天择，符合自然界条件的保留下来了，不适应的就被淘汰掉。很难设想那么多物种挤在一个狭小的空间，各种疾病残疾都残留在地球上，那结果将不堪设想。自然界给了我们这么一个天然的法则，使自然界包括人类得以健康、进步地发展。所以竞争、激励、淘汰是一个企业在市场经济环境下必须坚持的一条原则。否则，在这种激烈竞争的市场条件下，企业必然遭到淘汰。企业内部没有小淘汰，就会面临市场的大淘汰。在现实生活中，当我们面对竞争、淘汰的情况时，一方面感到竞争所促成的日新月异的精彩，另一方面也感到淘汰的残酷与无奈。竞争是每个人都要面对的现实，是每一个企业组织都要面对的现实，逃避不了，如果能逃避的话，谁都想逃避。正如老百姓说的，能躺着就不要坐着，能坐着就不要站着。图舒适、讲享受的办法很多，但在竞争条件下就要面对淘汰。作为一家企业，"竞争、激励、淘汰"是我们必须坚持的原则。在商业银行的体制下，作为领导层要坚决贯彻、反复强调这个原则。有些人碰到具体问题时、遇到个案时不能坚持这条原则。在人情和法则这个问题上，要人情就不能要法则，如果用人情代替法则，我们所面临的就是在竞争中被淘汰。所以在我行建立管理体制出台某项政策，都要把这条原则作为基础。

第四，选对的人，用对的方法，取得好的效果。选什么人、用什么方法，这是企业管理中时时需要面对的问题。选对的人，用正确的方法，取得好的效果这三方面是联为一体的。好的管理体制、组织架构会促使你出的每一招，或者体现或者保证是对的，是符合规律的，符合我们行发展历史进程的。两项都对了，既选对了人，又用对了方法，就必然会出好的效果。既没选对人，又没用对方法，绝不会出好结果。在座的各位都有自己的经验和体会。这种事情不是博弈，博弈是二分之一对二分之一的机遇。这种事情不是押大押小，你前两条不对第三条肯定不对，没有二分之一的机遇。因此，我们设置管理体制、组织架构时要考虑如何选人、如何决定方法。选人时要看业绩、看品德、看反映、看表现，经得起大家推敲。只有少数人顺眼的事往往会出问题。

二、确立体制与架构的观念

第一，观念上有差异、认识上往往很难统一，行动上必然不一致。

先给大家讲个故事。昨晚深圳电台的"夜空不寂寞"节目中，有个女孩自始至终抽泣不停，向主持人胡小梅讲述自己因失恋而割脉自杀的过程。男友之所以提出分手，原因就是二人在物质生活、精神生活观念上存在差异。比如，男方提出要求分手的三条理由之一，就是关于头发的意见。女的把长头发剪成了短头发，又把短头发染成了流行色，这事情他看不惯，这就是一种观念上的差异，他接受不了。观念上有差异，认识很难一致，行动上就很难走到一起来。所以我觉得在我们行要建立管理体制、建立组织架构，很多认识、观念必须趋同。当然求同存异是必要的，对事情的看法不可能百分之百一样，但引导趋同是我们的责任。我们是办企业，一定要把企业当作企业来办。我过去在行政机关工作，虽然在企业也干过，当过工人，做过销售，在企业也做过经理，而比较长的时间是在机关工作。现在我又来到企业工作。作为我个人来说，就要克服一个问题，我不能把行政机关的观念带到企业来，我不能到这里来办机关。我们在座的很多人也在机关工作过，过去也在计划经济条件下的企业工作过，大家都有一个共同的题目，就是转变思想观念，千万不要保持那种烙印不变。不能用我过去是主管机关的，就拿那一套来管理事情。机关有机关的一套办法，公务员有管公务员的办法。我们是企业，企业的事情只能按企业的办法来办。所以办企业，一定要把企业当成企业来办，这句话很绕口，一句话里有三个"企业"，绕口就绕口吧，就是办企业一定要把企业当作企业来办。这个观念非常重要。说起来大家都能接受，但到具体事情就不行，具体例子有很多。原来我们中层干部的称谓是"处长"，我们有意识地改称"经理"。当然并不是说叫"处长"不行，叫他"经理"就怎么样了。"处长"也不是行政机关的特定称谓。改变称呼就是要你从感观上、从直觉上把机关那一套抛开。经理是干什么的？经办事情、打理事务，就是一个经营、一个管理。在座的各位都应该把自己训练成一个职业经理。机关怎么做是人家机关的事，我们管不了。也不要跟着去学，这东西你去学也学不了。这次民主生活会前征求意见，其中有一条，我觉得是观念上的差异带来的。我说这件事，绝不是阻塞大家的言路，不许大家提意见。提意见的人要求在绩效工资考核时候，取消总行机关员工的存款任务，说压力太大。这个意见站在某个角度有合理的一面，我们是搞管理的，怎么能增加这个任务呢。但从另一方面来讲，它又不合理，没考虑我们是一个企业，以及我们这个企业目前所面临的状况是什么。他把自己作为行政机关的工作人员来看待，把自己作为公务员来看待。这就是思想观念上的差异，不是用企业的观念来看问题。

第二，变是绝对的，不变是相对的。三十年河东，三十年河西，世间万物没有永恒不变的。追求稳定是对的，但追求稳定的前提是存在。当生存都发生危机的时候，你还讲什么稳定呢。而且职务越高越拒变，这是客观规律，并非特指某个人。这在任何企业、任何组织都是一样的，地位越高的人越怕变，为什么呢？他要维护自己的地位，维护自己的权威。政府机构改革的时候，就会出现权力纷争的现象。我们行在建立管理体制、设置组织架构时，要树立变的观念。变是绝对的，市场在变，我们要跟着变。外界的条件变了我们也要跟着变。"以不变应万变"这句话固然有它有道理的一面，但在市场经济条件下，该变就得变，要不然怎么能不断创新呢。

第三，目标大于手段必败无疑。最近有一本畅销书，名为《超限战》，是空军的两位大校撰写的，他们总结了自海湾战争以来，整个国际政治军事形势发生的变化，新的军事手段、新的武器装备出现以后，一场现代化战争给他们的启示。该书提出了一个观点，就是组合运用各种战争手段达到胜利。战争都有各自的目标，如美国打击伊拉克、波黑战争、俄罗斯车臣战争都有各自的目标。为了完成既定目标都必须有一定的手段，是用军事手段、外交手段还是经济手段或者是多种手段并用以取得战争的最后胜利。我们也有自己的目标，为完成这些目标，我们的手段是什么。如果在手段不具备的情况下，提出超手段的目标是不现实的，是达不到目标的。这就是人们通常所说的"说大话"。所以，能客观、公正地评价我们所具备的手段，以此来确定自己的目标，是非常重要的问题，那么在确定我们的体制和架构的时候，就要评估这个问题。主观愿望和客观实际要一致。

第四，大人情与小人情。对个体、对单个人讲人情那是小人情，促使一个组织能健康持续地发展则是大人情。很显然，在管理者这个位置上，无论是在你那个局部还是大到我们行的整体，在人情的取舍上，你肯定要大人情，不愿要小人情。但往往有时小人情磨不过去，要靠自己消化。我们在处理违规经营的问题上，把一个干部撤职了，当事人来找我，说过一些极端的话，措辞非常激烈，态度非常激动，意思是说我个人跟他过不去。他还托了与我和他关系都很好的人来说情，要求给一点面子。对其个人来讲，思想方法可以理解，那些问题是公家的事，我跟你是个人之间的事。但是我跟他之间的人情是小人情。在这个问题上要的应该是大人情。为了讨好某个人，或者少数人，实际上得罪了大多数人违背了原则，违背了你在这个位子上应该坚持的原则是不行的。发生在我们身边的管人、管事的问题上，小人情要不要讲？要讲，但小人情与大人情发生冲突的时候，还是要坚持大人情。

第五，有形价值有限，无形的价值无限。企业的凝聚力归结到底是种精神，这是无限的。有形的东西看得见，发多少资金、部门配什么车、组织出去旅游，这是有形的东西，是有限的。美国的钢铁大王卡内基曾经说过，如果一夜之间破产，把他所有的财产都拿走，但只要跟他一起干的这些人还在，再过五年，又可达到现在的辉煌。这说明无形的东西，其价值是无限的，这些人在观念上行为上都能一致，靠这批人，能创造业绩，创造价值。在20世纪70年代搞路线教育的时候流传一句毛泽东主席讲的话，只要路线正确，没有人可以有人；没有枪可以有枪，没有政权可以夺取政权。我就想用这句话讲这个有形与无形的东西，有形的东西是暂时的，有价值的精神、思想却能流芳百世。在企业，在我们行也应该提倡这种精神，提倡这种无形的价值，提倡大家认同的价值观。这是无形的，是凝聚力，它能在任何困难时候使大家心心相通、心心相印，能够焕发出克服困难、战胜困难的力量，这是了不起的、是我们最需要的。综观经营比较好的支行、分理处都是这样的，内部非常团结、沟通非常容易，做事情心特别齐，就是这种无形的、大家认可的价值观念使大家能够紧密扭合在一起。所以我们在建立管理体制、设置组织架构时，一定要提倡这种企业精神，这种企业文化。

三、如何评价现行的体制和架构

第一，衡量的标准。在衡量的标准上有两条，第一条标准为是不是充分调动了、合理利用了我们行现有的资源，充分挖掘了这些资源。对人来讲是充分调动人的积极性，对资金来讲是充分发挥资金的效益。如电脑，是不是每一个终端都配置到位，大楼的每一平方米是不是得到合理利用，还是在空置、闲置、浪费，这些都是资源。还要看我们是不是回避了风险。因为什么事都有风险，吃饭也有牙咬舌头的时候。没有没风险的事，只是风险大小而已，我们回避了这些风险没有。再就是你调配了资源，回避了风险，你的结果又怎么样呢，这是一条标准。

第二条标准为是不是找对了人、用对了方法、干对了事情。整天忙，方法对不对？还有没有更好的方法？管理要管出道理，忙到点子上就会忙出效果。我们要不断地评价我们的这套体制，评价我们的这套架构。作为管理层，特别是我们的最高管理层要经常研究我们这套体制。这套架构对不对，有没有什么毛病。方法对了，事半功倍，四两拨千斤，所以研究方法、研究体制、研究架构，这是我们管理层大家共同的责任。大家都要思考这个问题，我们现在的管理体制哪些地方不对，哪些地方需要逐步改进；我们的组织设置合不合理，是不是最大限度发挥了员工的积极性。衡量的标准就是刚才说的那两条。总行机关的部门调整过两次，部门减少了，从组织管理原则上叫作精简高效。如果说业务发展需要设置新的部门时，我们还不能画地为牢，该设的还得设。现在大家都说人手少了，量不出来，称不出来。怎么评估这个事情？有一种思路，可以把管理与经营职责分离。单纯搞管理的要进一步精兵简政。搞经营的部门要承担经营指标，多一个人要多一份任务，从中体现你的价值。关键问题是你的"数字"是多少，这是需要研究的问题。再说人的积极性问题。部门之间相互纠缠，他的部门轻松，我们累。他们部门职位多，我们部门经理少。大家花精力就琢磨这些事。AS400 计算机系统投产后，整个业务运作的平台搭起来了，但在这上面有种树、剪枝、开花等大量的工作要做。很多项目等待去开发，但具体的推进效果不理想。甲部门推说这是乙部门的责任，乙部门推说这是丙部门的责任。基层急得要死，说什么事一到你们那里很长时间出不来，以致大家陷入这个互相埋怨的怪圈。问题究竟出在什么地方，我觉得还是组织管理的方法问题。

第二，判断的取向。首先要有效率。我们设置的分支机构、设置的部门，都应该是逢山开道、遇水架桥。要抱解决问题的态度，想办法把事情办成。不能碰到问题就在那儿等着，有人会来解决的、有人来搬山，有人来架桥，我们等着吧。如果都是这么个态度，都是这么个做法，我们就谈不上效率。管理学家讲过，一个组织大了以后，就会滋生官僚主义，犯大企业病。我们这个企业不算大，从人、从分支机构、从组织结构、从整个经营活动的规模来讲都不能算大。从银行来讲，我们是一个小银行。从企业来讲，我们也不是大企业。但大企业的弊病也开始在我们这儿流行，效率不高。

其次判断的取向是创新。形象地用一句话描述，应该让我们的血沸腾起来，大家做事情应该有激情。都说要创新，怎么去创新，着急的人也不少，讨论的时候都很着急。一提到由哪个部门承担开发责任、任务的时候都觉得是多好的一件事应该赶快弄出来。但从我们的管理体制和组织架构所体现出的创新的活力、创新的动力都不够。好的体制、好的组织架构就应该创新。企业管理的历史最早实行的是直线职能制，以后发展了矩阵式的分工形式，再进一步发展成了事业制的管理方法，大公司将某一个行业、某一产品在公司内部单独成立一个独立核算的部门，去推动产品的开发、销售。进入创新的年代后，又创造了组织多部门跨行业集中攻关，以项目小组来推进新项目的开发进程。我们银行跨部门合作的项目往往推不动，大量的精力浪费在协调上，缺乏创新的活力和动力。不是说大家的血不热，也不是说大家的血不是红色的，但缺乏创新精神。不解决这个问题，我们企业的发展就要受制约。

第三，要有末日心态。最近《每日快讯》提供信息说，今年以来深圳市自动消亡的企业是 1 万余户。事实上，深圳市每年都生一批企业死一批企业。作为我们行，作为企业的一名员工，每一个人都应该有一份末日心态。报刊报道，江苏无锡小天鹅公司，在企业内部就实行的是一种末日管理。不断地给员工讲，现在生产家用电器的厂家是越来越多，竞争非常激烈。我们如果不怎么做，就可能会怎么样，反复讲这些的意思是要大家努力提高质量、降低成本、增强产品竞争力。我曾在工业企业工作过，看似风平浪静的企业其实往往潜伏着极大的危机，动脉硬化的早期必然是血脂高。虽然我们行与小天鹅公司不是同一类企业，但它们的那种精神是值得我们借鉴的。事实上，我们的状况比别人的差，更应该有这种思想，并把这个思想转换成动力。

第四，能人与群力。要敢于用能人，能够用好能人的企业，说明企业的管理体制是完善的。改革开放十多年来，在用能人这个问题上有非常多的经验和教训。管理体制必须要适合能人的存在。首先，体制要使能人能冒出来，别一看到能人就不顺眼、挑毛病。其次，能人在主事时，还要受制约。不是说一个人当家，柴米油盐一个人拿，人、财、物，产、供、销一个人说了算，出了问题也没人监督，这样的教训太多了。我们行目前不是能人多了而是能人少了。如果大家浑浑噩噩混日子，我们企业就没有活力、没有生机、没有希望，这是我们绝大多数人所不愿看到的现象。所以我们在管理体制和管理办法的调整上、在整个组织架构的设置上要鼓励用能人。事情还有另一半，就是发挥每一个员工的积极性。每个人都要走，能人走一百步，我们不能一步也不动，大家都要走，都要向前，昂首挺胸往前走，这也是我们管理体制和管理办法需要注意的问题。大家希望公平、合理照顾大多数人的利益，而往往这样就会导致四平八稳，按部就班。不怕不做事，就怕做错事。大家不是在比贡献、比成绩，而是在熬年头、守摊子。如果都往这种局面发展，的确十分可怕。我们的机制要促使那些真正能干又想干事的人站出来创造业绩，使滥竽充数的人待不住。

四、适时调整要解决的问题

第一，火车跑得快全靠火车头带。位高、权重、责任大、要起表率作用。抓头，一级抓一级，同时需要群众的监督和鞭策。作为任命的干部，我既要对上级负责，也要对在座的各位负责。说实在的，我如履薄冰，如临深渊，怕事干不好，对不起上面，对不起下面。我感觉我的知识、能力、各方面的条件很难适应这瞬息万变的时代，我唯恐自己跟不上趟。我在这里可以公开地讲，我做得不好、不称职大家可以把我轰下去，你可以写信给市里，说这个人不称职，最好换人。我不会怨恨，谁写的可以公开告诉我。不称职就是在这里误事，我误什么？我误了大家的事。个人利益存在于事业发展之中，事业发展了，个人利益自然就有了。大家都希望所在的单位好，所以我要对大家负责任，同时我要求下面一级一层都是这样，在自己的位置上，要了解位置上的责任，竭尽全力把这个位置上的事情做好，带队伍的人千万不要混事情。一个分理处，你管理十几个人，这个资源交给了你，你得想办法把这件事弄好；一个支行交给你，几十个人在你手上管理，最起码你要做对的事。靠什么，就是要靠火车头。

第二，氧吧与酒吧，车上与车下。企业创业阶段，员工往往能艰苦奋斗，不讲条件、不计得失、不计报酬，一心把事办好。等到按部就班的时候，就开始计较得失，考虑报酬、福利、待遇等个人要求。表面看起来这个企业很平静，实际上隐藏着暗流。此时，企业需要有新鲜血液的补充，如同人体的新陈代谢。没有新鲜血液的补充，这个组织就没有生命力，没有活力。所以，企业需要吸氧，不断地汲取营养。现有的员工，在一天就要好好地工作一天，不断地丰富自己，完善自己。对一个组织来说，要不断有新鲜血液进来，不断有新人的产生。不要去酒吧，无端生是非。用"车上与车下"来比喻说明招聘新人的问题。我行是成立较晚的新单位，大家有的是调动来的，有的是分配来的，有的是招聘来的。形象地比喻，不能因为现有的员工"上车了"就把"车门"关上，并喊"下面的人不能上，这车上很挤"。事业要发展，"车"总要往前开，里面总是有人坐着有人站着，就会有上有下。人民银行批准我行于今明两年新增网点，分理处升级为支行也会获批准，我们在人力资源上必须做先期的准备。对于招聘新员工，老员工中有一种情绪，不满一方面精简、清退员工，另一方面却在对外招聘。但好的有效的企业的人事体制应该是有进有出、有上有下，能进能出、能上能下的。所以，无论"车上"的也好，"车下"的也好，大家都要以一种平常心态对待这个问题，这才是一种正确的态度。

第三，解决好三个充分。充分发挥每一个网点的资源和作用，充分体现每一个部门的价值，充分发挥每一个员工的作用。这三个充分谈的都是资源。过去我们的网点主要是分理处，经营规模比较小、比较多的任务仅仅是吸存，所以在劳动力的搭配上基本没考虑市场工作这个问题。现在分理处将升级为支行，我们要利用这个契机，充分利用网点资源。既然叫支行，就应该像个支行。对机关各部门也是这样，部门存在的价值是什么，各个部门都应该反思一下，如何充分体现自己的价值。对每一个人也是这样，既然来到了这个组织，就要体现你的人生价值。大到为祖国、为民族，是党员的，还可以说是为党，小到落实到工作岗位上，人生价值是什么，做了什么，什么没做，为什么没做到。

第四，中梗阻与弹钢琴，减少层次与分级管理。中梗阻这个词，形象地说，领导的旨意、决定了的事情要往下传，下面有什么社情民意，要往上报，不要到了中间层把事情给阻塞了。下面的上不来，上面的事情下不去，这就叫中梗阻。所有中层干部在主观上都绝对不想中梗阻，但客观上确实存在。这是需要解决的问题。在减少层次和分级管理上这是管理学的概念。要精简就是减少层次，能两层解决的问题就不要三层去解决；但反过来说，管理的幅度面太宽了，往往使管理的意图无法传递。正如弹钢琴一样，键盘太宽了，手就弹不过来，所以还得分层管理。

第五，None of us is as good as all of us。这是麦当劳企业精神的概括，意思是说团队高于个人。从业绩比较好的分支机构来看，它们的团队精神较强，内部的团结协作，凝聚力、向心力也强。从全行来看，客观上支行与支行之间、支行与总行各部门之间的团队精神就欠佳。提倡团队精神、用何种办法让企业更具团队精神是我行建立管理体制、设置组织架构要考虑的问题。

我们必须改变自己

> 依据常规不可能应对跌宕起伏、复杂多变的市场环境，我们寄希望于不断地优化改进业绩，没有安全感，永远要求超越，希望今天比昨天好。这篇文章写于 2000 年 6 月五周年行庆时，立意就是为了鼓励大家继续把知识、智慧、理性和精神，作为进取和改变的力量，忘我地去追求，不断地去激发、去征服、去成功。

一

五年过去了，我们在清理承接历史包袱的基础上建立了深圳市商业银行事业的大厦，把理想变成了现实。我们在追寻结果的过程中付出了自己的艰辛和对商业银行事业的一片真情。深圳更加美丽了，在那湛蓝的天空上有属于我们的一朵白云，在熙攘的人群中有我们熟悉的脚步，在高楼林立的深南大道上有市民和同业们关注的身影。

五年过来了，那么迅速，那么清晰，如同一袭清新舒爽的春风，激荡着心灵的力量，催发着浑身的干劲，如同一道亮丽庄严的闪电，激励着全行的队伍整齐向前，向着目标，向着太阳，向着未来，向着光芒。我们走过了自己的五年，溅踏着泥泞，有过无奈和彷徨。毕竟心底不断涌起无限的希望，我们手拉着手，心连着心，在自己的田野上耕耘。千百个日日夜夜，千百双明亮的眼睛，我们在不断地找寻属于自己的那片天地。

回首五年，全行跟随着深圳建设大军的步伐，锐意改革，拼搏进取，把握了机遇，创造了业绩。当我们站在自己搭建的平台上极目远眺时，才知道自己的潜能和力量，才知道存在和创业的不易。

二

已经进入新的世纪，喧笑伴随着高科技的火花，周围的一切正在悄悄地发生变化。从愉快回忆的沉思中迅速回到快速变化的现实中来，大家会发现，没有任何东西可以值得骄傲，我们仍然处于包围之中。过去为了生存而拼搏打铸的台阶，不经意维护打理将会瓦解毁损。商行的未来已经不能用今天的资产和商机来衡量，而必须用我们全新的生命力去创造与度量。

青山遮不住，毕竟东流去。人类生产方式的变革加快了我们思维的延伸和变换。始于刀耕火种的农业经济延续了万余年，始于蒸汽机发明的工业经济仅仅经历了近两百年，而在区区不过一两个的十年里，网络经济横空出世，已经把整个世界经济提升到一个崭新的境地。它迅速穿透了各个民族和国家的边界，呼唤出各种目不暇接的信息产业，改变着人类经济社会的种种结构，生产函数、经营行为、商业模式、企业组织无一不在发生巨大的变化。

传统的银行业早已从业务品种衍生的金融创新中跳跃出来，由于先进信息技术在银行业的广泛运用，近十年里几次升级换代已经极大地提高了账务处理和信息传递的能力。新的技术不断推动着金融创新，银行业的经营方式在体系、分工和机构重组中蕴酿着重大翻新，跨区经营势所必然，混业经营呼之欲出。传统的金融市场正在被改造，由于网络技术的广泛运用，工商企业已在向银行业的边界渗透。B2C 风生水起，B2B方兴未艾。人对人的票据交换方式最终将被网络技术所取代，由于交易方式的逐渐改变，银行业将大大地减少人工劳动，以降低交易费用，电子商务呼唤着一代新人。谁也无法延缓历史的进程，深圳处于新兴技术和经济变革的前沿，在这场新的"军备竞赛"和市场竞争中，我们深圳市商业银行，商行的每一位员工是否都有足够的准备和清醒的认识呢？

我们有着明显的不足。我们的基础不好，资产结构影响了规模和效益，但这不是我们的罪过，当事业如日中天的时候我们可以完全摆脱这个阴影。一方面我们要尽快卸掉历史的包袱，轻装前进；另一方面作为地方的小银行，每一份经营管理和资本投入都会影响边际利润，而节省成本还需假以时日。我们的行为还显得滞后,我们并不缺乏理念,学习型、知识型的员工越来越多,足够的思辨使大家目标明确。或因资源缺乏,或因组合不佳,在多边合作和多线作战战场上,确实有些心想而事未成。我们的激情还嫌不足,改变环境改变现状还没有成为每一个员工心底的呐喊,"不靠前不靠后,不图表扬不犯错",这一类的思想和精神状况在我们的管理层以及部分员工身上都可以看到明显的痕迹,特别是各级领导干部并没有都自甘为苦行僧。想"步步不大年年走"的思想是小富即安的农民意识,势必会拖累我们在新经济下备受市场压力的战略发展任务的实现。无论是对于机构还是个人,历史的事实将告诉我们:只有诚惶诚恐才能在激烈竞争的市场上生存。记清这个时代的本质,预测它的未来,跟上它的步伐,将使我们在新经济的时代里胜出至少是生存下去。

三

在告别第一个五年步入新的发展历程时,深圳市商业银行何去何从?行领导班子此时要为全体员工树立愿望,加强沟通,争取互信互动,继续推进事业的发展。我最想向大家说的一句话就是:我们必须改变自己。

没有超越就没有发展,没有创新就没有改变。什么是超越的障碍?什么将阻碍着发展?我认为未来发展的最大敌人是我们自己,而自己最大的敌人是习惯性的思维方式。我们必须对现在和身边发生的一切保持高度的敏感,对市场的走向,对客户的需要,对技术的改变保持前瞻。正如某些IT业的顶尖人物说的那样,"如果你已经预计到五年后自己的饭碗和网络有关,那你现在就应该去网络刷盘子"。传统的心态和观念将葬送我们共同的事业,未来的几年中,我们势必适时要对我们行的资产结构、组织方式、技术状况、业务流程、劳动组合等进行调整改变,即使这样会部分或全部地中止思维的惯性,动摇求稳的心态,打破现有的格局,触动既得的利益,但为了我们的总体、长远和根本利益,我们必须求变而在所不惜。

穷则思变,富而思进。与全国城市商业银行中的先进单位相比,在深圳的银行同业中排队，我们行还有很大的差距。无论是实力还是贫富我们都没有理由摇头摆尾心安理得。只有老老实实放下包袱，勤勤恳恳一切从头开始，一次次地追逐新的目标，一次次地放弃既得的安逸，不断地实现自我的超越，我们必须改变自己。

只有不好的机会，不会没有机会。不要惧怕或排斥时代的变化，唯一的就是要学会改变，因为改变自己的同时，才能给予自己新的机会。拓展业务很艰难，无论是传统业务还是业务创新，但是整日说难只会受困于难。日新月异的市场变化为我们创造了无限的商机，深圳经济的持续增长提供了金融交易的原始动力。拒绝平庸就是机会，拒绝失败就要改变自己。

面对竞争的压力和差距，生存的本能就是用竞争去对付。我们奋战了五年的时间到达了一个新的起点，一些人觉得现在日子好过了点。当领导的不愿自加压力，搞管理的认为还过得去，做经营的觉得已经尽了力。何必不自在，没事偷着乐，这种故步自封，自甘平庸的状况自上而下不同程度地开始滋生。深圳的同业市场上有一些很好的案例值得深思，为什么同时成立同时起步的行，时过几年截然不同？快速成长的行从上到下具有竞争求存的斗志，充满竞争发展的激情。我们刚刚开始踏上新的平台，人来车往，风大浪急，站着不动是要跌倒的！

四

的确再不能用老眼光来审视目前正在发生的一切。现在没有人能肯定我们行未来几年里确定的管理模式，但以人为本可以说是万变不离其宗，我们必须具有对知识的重视和对人的尊重。

深圳市商业银行绝不仅仅就是简单提出"服务社会，追求可持续发展"的经营理念，而是要建立并拥有被全体员工信奉的理念所贯穿的企业精神，同时又支持并完整精良地确保经营管理的运行。我们要精心营造具有本行特色的企业文化，并使之成为企业管理的重要的甚至是主要的手段。我们的全体员工不仅是商品经济社会中的"经济人"，讲求个人利益和价值回报，也是社会转型期间的"社会人"，要互信互爱体现人间真情，同时也要把自己塑造成为商业银行的"文化人"，大家终身学习不断追求，用知识经营起一份自己智慧富裕的人生。

我理解我们行企业文化的精髓是互信互动。人是企业最大的资源和财富，浓厚的信任尊重的氛围可以使管理行为的双方都呼吸到处处洋溢着的自由空气，其主动性、创造性和积极性就会拥有充足的施展空间，使个人的能量在自由的环境中得到充分释放，从而极大地促进我们人力资源的开发。企业管理学者白崇贤有一段话值得回味："平凡的人易找，不平凡的人难求，想教会平凡者做不平凡的事，产生不平凡的力量就只有靠良好的制度。"互信互动必须建立在充分授权和追求卓越的评价制度上，没有相互的尊重与信任，知识管理只能成为漂亮的空中楼阁。我们靠什么去吸引人、留住人呢？除了收入水平、保障心理和公平的人事考核之外，必须要通过制度的力量使员工感到亲和，感到工作满意，认为个人有发展前途。

敢于并善于起用超越自己的人才，是全行上下每个经理人面临的挑战。不要害怕别人超过自己，我们需要改变自己除了加倍努力保持自己的优势之外，要鼓励提携后来居上的人。长江后浪推前浪，我们的事业需要新人辈出，事业可以永远，岗位没有终身。如果都论资摆辈，压制人才，只使用比自己水平低的人，我们将成为侏儒；如果都以老资格、老经验、老员工、老功臣自居，我们的企业将在老化中自行消亡。

我们现在就要开始考虑建造三年五年以后我们行的主要干部队伍，并在经营管理的实践中训练打造，有了能够冲锋陷阵的班底，才能将全行事业的理念和传统发扬光大。来自外部市场竞争的压力必然会传导到我们企业内部，这既是社会转型过程中的历史进步，也充分体现了市场经济法则的无情。没有竞争的市场就没有一流的产品和服务，没有竞争的管理就没有一流的队伍和员工。我们行所需要的员工是可以用自己的知识和拼搏去支持发展目标的人，而不是那些自恃聪明能干而没有激情和责任感，自觉经验丰富而轻视岗位工作，以及自甘平庸、无所用心、不思进取的人。流水不腐，户枢不蠹，我们必须坚持竞争上岗、末位淘汰的制度考核一定要发生作用，每个员工都要接受考核，每个管理干部都要接受监督，考核最差的一定要淘汰。管理上的"人性化"损失的不仅仅是效率与效益，而且牺牲了人格与公平。

五

在新经济时代的门槛上，创新求变已成为生存之道。全行员工必须具有"不创新毋宁死"的冲动。在我们经营管理的任何一件小事上都要刻意倾注自己的创意，学会改变，让我们比别人做得更好！每个员工都有自己的工作岗位，要不断地推敲琢磨改进之道，相信那个想出办法、立意创新、有所突破的人就是你自己。全体员工行动起来，乐在学习，乐在工作，学习与工作就是生活，把商业银行造就成为学习型的组织和知识创新型的企业。

分享市场是我们孜孜以求的目标，提高市场的占有率还要靠创造市场，拓展业务固然要重复老路，但重要的是另辟蹊径。靠网点、拼人工，"大树底下好乘凉"，这绝对不是我们的优势，在巩固既有业务份额的基础上，要生存发展大干快上，唯一的出路就是思维创新、技术创新、经营创新、组织创新。依法合规、稳健经营是我们立行创业的永恒主题，创新就要敢干，但敢干不是盲干乱干，做事要符合事物的客观规律，发展新业务，必须监控新风险。经风雨、见世面就不能画地为牢，错失发展的大好机遇，只有变化才是永远的不变。近年来的实践证明，我们参与创造了城市商业银行的资金市场，通过各种业务创新创造了特殊资产的清收业绩，还正在通过四个创新创造区域性的城商行同业市场，和自己的网上银行交易支付市场。我们必须自信可以蹚出创新立业的路子，然后坚定不移地走过去，那一定是一条属于我们的大路。

在电子商务的时代，当前要全面建立知识管理模式，导入管理信息系统，根植企业创值与客户增值的服务理念。业务流程的创新与再造，要以建立 CRM（客户关系管理）系统为中心，在全面搭建电子信息运行网络平台的基础上，要立意创新，将核心业务流程与不同客户的要求联络起来，提供差别化服务。保持或者强化自己银行支付结算体系地位的唯一措施，就是尽快完善并扩张自己的银行电子网络。

我相信，只要我们善于改变自己，立意创新，敢于打拼，一个人才脱颖而出，事业面貌日新的局面就会持续呈现。在又一个五年的新历程上，我们会走得更好！

重温职业道德的基本要求

> 遵纪守法、廉洁奉公，对于经营货币、整日与钱打交道的银行人而言，显得尤为注重和关切。如果从职业道德的角度来看，这是最基本的职业操守。经过前几年的整顿查处，虽然已回归正常轨道，但法制教育、职业操守仍然要常抓不懈。在2000年7月召开的全行干部大会上，我再次警示大家不要掉以轻心，应注重规范自己的行为。

作为银行的职业来讲，"敬业、爱岗、守法、上进"是职业道德最基本的要求。关于守法，廉洁实际是守法的一部分。应该说，廉洁是道德范畴问题，我们银行把职业道德上升到法律的范畴，上升到守法的概念，是非常必要的。最近几年，金融系统在治理整顿过程中，原有刑法条款增加了关于金融犯罪的内容，过去认为是违纪、违规的问题，现在上升到违法。今年7月1日开始实施了《会计法》，过去认为是不守纪律、不按规矩办事的问题，现在就是违法行为。金融行业的廉洁是守法的一部分，反过来讲，不廉洁也就是不守法，防腐保廉是我们从事银行职业必须坚持的基本信念。下面我从三个方面来阐述这个问题。

第一，从现阶段社会经济转型的特点来看。从20世纪70年代末党的十一届三中全会以后，党的工作重点转到经济建设上来，实行思想解放，实行改革开放，社会生产力得到极大的发展，人民的生活水平也得到了提高，国家的综合实力得到空前的增强，这二十多年变化是翻天覆地的。但同时也要看到，这个过程也是社会转型的过程，整个社会、经济的各项体制都在发生转变。在这个过程中思想非常活跃，行为也是千差万别，过去认为不正确的东西，现在可能是正确的。在这个变化过程中，人们思想观念得到空前解放的同时，也造成了思想认识混乱的一面。思想观念的混乱就会抵制不了诱惑，有大量的事例为证。某省人民银行有一位库管员，从武警部队退役后，招干到当地人民银行库房工作，头几年非常规矩。虽然地处西部经济欠发达地区，但20世纪90年代以后也受到各方面的影响，这个人经不起诱惑，看到人家发财致富，心里不平衡，看到库房里有钱，开始动心思。从1995年到1999年四年时间，总共贪污1500万元，案发以后就出逃，转了十多个省市，最后还是被抓捕归案，自己痛哭流涕。检查他的思想根源，就是面对变化和诱惑，思想观念已经没有抵抗的意识，因而起了歹心。还有大家都比较熟悉的人物，某区委书记，1982年就到了蛇口工业区，工作非常努力，人也干练。后来思想发生了变化，特别是到区里任书记期间，思想潜意识里慢慢变化了，对廉洁腐败的看法发生了本质的改变，在各种诱惑、拉拢面前主动放弃了抵御，开始从小数到大数收受贿赂。

从社会经济转型过程来看，还有社会财富的转移和分配的不公。在这个转型过程中，鼓励多种经济成分参与，发展民营经济，发展多种所有制，这是我们国家改革开放所坚持的，也是经过几年的探索被证明是正确的。但在这个过程中，确实也有发生各种各样的违法行为。大家可以看到，有些致富就不是正当的，走私难道是一种正当的致富吗？通过各种歪门邪道的办法，取得某些工程，偷工减料，牟取暴利，这难道是正当致富吗？在这种情况下，有些干部，或者手中有些权力的人也抵制不住这些诱惑。某市国税局的一位局长，五十多岁开始动心思，他利用什么办法呢？做官有权，社会四面八方都来求，他用收礼的方式受贿。家里以各种名义办事，行贿的人知道他的诉求，你敢收，人家就敢送。他利用这个办法敛财，光收礼就收了几百万元。最近报纸登的某钢铁公司的书记，把自己的儿子安排进本系统做生意，在本系统拿钢材方便也来得快。他当书记的，他说给，下面的人敢说不给吗？不用他明说，给个暗示，人家就知道给多少、怎么给。这也是转移社会财富化公为私的典型招法。

在整个经济转型过程中，从方法制度上来看，还存在很多漏洞和错误。因为旧的制度破除掉了、新的制度还没有建立起来，没制度管或者制度有漏洞，有漏洞就有人可以钻进来。银行系统的例子也不少，原某建行的一位老行长，在建行工作多年，从办公室主任一直干到行长。他老婆原来在财政部门工作，后来脱离财政去了香港办公司，建行在香港注册一个公司给他老婆去操作。因为当时银行办公司、国有企业在香港、澳门办公司，还没有相应的管理制度，他是行长他说了算。他把银行信贷资金转到境外去，说起来是为公家办事，实际上以权谋私。这就是方法制度上的漏洞，让一些人有机可乘。某市的公安局宣教处有个处长贪污，宣教处不是对外的部门，可他通过编书、稿费和出版印刷，在这里面搞钱，这也是方法制度上的漏洞，没有人注意。某省商检局有个书记出了事，这个人用的办法是三天两头搞些单据去报销，几年下来也聚集了几十万元的家产。吃饭搞单据报销，说起来都是因为接待嘛，风气就是如此。他却把这个当成聚财的渠道，最后被发现了。过去的出纳制度是公私分明的，现在吃吃喝喝公私不分，接待吃喝和手信礼品成为正常的事情。经办的人要凭良心办事，起了歹心就没办法。

第二，从我行发展的历史来看。回顾一下我行的发展历史，说起来是五年，但从信用社时期算下来已经七八年了，因为前面那段历史咱们不能完全把它割断。归纳起来主要有三点：一是淘金的浪潮造就了思想和行为的混乱。什么是淘金的浪潮，大家可以回顾一下，深圳的股市是1990年建立的，之后的财富效应逐渐唤起了民间炒股致富的意识。紧接着1992—1995年，很多人来广东来深圳办公司、办企业，包括办信用社。开办信用社的人流中有一部分就是典型的淘金思想，方法就是弄批文拉起一个信用社，当个股东出个一两百万元，转身再从这里贷出二三百万元，从贷款那天起就没打算归还。然后扯起一帮亲朋好友，拿高工资、高奖金、高待遇，仅高利息就搞到百分之二三十。这么高的利息给存款付息，做什么能赚那么多钱，除了贩毒，做工业、商业哪一行能有那么高的利润？怎么还？这些现象都是思想混乱监管失控造成的。咱们行有这样的例子，某支行有位副行长是原信用社的负责人，在座的有与之共过事的，贪污受贿几百万元，最后抓到牢里面去，有人说这是个老实的人，为什么会这样呢？当时整个思想行为很混乱，觉得不捞白不捞，很多人都是这样。此事把某中心的几个人也一起抓进去，把人家也害了，到现在还对我们行有意见。再举一个例子，某支行原来有位助理管着一家证券部，尽管当时行里规定不准拆借资金，不准搞自营炒股，但他耐不住寂寞。自认为别人都搞自己为什么不搞，挪用几百万元用于自营炒股，结果套住了，最后被发现清算交割时，股票市值不足一半，让他赔，他拿什么赔？这也是思想行为上的混乱。再如，原某支行的负责人，因为挪用信用社几百万元的资金达半年之久，受到市监察局的处理。二是不规范的经营导致了"从众"和"为公"的侥幸心理。1996年有支行违反总行关于支行不准办理拆借资金和信贷管理的有关规定，长时间、大规模地拆借资金，超权限违规操作，变相发放贷款，涉及金额近数亿元，造成银行资金的巨大风险和损失。三是管理滞后于经营，使我们在相当长时间里存在真空与漏洞。有的支行成立工会公司，置总行财务制度于不顾，越权操作，违规经营，擅自向公司无偿拨入资金，套取银行利息。并且挪用资金用于炒作股票，运作损公肥私的勾当。

第三，从银行业的经营特点来看。银行是经营特殊商品——货币的专利型企业。货币在任何时候任何社会都是特殊商品，因而在经营管理的任何环节和方式上都可能发生违法谋私的行为。这里也有几个例子，原某支行的一位员工，在具体经办一位诈骗犯假冒某信用社法人代表向支行拆借1500万元资金业务时，工作严重失职，并且受贿5万元。原某支行的一位员工，吸存的第一笔存款年利息是22.5%，自己名下捞了11万元。原某支行的一位员工，采取修改电脑数据资料的手法，盗取客户资料，将客户的60多万元资金分别转入自己的私人账户和亲戚的账户上。这三个人采取三种不同的方式和方法，第一个是高息存款自己拿回扣，第二个是帮了人家拆借资金拿回扣，第三个是偷改客户在电脑上的资料，所以哪一个环节都可能出现问题。三个人最后都受到市监察局的查处。综合以上几方面认识，大家可以看到，廉洁自律的工作，是艰苦细致的工作，是永远要讲的话题。从古至今都存在贪污腐败的问题，以后也还会有，那么从经营管理的角度来讲，把这个工作抓好是根本保证。如果设想没有我们没有几个支行的大案子，现在的日子要好过得多，一年光利润要增加几亿元。因此，防腐保廉是我们的一项艰苦细致持久延续的工作，是我行经营管理的根本保证，是我行长治久安的基本前提。

我行五年来做了大量卓有成效的工作，但也存在不足。

前几年大规模地查处了队伍中存在的问题，清除了一些人，这是法律法规对犯罪人的制裁，保证了队伍的纯洁性。一手抓查处一手抓思想，澄清模糊的认识。正是由于清理了队伍，端正了思想，才能保证经营管理的正常进行。如果没有做这些工作，就不会有今天的局面。尽管我们取得了一些成绩，但还存在一些不足，表现为以下几方面。

一是监督观念上的淡化。认为强调监督是"左"的思想回潮。认为管得严了会阻碍经济的发展。认为再怎么搞也是没有用的。有的还认为，强调监督是人整人，是跟谁过不去。

二是监督制度上的虚化。从制度上讲，有虚化。大家都写、都学、都发了本子有文件，但是真正做起来的时候，做领导的，往往是这样，还是我说了算，反正我也不是说制度不对，就是我说了算，照我说的去做就行了。从这里可以看出，我们对企业民主的管理还是要加强、要改善的，既然制定了制度，就要按制度来办事，民主集中制也是一种制度。再从我们行现在的纪检监察员和廉政责任制来看，效果也不是太好。1997年以前，纪检监察员都是由各个支行内部产生的，1998年以后我们做了调整，从其他单位、总行各部门挑选支行的监察员。这两种做法各有利弊，第一种办法了解本单位情况，但是身在其中，角色比较尴尬，不方便讲什么话。顶得住的站不住，站得住的就顶不住。上述支行发生的问题，难道行里就不知道吗？很多人都知道，没人吭声，也不是没有看法，同流合污的毕竟是少数，大多数人心里是明白的，为什么不说话，为什么没有站出来抵制呢？当然这个原因非常多，那么从制度上是不是有虚化的一面呢？现在改为第二种做法，由外单位的人兼任支行廉政监督员，但他对这个单位的了解很难做到很充分，加上自己本职工作忙，说起来一个季度碰一次头，平常情况经常通通气，只是要求而已，实际上并没有做好，当然我不是说每个人都没有做好，有的纪检监察员还是很负责的，有的就没有很好地履行职责，所以执行制度是不实的。第三个就是执行起制度来热衷于变通。尽管有些制度相对现实来讲，往往落后于现实，实际工作由于种种情况经常发生变化，如果是几年前的制度拿到现在来执行，执行的时候会有问题，不变通还真不行。这种情况我觉得也不能太机械，还得变通。但在有些人的眼里，制度反正就那么回事，好多事情就按照自己的理解、按照自己的要求、按照自己的需要去做。所以一定要慎之又慎，把自己手中的权力用好、管好，不要拿权力来要权威，更不要拿权力来谋私利。

三是监督机制上的弱化，老好人的思想盛行，事前不介入，事中不报告，事后装聋哑。强调正面教育，查处防范的工作显得不足。

我行加强改进防腐保廉工作的基本途径。

一要抓思想教育，思想教育的关键是自我意识的唤起和执守。首先要学会慎独，慎独就是经常要内省，做任何事情都要小心翼翼，要有如履薄冰的感觉，要自重、自省、自警、自励。现在社会上有些人善于投其所好，摸准你的所好，想方设法打通你、利用你。所以我们每一位都要隐其所好、正其所好。隐其所好就是你有什么爱好，在你的私人范围内和家庭里去做，不要在工作范围和单位里显摆。正其所好就是要有正当的爱好，要有品位。其次从政治上要坚定信念和理想，培养民主意识，作为我们从事银行职业的，应加强修养，如果不这样品位就低了。再次从工作方法上，要按照现行的制度来开展工作，制度落后的可以修改，但不要按自己的理解去做。最后在生活方面要注意处理好子女、配偶、朋友方面的关系。

二要加强制度建设，制度建设的关键是管好各级领导班子和主要负责人。邓小平同志说："党要管党，一管党员，二管干部。对执政党来说，党要管党，最关键的是干部问题。"要加强制度建设，制度应该成为自律与监督的结合，做到不想、不愿、不敢、不能。领导干部要经得起特殊条件和环境的考验，年轻有为防"失蹄"，条件优裕防奢侈，"位尊权重"防滥用，换届之前防失节。这个换届不仅仅是说要退休了，年纪大年纪小都有换届问题。举个例子，浙江的一个地区，乡村干部只能由四十岁以下的人担任，结果出事的很多都是三十多岁的人，为什么呢？因为他怕四十岁没得他干了，所以临退之前捞一把，结果一捞就出事。

当前的制度建设重点要改进领导议事制度、监事会对高级管理人员的监督办法、企务公开、干部考核、诫勉谈话、举报受理、案件查处等。

三要树立正气，树立正气的关键是要抓好正反典型案例的宣传与查处。今年下半年以党群部为主，有关业务部门配合，要总结树立我行反腐保廉方面的个人与单位的典型，以纪委监察保卫部为主，有关业务部门配合，要全面检查研究近几年我行遗留和发生的案件，并对典型案件进行调查处理。总之，廉洁是守法的一部分，防腐保廉是银行职业人必须坚持的基本信念。

聚精会神谋发展

> 自 1999 年完成调整转型后，全行开始进入健康快速发展的通道。在 2000 年 8 月的行党委扩大会议上，我全面系统地总结回顾了上半年各方面的工作，对下半年工作提出要求和部署。讲话不仅反映了诸多变化的具体表现，关键是增强了全行聚精会神谋发展的信心。

7 月上旬召开了年中经营工作会议，对上半年的经营工作进行了总结，对下半年的主要工作进行了部署。今天我们召开党委扩大会议，传达市委常委扩大会议的精神，并结合我行的工作，进行再发动、再动员、再落实，全行聚精会神谋发展，确保年度各项任务的顺利完成。

一、上半年工作的简要回顾

按照深圳市委的指示精神，结合我行工作的实际情况，我行今年全行的工作指导思想：在依法合规经营的前提下，加快发展，领先技术创新和改善服务，提高客户质量，提高资产质量，提高资产收益率，提高各项工作运行效率，提高员工素质，全面提升市场竞争力，迎接我国加入世界贸易组织后出现的新的机遇和挑战。

今年全行的经营工作的基本任务：进一步改革和完善全行的组织机构、管理体制和运行机制，建立以市场为导向、以客户为中心的全新的组织框架，初步建成个人、公司和资金营运三大业务领域的经营管理体系，形成市场竞争需要的营销机制，增强我行的市场竞争和开拓能力；加强我行对全社会的服务功能，加强金融电子化对全行业务新领域的技术支持，并作出快速反应，提升我行的服务效率和技术含量。

今年上半年，按照一个加快、两个依靠、五个提高的"一二五"工作指导思想，全行上下紧紧围绕经营工作中心，抓早、抓细、抓实、抓均衡，各项业务都呈现了较快的发展势头，经营工作取得了令人满意的成绩。按照"两手抓，两手都要硬"的指导方针，精神文明建设也在不断提高，党的建设得到进一步加强。

（一）经营工作出现可喜局面

加快发展。今年上半年，全行广大干部员工积极进取，奋力拼搏，各项经营指标都有了较大幅度的增长，除了清收指标外，全部实现"时间过半，任务完成过半"的目标，取得了经营形势的稳步发展。资金的组织和运用更加有序，并呈现好的总体运行态势，同业存款一直维持在较高水平，外汇业务形势喜人，卡业务持续增长，业务品种日益丰富，与国内外同业和优质客户的合作取得初步成效，增强了我行的市场竞争力。

6月末，我行各项存款余额达到139.2亿元，比年初增长8.3%，比去年同期增长30.8%；本外币贷款余额97亿元，比年初增长11.7%，比去年同期增长27.1%。固定费用和变动费用均控制在计划之内。本外币日均存款、同业日均存款、外汇业务量、代收付业务量等指标也都超额或接近完成全年工作计划。

全行上半年实现利润1849万元，完成全年计划的96.7%。这是在我们补提了定期存款应付利息，冲销了金融机构往来应收未收利息收入，冲销了逾期半年以上一年以下的贷款应收未收利息收入，预提了全年活期储蓄存款利息支出的基础上计算出来的1849万元，可以说是实实在在的1849万元。

依靠技术创新。今年初，我们经过自身努力，成功解决电脑2000年问题；对AS/400综合业务系统完成了约31项的修改完善程序，新开发了189电信业务、口岸过境车辆收费等18个代收付系统；完善了泊车卡、广银联AM跨行交易等卡业务系统；成功举办了两广暨西南地区卡业务协作会议，为我行加强对外业务合作、争取更大发展空间打下了基础；完成了21家二级支行的OA上线、7个部门业务信息和8个业务管理系统的正式使用，初步实现了信息共享；完成了总行机关INTER-

NET 专线网的安装调试，申请实现了我行 INERNET 国际域名资料的变更，开通了我们对外的网站，网上银行项目正在积极开发。另外，由于措施得力，今年尽管各种各样的病毒层出不穷，我行电脑系统均未受任何影响。

在做好电脑技术创新的同时，我们还采取多种经营的方式，开发新的业务品种，取得明显效果。例如，加大各类按揭贷款力度，新增了汽车消费贷款等个人理财业务，提高贷款的综合效益；及时下放贴现业务的审批权限，保证承兑和贴现这两项业务同步、均衡的开展；以出口应退税款做担保给企业提供短期流动资金贷款，这样既解决了企业的燃眉之急，又给支行带来了相关的外汇结算业务；在控制风险的前提下，尝试以民营企业的法人代表个人信用追加担保，赢得了企业的理解和支持等。

依靠改善服务。服务要有勇气和激情，要放下架子，学会做商人，从基础、从点滴做起，与客户互动互赢，提高服务的技术含量，掌握服务的技巧。今年上半年，我们对新设网点和搬迁网点营业大厅的改造已经初见成效，新营业厅宽敞明亮，有很强的亲和力，从装备、技术水平和手段上体现了我行的新形象、新面貌；大堂经理制已经试运行，进一步便捷了客户的业务需要；对公操作系统和用卡环境进一步完善，会计部门开展了"百日无差错"优质服务活动，万事顺卡实现了广银联异地跨行交易；代理同业办理信贷业务，召开科技创新研讨会，为企业进行项目策划，充当企业的融资和财经顾问，拓展了我们服务的广度和深度；有计划、有组织地进行上街业务宣传，提升了我行的社会形象。卓越的业绩来源于卓越的服务，服务工作的改善，推动了我行经营工作的开展。

提高客户质量。自今年初以来，各经营单位树立"经营客户"的营销理念，加强对客户的深度开发和综合服务，提高了贷款业务综合效益，实现了客户结构调整和总体质量的提高。上半年，全行共计拓展新客户 140 余家，其中成长性较好的中小民营企业和高科技企业 55 户，约占全部新增客户数的 32%，占公司业务（贷款、综合授信等）量的 33%。相当部分企业技术含量高，内部管理规范，有较大的合作潜力。

如飞通光电子、海普瑞、桑夏民生、聚友视讯、康柏、思乐数据等。同时，我们与科技开发院、清华大学研究院等著名的科研机构建立正式的全面合作关系，为今后科技项目深度合作建立了基础。上半年，我们还发展了长城地产、三九医药股份、振业股份、能源保税仓、特发信息、福田投资公司等信誉良好的上市公司和国有大中型企业，这类贷款（授信）占上半年新增公司业务的15%。针对按揭贷款风险低、保证金比例高，还可带动代收付和个人业务发展的情况，上半年全行批准的按揭额度约占新增公司业务的40%。在开发新客户的同时，我们对现有优质客户给予了进一步扶持，对盐田港、华为、创华、合广公司等企业追加授信额度约3亿元，保持和扩大了市场份额。伴随着对高质量客户的经营开发，我行承兑及贴现业务发展迅速。上半年，我行根据人民银行大力推进银行承兑和贴现业务的政策指引，制定了相应的配套措施，推进承兑和贴现业务的发展，共开出银行承兑汇票372笔，金额102亿元，比去年全年增加一倍多；累计办理银行承兑汇票贴现6亿元，是去年全年的45倍，仅此项业务就创收1256万元。

与同业的合作进一步深入并取得成效。上半年，我行与东京三菱银行深圳分行、香港汇丰银行深圳分行、国家开发银行、进出口银行广州办事处、深圳市高新技术产业投资服务公司和深圳市中小企业信用担保中心签订了合作协议，扩大了我们的客户范围，提高了我们在同业中的竞争力。

一些支行在经营客户思想的指导下，已经取得了很好的成绩。华强支行经过一年的努力，通过理财、结算、融资等综合服务，赢得了美国MOTOROLA公司代理商深圳天音公司的信赖。天音公司在该支行的结算存款高达9000万元，给支行带来综合效益达100万元。目前，华强支行约35%的存款来自资产业务，存款结构得到了改善。而天音公司也通过与华强支行的合作，在融资和业务拓展方面取得了较好的业绩，实现了银企双赢的共同目标。

提高资产质量。不甩掉身上的包袱，就不能快速前进。几年来，我们一直探索多种方式清收盘活不良资产。今年初，对原资产保全部、信贷催收专责小组和文锦专案组进行了合并，补充了部分岗位人员，加强了对全行信贷资产清收管理的力量。上半年，我们运用反向收购方式，成功地将"深圳易思博网络系统有限公司"在纳斯达克OTC市场实现"借壳上市"，盘活了一大笔高风险贷款，实现了依靠资本运营手段盘活不良资产的突破；运用公司及项目整体嫁接方式，成功盘活有关部门所属企业拖欠我行2亿元人民币的巨额不良资产。五洲支行在清理历史积案方面又有进展，上半年高风险贷款净收回1900多万元。今年上半年，全行表外欠息收回总额896.29万元，高风险资产收回累计为2.63亿元，低风险贷款收息率完成全年计划的80.52%。6月末，全行不良贷款率为32.5%，比年初下降3.8个百分点，比去年同期下降5个百分点，资产质量有了进一步提高。

提高资产收益率。盈利资产比重低、资产收益率低、盈利水平低是近几年一直困扰我们的一个难题。今年上半年，通过我们大力拓展业务，狠抓内部管理的不懈努力，这个问题有了初步改善。6月末，全行实现利润1849万元，资产收益率为1.2‰，与去年0.36‰的资产收益率相比，盈利能力有了明显提高。扣除补提、冲销因素我们实际比去年同期（亏损1587万元）增加利润8063万元。各支行普遍树立了利润意识，并积累了一定的创利减亏经验。南山支行从规模上看并不是全行最大的，但通过调整负债结构，降低负债成本；扩大中间业务和外汇业务；强化财务管理，努力增收节支等措施，该支行的综合效益在全行名列前茅，上半年实现利润677万元，完成计划的155%，资产收益率达5.12‰，是全行平均资产收益率的4.3倍。

提高各项工作运行效率。我们在年初确立并启动了"全成本管理、信息管理、全员目标管理、分配体制改革"四大管理工程，落实了专门的工作小组，制订实施方案，对提高劳动生产率和工作效率起到了推动作用。上半年，全行柜台人员人月均工作量为952笔，较去年的人月均869笔增长了96%，工作量和工作效率都有了明显提高；进一步加快总行与支行之间的文件传递速度，提高了办事效率；递过强化财务管理，上半年节约了固定费用474万元，节约变动费用1079万元；在7个新网点的装修中，总行机构部通过深入细致的调查研究，层层把关，精打细算，合理增减程序，提高办事效率，不仅节约费用557万元，而且高质量、高水平完成新网点的装修，赢得同行的称赞。此外，我们还3次邀请本市及香港有关管理学专家来我行讲课，组织人员培训近千人次，增强了员工的效率意识。

提高员工素质。卓越的业绩来源于卓越的服务，卓越的服务来源于卓越的员工，建设一支敢打硬仗、善打硬仗、能打胜仗的高素质员工队伍，是我们一直追求的目标。今年1月，我们在员工中组织了《职业生涯靠打拼》文章的学习，在队伍中产生了共鸣。目前，全行大专以上学历人员占行员的70%，中高级专业技术职称人员占35.7%。通过岗位轮换、业务培训、员工自学等途径，队伍的业务能力有了进一步提高。在抓好专业素质提高的同时，我们还加强了对员工敬业精神、职业道德的教育，要求大家保持高昂的士气和工作激情，发扬团结协作的团队精神，学习钻研新知识、新业务，努力改变自己。培养员工逐步从单纯的"经济人"向"社会人""文化人"转变，把企业塑造成学习型的组织和知识创新型的团队，更好地参与市场竞争。上半年我们举办了各种业务培训班30期，受训人员约816次；高级管理人员培训班6期。另外，还举办了《职业操守》培训，全行约1000人参加了旨在提高职业工作能力的10次系列培训。今年3月，我行面向社会组织了一次公开招聘，经过层层筛选、考核、面试等环节，我们从中录取了42名优秀人才，为我们事业的发展增添了新鲜血液。

（二）队伍建设和企业文化建设得到进一步加强

今年，我行党委工作的指导思想：以江泽民总书记"三个代表"的重要思想和深圳市第三次党代会精神为指导，坚持经营工作和思想工作相结合，以加强内控制度和廉政建设为保障，以学习教育、典型宣传和企业文化建设为手段，充分发挥党组织的战斗堡垒作用和党员的先锋模范作用，确保我行各项经营任务的顺利完成。按照一个结合、两项保障、三种手段、两个作用的工作指导思想，行党委在上半年主要开展了以下工作。

坚持不懈地用邓小平理论武装党员干部，提高党员干部的马克思主义理论素养，政治思想工作得到进一步加强，推动了全行经营工作的开展。在去年3月召开的我行党委（扩大）会议上，我做了题为《政治思想工作说起来虚，做好了就实》的讲话，号召各级组织真抓实干，结合具体工作做好本单位员工的思想工作，绝不能喊几句口号，轻描淡写走走过场。中央前不久召开了思想政治工作会议，市委也就此项工作进行了专门部署。我行作为一个企业，如何实实在在地做好这方面的工作，不流于形式，也是摆在我们面前的一个新课题。行党委结合我行的具体实际，每季度对全行的党日活动进行了详细安排，深入学习了江总书记"三个代表"的重要思想和深入贯彻"致富思源、富而思进"的重要指示，提高了党员干部的理论素养。年初经营会议召开以后，各级党组织都积极行动，学习、贯彻、落实经营会议精神，统一思想，迎难而上，促进了我行各项经营工作的开展。在对思想政治工作不断总结的基础上，行党委起草了《关于加强我行思想政治工作的意见》一文，并已征求了5家支部的意见，待条件成熟后印发。总行营业部是全行业务规模最大的营业网点，员工特别是客户经理承担着繁重的工作任务，素质要求较高。他们通过建立党员联系群众制度，即一名党员负责联系4～6名群众，定期谈心，找差距，互帮互促，力争把思想工作落到实处，推动了内部管理体制、考核激励机制的改革，促进了工作积极性和综合素质的提高，较好地完成了上半年的各项任务。

防微杜渐，查漏补缺，加强内部控制制度建设。内控制度建设是我们做好工作的重要保障之一。前两年我们主要抓了建章建制，整理完善。今年我们主要是抓落实，查看各级组织对制度本身执行的力度如何，有没有达到预期目的。为了进一步提高风险防范能力，缩短监督时滞，加强内控管理，我们在部分支行试行将事后监督"关口"前移，实行一线现场监督，目的是改进、加强内部控制，保证和促进我行各项业务的健康发展。切实做到业务发展到哪里，内控机制就应涉足哪里。

大力推进党风廉政和安全保卫建设。及时召开全行纪检监察会议，按照上级精神部署了全年的纪检监察工作；调整了我行双向监察监督网络，召开了全行纪检监察员和廉政建设监督员会议，对支行安全保卫组织情况、资金押运风险问题、百家企业监督网状况、重要业务的法律状况进行了调研总结；在"商行风"上开辟了"廉政园地"，加强廉政建设的常规教育；实施全员廉政教育工程，对新入行的员工进行上岗前的专题廉政教育；按照规定对服务期满的经警进行了分流，对全行的经警保安人员进行了重新配制，加强了保卫队伍的规范化管理；对全行40多个网点的技防设施进行了普查和维护；加强信访工作力度，及时办理信访事件。通过以上工作的开展，真正做到了以防为主，警钟长鸣，构筑了一条防腐拒变的思想道德防线，营造了干事创业的大环境，为完成我行今年的各项经营工作任务提供了政治保障和纪律保障。

加强学习教育，不断提高党员干部的理论水平。今年初，行党委就制订了党委中心组理论学习计划和党员及助理以上干部学习计划，并已按计划有序的开展，采取了外请专家上辅导课等形式，使学习教育工作趋于制度化、规范化；我们认真领会、传达了市第三次党代会精神，并按照市委的要求对我行的工作进行了安排；结合我们扶贫支教的电视宣传片，在《商行风》上陆续刊登了一些心得体会文章，强化"致富思源、富而思进"的思想教育；全面认真开展了民主评议党员活动，评出了先进集体和优秀个人，全行没有不合格党员；为每个党支部订购了《人民日报》《求是》《广东支部生活》《特区党的生活》等党刊，建立了学习阵地，党员的理论水平有所提高。

加强典型宣传，做到典型引路，营造赶先进、超先进的干事创业氛围。今年上半年，行党委加大了下基层调研的力度，并把从基层、从一线、从普通员工中挖掘典型作为一项工作重点。总行电脑中心的高级工程师傅杰伟同志，从1996年入行以来一直参与我行 AS/400 综合业务系统的规划和开发工作。他以严肃认真和刻苦钻研的精神，提出了50多处技术修改方案，完善了综合业务系统的功能；在处理电脑"千年虫"问题中，他又提出了10余种不同的解决方案，最终完成了我行电脑系统的平衡过渡。傅杰伟同志工作废寝忘食，从早到晚扎在电脑房里，常常一干就是十几小时，今年上半年他已经累计加班300多个小时。在行庆五周年优质服务勋章评比中，他被授予了一级优质服务勋章。对挖掘出来的典型和受到表彰的先进代表，我们通过行报、OA、会议等多种途径，及时进行宣传，号召大家向他们学习。正是在典型引路的指引下，全行上下形成了一种学先进、赶先进、超先进的积极向上的氛围，有效地推动各项工作的开展。

加强企业文化建设，树立良好的行风行貌。企业文化建设是新形势下开展思想工作的有效途径。今年 1 月 22 日，我们在民俗文化村组织了新颖的表彰游园大会，进一步凝聚了人气；3 月下旬召开了企业文化专题研讨会，推动了我行的企业文化建设；行庆期间开展了系列庆祝活动，扩大了我行的影响力，提升了我行的知名度；编辑了《商行风》报告集、故事集和案例集；评选表彰了优质服务勋章获得者。经过我们不断的探索、研讨和总结，一种以人为本、互信互动为精髓的企业文化鼓舞了士气，调动了全行员工的工作积极性，得到了全行员工的认可。

充分发挥党组织的战斗堡垒作用和党员的先锋模范作用。针对一些支行的领导干部工作调整的情况，我们及时对这些党支部进行了补改选，上半年共有 6 家支行党支部进行了补改选，保证了基层党组织的完整性。认真落实"三会一课"制度，深入学习"三个代表"的重要思想和市第三次党代会精神，致富思源，富而思进，从思想认识上进一步提高了全体党员对执政党地位、作用以及使命感、责任感的认识，进一步坚定了党的信念和干好工作的信心和决心。围绕党的工作和经营中心，各党支部积极开展各项工作，出主意、想办法，提高了党组织的战斗力。很多支部书记以身作则，努力工作，乐于奉献，作出了很好的成绩，在党员和员工中起到了表率作用。在党员中深入开展党的先进性教育，坚定理想信念，增强党性观念和宗旨意识，在各项工作中都发挥了很好的作用。有些党员不仅自己做得好，还能带动周围的同志。在一些重要岗位，关键时刻体现了一名共产党员的本色，提高了党在群众心目中的形象和威信。去年底和今年 6 月发展两批党员 11 人，吸收了一线人员、业务人员和中层管理干部入党，不断改善和优化党员队伍结构。评选出 3 个先进党支部、3 名优秀党务工作者和 20 名优秀党员。在 9 名优质服务勋章获得者中，有党员 7 名，充分体现了党员在我行各项工作中的突出作用。

切实抓好工会和共青团工作。组织开展了职工文化摄影展、足球赛、网球培训和自助式郊游活动；召开了军警属座谈会；评选了三个市级青年文明号单位和两名青年岗位能手；组织了扶贫支教、献爱心等活动；参与了世界环保日植树活动；重视女工工作和计划生育工作。

总之，经过全行上下团结一致，奋力拼搏，我们的各项工作都取得了令人满意的成绩，存款规模有所扩大，盈利水平有所提高，资产质量有所改善，服务水平有所提高，党的建设得到加强，队伍的精神面貌大有好转，员工的凝聚力、向心力进一步增强，我们的事业正在一步步地向前推进。

二、下半年工作的基本要求

成绩的取得来之不易，成绩的取得令人欣喜。但是在成绩面前，我们一定要保持清醒的头脑。正确分析我们面临的形势，将有助于更好地开展下半年的工作。我们面临的形势，概括起来讲就是局面喜人、形势逼人、任务压人。

局面喜人。今年上半年，全国的经济已经走出低谷，在投资、消费、出口三个引擎的拉动下，上半年我国的国民经济增长速度达到8.2%，扭转了国民经济增长速度近年来持续下滑的局面。今年前5个月，我国固定资产投资5233亿元，比去年同期增长95%，更新改造投资同比增长近20个百分点。消费市场呈现久违的生机，"人气"走旺，消费者信心指数连续5个月呈攀升态势，而且"月月走高"的涨幅是近年来没有的，上半年我国社会消费品零售总额增长了10多个百分点。去年同期一度严重滑坡的出口，今年的表现令人鼓舞。上半年全国出口增长幅度达到了30%以上，外贸进出口总额比去年同期增长36%。今年以来，我国工业企业经济效益综合指数升至近年来的最高点，企业实现利润成倍增长，亏损企业减亏幅度明显加大。前5个月国有企业盈亏相抵后实现利润692亿元，同比增长3.1倍。全国金融运行上半年也保持了稳健态势，银行贷款增长加快，全国金融机构的本币贷款余额6月末突破10万亿元人民币，比去年同期增长14%；企业存款明显增加，比去年同期增长20%；人民币汇率保持升值态势。

全国经济持续回暖，周边及国际经济开始复苏，这对外向依存度较高的深圳经济是一个重要的利好因素。今年上半年，深圳市国民经济继续保持良好的发展势头，累计完成国内生产总值698亿元，同比增长14.2%。累计实现工业生产总值1041.97亿元，增长20.2%。累计外贸进出口总额为 288.62 亿美元，增长 29.6%。社会商品零售总额达到 252.80 亿元，增长 15.6%，消费发展态势较好。同期，深圳市金融运行呈健康快速发展态势，人民币存、贷款快速增长；外币存款大幅增长；现金累计净投放。截至 2000 年 6 月末，全市国内金融机构人民币各项存款余额为 2794.06 亿元，比年初增加 235.73 亿元，增长 9.2%。人民币各项贷款余额为 1997.68 亿元，比年初增加 237.70 亿元，增长 12.54%。全市国民经济继续在高速轨道上运行。

当前，我行的发展正处在历史最好时期，我们已经逐渐步入良性的上升发展通道。今年上半年，我们大多数经营指标完成或超额完成了预订计划，一些指标还达到或超过了年度指标值。成绩表明，我们现在走的路是对的。我们在管理、人才、技术上积累了一定的基础，我们有一支精神面貌好、积极性高的员工队伍，我们有充分的信心做好下半年的各项工作。

形势逼人。当今世界，经济全球化趋势越来越明显，我国正在加快加入世界贸易组织的步伐。作为对外开放的"窗口"，深圳必将获得更加广阔的发展空间，也将面临更加激烈的国际竞争。与此同时，知识经济时代已经来临，科学技术日新月异，科技的快速发展必将引起产业结构以及社会生活的深刻变化，对金融服务手段、服务的广度和深度也将提出新的要求。我们必须紧追时代发展的潮流，否则将面临被淘汰的危险。要跟上世界科技革命的步伐，在若干领域抢占制高点并形成竞争优势，也是我们面临的新的挑战。

深圳同业之间的竞争将会愈演愈烈。尽管我行上半年业务快速增长，指标完成情况较好，但与本市增长最快的同业相比，我们还有差距和潜力。福建兴业银行深圳分行和民生银行深圳分行的发展增长幅度都比我行大。招商银行的互联网业务服务已经基本成形，网上支付全国联网，网上商城有 163 家。据 CNNC 的最新统计，招商银行的网上服务网点覆盖面涵盖了国内近 10 万上网企业的 79.02%，以及 890 万网民的 7224%，为电子商务的网上支付奠定了基础。我行底子薄、基础差，对一些新业务、新领域的拓展起步比较晚。在这种情况下，要想不被无情的市场淘汰，要想赶超别人，我们唯有发愤图强，唯有超越和创新，可以说，加快发展是我们的最佳选择。

任务压人。市里在第三次党代会上提出了"坚持科学技术是第一生产力"，坚持"发展才是硬道理"，率先基本实现现代化，努力把深圳建设成为经济实力雄厚的经济中心城市，成为我国重要的高科技产业基地和成果交易中心、金融中心和物流中心，保持国民经济持续快速健康发展。今年是我行实施第二个五年计划的第一年，根据我行中长期发展规划的要求，我们前三年的综合目标是经营管理达到上市公司的水准和要求，五年内达到国内同业先进水平，积极参与国际竞争。做好今年的工作对未来五年的发展，对实现"翻番"的目标极为重要。同时，通过我们近两年对工作的调整和巩固，迎来了发展的机遇。加快发展，走出困境，多出成绩，出好成绩，这代表了全行员工的呼声，反映了股东的要求，这也是我们未来工作的主旋律和最强音。为此，我们必须高质量地做好下一阶段的工作，没有任何偷懒退缩的理由。面对新的形势，全行各级领导干部要有高度的紧迫感、责任感，进一步转变观念，跟上形势，跟上市场。要牢牢抓住机遇，加快发展，不失时机，迎接挑战。

前不久召开的我行年中经营工作会议上明确提出：我行下半年的工作要抓住机遇，大干快上，从点滴做起，狠抓落实，全面超额完成各项经营计划，切实加强党的建设，反腐倡廉。下面我谈一下对下半年全行工作的基本要求。

（一）认真组织好经营管理工作，保持指标快速增长的发展势头，全面超额完成全年经营计划

加快科技创新步伐，尽快提高科技装备水平。下半年，重点做好网上银行技术开发和市场开发，进一步提高竞争力，为迎接加入 WTO 和新经济做准备。8 月底以前实现网上查询服务功能，逐步有计划地推出网上支付、网上转账以及其他网上银行业务。全行员工特别是各级领导要带头学习新知识，自觉接受培训，推广和宣传网上银行业务。

公司业务要继续在发展优质客户上下功夫。要着重扶持有发展潜力的高科技民营企业；发挥我行作为地方性商业银行的优势，积极参与市重点项目建设，为深圳经济发展作出自己的贡献。

大力发展个人业务。要积极研究探讨个人业务的管理、开发和营销体制，以个人资产业务为突破口，推出面向广大工薪阶层的个人授信业务、个人汽车消费按揭贷款、旅游贷款、住房装修贷款等，以此带动代收付业务、卡业务进一步发展。要保持储蓄存款的稳步增长，进一步提高储蓄存款在存款总额中所占的比重，优化存款结构。

加强资金调控，积极化解组织与运用的矛盾。当前，从规模上看，我们已进入新的高位运行状态，与以往的总量和结构相比有很大区别，必须研究存款和资金的变动规律，加强调控，防止大起大落。

加大力度做好清收及资产管理工作。今年上半年各项指标完成情况中，清收指标是唯一一项没有实现时间过半，任务过半的指标。下半年我们要继续运用依法清收、专案清收、资产营运等多种清收方式，积极组织力量打好清收攻坚战，争取对重点大户的清收工作有所突破，确保完成年度工作计划。

加强对外业务合作，建立策略联盟，为迎接中国加入世界贸易组织做准备。抓紧落实刚刚召开的"城市商业银行资金营运研讨会"和"两广及西南地区卡业务系统协作会"的精神，制订切实可行的实施方案，以优质、真诚的服务赢得同业的信赖和支持，以期达到我们初步建立一个部分城市商业银行内部资金市场，和两广及西南地区城市商业银行统一的卡业务系统的目标。

继续抓紧抓好"四大管理工程"。全成本管理、信息管理、全员目标管理、分配体制改革四大管理工程在下半年要抓出成效，必须要有阶段性成果。这四大管理工程是我行增创新优势的创新工程，对我行可持续发展具有重要意义。下半年，我们要通过富有成效的组织工作，适时对我行的资产结构、组织方式、技术状况、业务流程、劳动组合等进行调整改变，继续研究、改革二级支行管理体制，在人、财、物和政策上切切实实帮助二级支行发展，争取在明年底使二级支行存款全部达到3亿元，使我行规模再跃上一个新台阶。全力保证年底有5个支行存款过10亿元，5个支行利润超千万元，确保今年末存款总额达到160亿元，利润达到并超过3600万元。

（二）切实加强党的建设，认真贯彻"三个代表"的重要思想，凝聚队伍，带好队伍，提高队伍的综合素质

加强政治理论学习，提高各级班子及领导干部的政治素质。要把学习、贯彻、落实"三个代表"的重要思想和市第三次党代会精神摆在重要的工作日程。各级领导干部要带头讲学习、讲政治、讲正气，不断提高自身党建理论修养，增强党性观念。要结合实际，积极主动地执行党的各项方针政策，把握大局，把握方向，全体党员和领导干部要勤政廉政，广树正气，提高党组织在群众中的说服力和战斗力。面对新形势、新情况，我们要努力探索出一套适合我们思想工作的方式、方法、手段和机制，在增强时代感，加强针对性、实效性、主动性上下功夫，不断提高思想工作的感召力和渗透力。

抓好队伍建设，提高员工的综合素质。事情是人想的，事情也是人做的。抓工作首先要抓队伍，带好队伍。我们各级组织要为员工提供实现个人价值的舞台，使他们明白自己不仅是商品经济社会中的"经济人"，讲求个人利益和价值回报，同时也是社会转型期的"社会人"，只有不断提高个人素质，才能经营一份属于自己智慧富裕的人生。要通过富有成效的管理，使员工在我行的工作实践中训练、打拼、打造，进一步增强凝聚力和向心力，建设一支优秀的经理人队伍，塑造一支高素质的精英团队。

转变作风，转变思想，正确对待工作成绩。在上半年取得的成绩面前，各级班子和领导干部要自找差距，自觉克服小进则满小富则安的小农思想，防骄破满，解决盲目乐观和思想松动情绪，市场不等人，机遇不等人，站着不动肯定要跌倒。在成绩面前我们要精益求精，提倡一种末日心态，努力创新，超越自我，全面超额完成下半年的各项工作。

（三）继续探索企业文化的创建，倡导打拼与求变的氛围，造就学习型的组织和知识创新型的企业

倡导互动互信，创造信任和尊重的工作氛围。做事实际上就是做人，事业成功的基石是真诚，所以我们在全行要提倡一种真诚的工作氛围。人与人之间只有真诚才能得到相互理解，也只有真诚才能赢得相互支持，要学会不埋怨，微笑对待每一天。我们要本着公平、公正、公开

的原则，倡导一种以人为本、互信互动的理念。组织为个人的成长积极
创造条件，个人又通过自身的发展推动着组织的前进，让员工与商行同
成长。

要引导队伍保持高昂的斗志和士气，树立必胜的信念。工作要有斗
志，要有激情，激情是我们做好工作的前提和动力。要在队伍中继续倡
导拼搏精神，激励斗志，永不满足。我以前开会多次提到一句话：不怕
没经验，就怕没激情。因此，我们的两级班子要有一个非常好的精神面
貌，敢于拼搏，敢于克服困难，给我们的队伍作出样子，带领他们去
拼、去干。过去的成绩说明，我们的工作是有成效的，我们的队伍是有
战斗力的，我们应该有更充分的信心把今后的工作做好。

要做到业务创新和专业学习的有机结合。站着不动要跌倒，跑得不
快也要落后。现在是知识经济时代，谁不学习，谁不更新知识，谁就会
被市场抛弃。满足于现在，失去的是未来。我们要给员工提供学习的机
会，让他们学有所长，学有所用，不断创新，不断提高，使他们乐于学
习、乐于工作、乐于超越，在实干中长知识、长本领，不断改变自我，
适应外界形势的变化和内部发展的要求，更好地参与市场竞争，把我行
塑造成学习型的组织和知识创新型的团队。

提倡用"专业化"标准对待工作。最近国际业务部在部门内部管
理中提出了"BE PROFESSIONAL"的工作口号，要求部门全体人员
"达到专业的工作标准，塑造专业的对外形象，维持专业的行业地位"。
我觉得这个口号提得很好，可以在全行范围内推广，如果我们对待工作
都以一种专业化标准来要求的话，那么我们的管理水平、我们的服务水
平必将会有一个大的改观。

（四）坚持"五要"和"四抓"的工作指导思想，把各项工
作落到实处

坚持标准要高、要求要严、管理要细、工作要勤、作风要硬。年中
经营工作会议已经确定了我行下半年的工作思路和主要经营目标，近期
经过各经营单位对会议精神的传达，进一步统一了思想，坚定了信心。
标准要高，就是我们在下半年的经营工作中要保持能快则快的思想，决
不能在成绩面前沾沾自喜，切实全面超额完成年度各项工作任务；要求

要严，就是在工作中严格按章办事，不能应付和敷衍了事，力求做得最好；管理要细，工作布置以后，要逐项检查落实，抓好每一个环节，让全行员工都做管理的有心人；工作要勤，各级领导都要深入基层，深入一线，及时了解问题，解决问题。我们的员工在工作中也要做到嘴勤、腿勤、脑勤，及时了解客户需求，满足市场的需要；作风要硬，要敢于正视困难，迎难而上，要有一种敢啃硬骨头的精神做好下半年的各项工作。

坚持抓早、抓细、抓实、抓均衡，确保年度经营指标的全面完成。抓早，各单位要把年中经营会议精神吃透，对工作早做安排，以免最后眉毛胡子一把抓，算总账。皇岗支行在这方面走到了前面，它们对下半年的工作已经作出了全盘规划；抓细，各经营单位要把下半年的各项指标进行分解细化，明确责任，从点滴做起；抓实，要掌握好工作进度，按旬、按月、按季度做好工作的落实检查，切实做到心中有数；抓均衡，对经营和管理工作要有统筹安排，不能只抓经营，忽视管理，要做到经营和管理工作的有机结合。在各项指标的安排中，不能过分偏重某一项，要从全局着手，既抓重点，又不忽视一般，使我行经营工作进入良性发展的轨道。

坚持落实领导分工责任制。两级领导班子在今后的工作中，要做到职责分明，各司其职，各负其责，一级抓一级，层层抓落实，决不能在困难面前绕着走，遇到问题互相推诿。要通过领导分工责任制的落实，确保事事有人管，有人问，有人办，切实提高管理水平。

走自己的路　圆自己的梦

——职业生涯漫谈

> 这是一篇散文随笔，并非漫不经心的呻吟，而是在回答身处现代社会生活的每个人都要面对思索的问题。之前我在行内讲过《职业生涯靠打拼》，加工整理后的这一稿更深入更完善了，可惜一直没有正式发表。用心的人才会不断努力，设法将自己的才干提升，扮演一个别人难以替代的角色。

最近，接受两所院校的邀请，要给部分在校的本科生和研究生组织一次专题讲座。学校倒是宽宏大量，允许我自选题目，当然必须是开卷有益。讲什么？因为可讲的东西太多，什么题目里都有大文章，从理论到实际，从国外到国内，从历史到现实。真是颇费思索，倒不如命题作文来得简单。

无事之中翻开报纸，我发现版面办得越来越好，可读的东西多了，也只能是看看标题，浏览主要的意思。有篇报道说，如今大学毕业后就业不易了，由此使我联想起近年来工作中的所见所闻，于是顿时题目有了。选一个学生们必然关心的问题，就是对自己未来职业生涯的期望，对自己能力和抱负持有的期许。

促使我最后确定这次讲座题目的，一是我的主观判断认为学生们肯定关心，因而必然愿意听这方面的信息。二是主要源于两点：去年我们单位给员工确定职位时，有一位员工嫌给的位子太低，诉说中力透忧戚和冤屈；我不断地连续访问了一些在不同岗位上工作的主管和员工，通过了解他们的成长过程和想法、志向和对未来发展的愿望，的确从中可以挖掘出许许多多做人做事的道理、规律和精神。

我们不难看到周围的人和事，特别是那些与自己同年代过来的同学、朋友，也不难联想到自己曾经走过的路程，许多典型的事例犹如幕幕影像组成了动人的画面和隽永的故事。久久地回味，有的如同陈年老酒甘醇，有的似如新鲜荔枝畅甜。其中又有些许感伤，不无在动人的情节之中还有几分悲壮，过程中的泪水映湿过脸颊，有的还得付出过血的代价，为自己追寻的理想和信念甚至献出了生命。

有了主题，思路开始清晰，理出主要的观点，准备了若干案例。自己顺着路子走了一遍，似乎还偏于理性，缺乏生动具体的感召力，也很难想象听众们的反应。事到临头，我把主题定格为走自己的路，圆自己的梦——职业生涯漫谈。只是当我站在讲台上，看到自愿前来的听众们热烈的反响时，我才真正感觉到这个问题对每个人生活的意义。

肯定自己。首先必须是肯定自己，才能创造出自己的价值。记得好像是狄德罗的一句话，可以说毫无疑义地诠释了它的全部含义："只有情感，而且只有大的情感，才能使灵魂达到伟大成就。"要善于学会与自己对话，遍览心灵。这不仅仅是养生学所教导的，每日要有一段时光让大脑完全松弛随意遐想，而且是胸怀天生我才必有用的意境，用种完全放松的态度自问自答。问什么？问自己有没有追求，我的人生追求是什么。如果没有追求，为什么会没有。问自己有没有一点点朝着自己个人的归宿而努力奋斗。自我奋斗没什么不好，人人都没有自我奋斗，这个世界将是寂光无限，不妨一直问下去，从中反映体悟出独特的感受，有些可能成为终身受益的悔醒。

信心并不是与生俱来的，信心也需要塑造。美国心理学家罗森塔尔有一段著名的实验，说明了暗示的作用。主观上赋予积极乐观的想象或暗示与悲观消极的暗示或认定，往往会能动地产生相应的不同结果。生而为人，就必须有自己的誓言，要有足够的信心说自己能行。千万不可心怀我不如人的消极悲观的暗示。马太效应在此也非常清晰有力，人所拥有的事业的成功，也呈现了强者愈强，弱者愈弱的态势。没有成功的欲望，何来成功的驱动；没有成功的信心，哪有实际的行动。

有了肯定，有了信心，关键是要从每一个当下都去开始行动。对于自己规划设计出来的未来角色，不是仍然处于反复思考、犹豫不决，不是束之高阁、安养泰然，不是朝三暮四、原谅解脱。只有赶快行动起来，才能迅速缩短与目标之间的距离。只有作出贡献，才有最大成功的可能。

吴士宏在职场上是个了不起的人物，之所以不同，不是在于她与别人一样有多少发展的想法和理念，而是在于她能够脚踏实地地一步步实现。她的想法是"在××时间内，要做到××职位"，于是她在坚韧不拔地付出艰辛，到那时候理想成为现实。理解的精髓在于，"真正卓越的人生，少不了正直的生活"。因此，在一个大家都认为不可能的基础条件下，她能够作出与众不同的事业。

生命的东西最后都会枯竭，唯有精神是生生不息的。为人一世，创业是人生的最大价值所在。人生的经历就是应对一系列挑战的总和，需要一种永不言败的挑战精神，在挑战中不断否定自我、超越自我，在挑战中不断地创新。人的生理上应对异常有肾上腺素予人以超常的反应和力量，而在精神上需要自我赋予积极、乐观、平和、向上，这是一种不安于现状的躁动，是积极的动力，是健康向上的渴望。这种精神力量的转化，可以成为实现自我的途径和手段，把每一次挑战都作为创造人生价值的机会。失去生命，就可以得到生命。一个人不断地进行挑战并超越自己，就会增强巨大的责任感和使命感，就会迸发出无穷的力量去直面困难。

个人与社会联系的整个过程，个人毕生工作的各个环节的总和，构成了自己的职业生涯。因此，所谓的身份绝不是一次就可以全部得到的，而是在一生的努力中获得。个人向所服务的组织提供自己的能力和业绩，并在此过程中增长才干，得到知识，积累经验，建立人际关系；与此同时，又从组织和社会以及大众那里得到认可，获取声誉。显然，这个过程是渐进的，每一天的脚步，每一次的成功，都可以激发个人不断努力去迈到新的职业目标。中国有个零点调查公司，是袁岳先生于1992年创办的，他用了十多年的时间进行专业学习，并积累国家司法管理部门的工作经验，然后用知识分子特有的智者的眼光，用技术、平和、坚定的心愿去工作。用他自己的话说："我们花了整整三年的时间打基础，才建立起零点公司在全国市场上的信誉和业绩。"

在强调个人积极付出的同时，不要忘了职业生涯的每一次积累和成功，又都是从组织提供的经验和环境中发展出来的。玩的是心跳，耍的是牌子。许多人一旦离开他曾服务的组织，离开由组织提供的舞台，没有了聚光灯的照射和一定高度的平台，观众看不到角色，角色的魅力就不复存在了。

在这种互动互信中，双方都是赢家，各自从对方的付出中得到收益，成功以后的喜悦告诉大家还有进一步合作的可能。个人看到了组织中存在的新机会，组织体会到个人的发展意愿和能力潜质。

职业生涯的每一个过程，每一次经验，都会带来对自我能力的新认识，都会导致自己重塑个人的职业抱负。并不是个个大兵都能当上将军，因为人们对未来的把握并不完全是有主观想法就能把握，还受制于许多客观因素，但这并不应该成为舍弃理想放弃追求的理由。要善于给自己树立阶段性的目标，这样可以化大为小，化抽象为具体，使自己的追求看得见摸得着。小成就容易得到，这样就可以总是被激励的氛围环绕，就可以使自己生活在不断追求的兴奋和成功的刺激之中。阶段性的渐进给人以信心，予己以机会，调整修补生涯道路，充实膨胀职业目标。在一次次的微不足道的重塑中得到的是进步、发展、自我价值的肯定。

所谓厚积薄发，成功实际上是一种积累，最有福气的人往往是那些舍得吃亏的人。真诚是人品的珍珠玛瑙，职业生涯的基石是实在。勤快的人眼中永远有干不完的活，他们不会浮躁，心情显得非常镇定。真诚的人，实在的人，勤快的人，不会被繁杂的人际关系弄得心神游移，不会被浮光掠影的成就扰得六神无主。他们保持纯真善良的心性，无论是晨光升起还是暮日西沉，滚滚红尘中永远都可以看到衣着光鲜灿烂笑脸的职业人士，以坚定平和的心态面对通向目标的每一天。因为真诚，所以博得别人的信赖和支持，它可以感染净化每一个人的心灵。你怎么对别人，别人就怎么对待你。因为实在，所以才有一分耕耘一分收获。在聚沙成塔的过程中不断地感受痛苦，但磨难使人成熟。因为勤快，锻炼了心智和体能，又特别容易获得别人的好感。虽然勤快人常常被人使唤，但是机会和缘分也随之伴生。

事业的成功需要用心灵去拥抱，用心耕耘才能有收获回报，聪明的人首先必然是有心人。无论在什么岗位，哪怕是毫不起眼的工作，都应该用心去做得最好。总是设法在改进，把自己的聪明才智发挥出来，显示个人的才干和价值，让旁人感觉到就是不同。哪怕在别人眼中是一份枯燥的工作，也善于从中寻找乐趣，做到日新月异，从改变中找到创新。有心的人才会去寻找客户对自己的期望，并把这种要求变成自己的行动。用心的人才会不断努力，设法将自己的才干提升，扮演一个别人难以替代的角色，一个单位离不了的人。

凭借真心做事的坚韧，勤劳吃苦的精神，比别人更多的付出，这意味着就是不怕吃亏要实干，自我价值的砝码就是不断地付出。其实，每一位有成就的人何尝不是从点滴小事着手的呢？大人物的传记总是渲染其从小就有鸿鹄之志，就有过人之举，这并不符合事实。无论哪方面的大成就，都是积累的结果。当然不是简单的过程单位的算术和，有些阶段重要一些，它的加权值就应该大一些。

并不是完全不能选择自己的领导，要学会追随好的领导。好的主管给下属带来的是高标准、严要求，因为压力大，非得提高不可。跟人混日子，工作轻松但学不到东西，没有业绩败的是自己，几年过去你会发现不仅毫无长进反而被人甩在了后边。投机取巧成得了一时，成不了一世，的确没有唾手可得的利益。实干是态度问题，巧干是方法问题，两者相得益彰。以前我有个姓罗的同事，出身农民家庭，刚刚大专毕业参加工作的小伙子。小罗的最大特点就是勤奋实干，舍得吃苦，超负荷地工作，积累了丰富的素材，阅读了大量的资料，随之的结果就是自身能力和水平的迅速提高。在单位里开始显得比同时来的本科生、研究生都重要。他的成长过程中呈现了事物的规律，做得越多，见得越多，本事越大；锻炼越多，吃亏越多，能力越强。十多年过去了，小罗越来越成熟干练，在自己的职业生涯中一步一个脚印，三十多岁就走上了相当重要的领导岗位。

抱怨是成功的大敌，要想生活对你微笑，你首先得对生活微笑。不怕挫折，学会不抱怨，许多人之所以在挫败面前退却，不是因为没有勇气，而是缺乏坚定的信念。所谓成功是失败之母，就是因为有成功所以才有失败。走出失败的阴影，在调整中重新找回信心满怀的感觉。这个世界并不同情弱者，人们对沮丧气馁的眼光只是短暂的一瞥，奔发的流光不允许任何的犹豫和彷徨。不良的心理只会像粥状动脉血管阻滞血流一样，成为前进道路上的阻挡。

　　每个人面对社会面对生活都会遇到种种压力，一定要学会不抱怨。抱怨的习惯将使人生变成失败的一生，更加痛苦的一生。要将压力转化成为动力而非变成怨气、泄气或者是逃避的借口。时下有一种时尚，是抱怨连连的一种典型写照。对人不知感恩，我行我素，私欲膨胀；对己不能克制，永远正确，自大无比；对事不愿尽力，斤斤计较，唯恐吃亏；对物不愿珍惜，来得容易，去得简单。这类人特别爱抱怨，怨天不够圆，怨地不够方，怨事太多，怨钱太少，怨同事太刁，怨领导太严，他们就是不怨自己不努力，不怨自己不争气。因此，不要让周围的人觉得你是个"怨怨"。

　　不怕挫折意味着善于坚持，许多事情的成功往往在于坚持最后一下的努力，因为挺过去可能前面又是一个天。善于积累，善于总结，跌倒的时候不要空手站起来。如果在实验的665次失败时就丧失信心，就绝对不会有666粉的诞生。得到100分，还是因为有99分的基础。

　　大家已经开始感受到新世纪的职业观。由于信息技术发展的重大突破，技术正在迅速地改变人类信息交换的方式，信息传递的速度大大提高。因为核心技术的变化，传统的生产方式和生活方式开始受到广泛的冲击。不同的生产，不同的服务，不同的消费，现阶段中国经济社会的转型在技术革命的推动下，将更快地纳入国际经济合作的体系，我们不得不改变自己。对我们每个人而言，自己的职业生涯和前途命运都在受到这种变化的制约。那种追求安稳，从一而终，依赖社会，消极等待的心态已经完全不符合潮流，几十年一贯制的职业计划必然成为博物馆的收藏品。

　　在一个快速变化的时代，非传统的创新做法常常会取胜。在市场竞争的压力下，社会分工的细化和经济体制的调整为小企业的发展，为分销商、供应商、中介机构、咨询服务等提供了巨大的机会。一批批的专业人士开始走出高墙大院，活跃在独立创业的各个领域。一届届的毕业生不断萌生着实践着创业的理想。已经习惯了自由职业的人士认为安稳的职业令人感到厌倦。大企业做人，小企业做事，为小公司的创立发展作出贡献的人，往往比大公司里工作的人得到更多的工作满意度和更高的收入。

现代经济的一个显著特点就是资本的证券化，资本证券化的商业环境又为金融交易提供了无数机遇。这是一个投资技巧不断翻新衍生的领域，充满了机会，充满了诱惑。无论监管当局如何法制更新，但毕竟监管落后于市场，交易中蕴藏了丰富的盈利潜力和对应的风险。尽管金融经纪人是社会公众心存疑虑的对象，但商业交易已经离不开他们，他们必然成为个人收益最高的一族。

职业收入的来源肯定也比过去扩大了，收入多样化的后面不仅是社会分工的细化和劳动时间、劳动场合的灵活，更重要的是劳动技能和工作水平的体现。收入是倾向性地流向那些有才能，受过良好教育，有进取心和愿意创新、愿意改变、愿意管理的人。与此同时，社会仍然在增加流动人群，政府也在不断地讨论如何改善社会的救济方案。在一个技术加速创新的年代里，接受教育，知识更新，已成为职业人跟上潮流的步伐，找准自己生存发展空间的必由选择。不愿意再跟上社会生活永动机节拍的人，厌烦了学习和转换职业选择的人，意味着自己放弃竞争的自由，自愿走进落伍的行列。

不要轻言放弃，在职业生涯的艰难困苦的搏斗里有着喜悦与欢欣。敢于走进职场，善于游刃职场。永怀信心，保持激情，用自己的毅力和勤奋，终生学习，终生进取，终生提高，只有成长才更有能力应付新的经济环境。

翻身走向新希望

作为全行党员大会的工作报告，这份材料虽然出自2000年10月，但系统地回顾了银行成立以来工作的脉络，提出了未来几年的发展规划。尽管与其他材料有重复之处，但有助于了解本行历史的演进过程。众人心目中的领导要力争做长明灯、智慧海、菩提树，不断地传递福音，唤起人们的希望。

这次会议的主要任务是回顾总结我行成立五年多以来党委的主要工作，选举产生中共深圳市商业银行第一届委员会和纪律检查委员会，研究和部署新一届党委的工作任务，进一步动员和组织全行党员和全体员工，坚定信心，加快发展，为实现我行新时期的战略目标而努力奋斗。

一、过去工作的回顾

深圳市商业银行是1995年6月在接收全市16家城市信用社的基础上组建的，至今已走过了五年多的历程。从筹建到现在，行党委团结带领全行党员和全体员工，以必胜的信念和不懈的努力，顽强拼搏，战胜困难，把一个社会信誉极差，处于极其艰难境地的金融风险重点单位，成功地改造和发展成为一个生机勃勃、欣欣向荣的新型商业银行，不仅为防范和化解深圳金融风险作出了贡献，而且开创了深圳市商业银行不断成长壮大的光辉事业，展现出充满希望的未来。

五年多来，我们勇敢地承受了信用社遗留不良资产的巨大包袱，顽强地顶住了亚洲金融危机和周边地区金融风波的冲击。哪怕是在保支付最困难的时期，也丝毫没有放松改革与创新，放松基础设施的建设，放松干部和员工队伍的建设，依靠全行党员和全体员工的顽强拼搏，打破了资产质量差和发展空间狭小的两难怪圈，资产质量有了明显改善，财务状况发生实质好转，经营规模取得突破性增长。

在团结带领党员和员工不断取得经营管理成就的过程中，党的建设也得到进一步加强，党组织的政治核心作用、重大问题的决策和指导作用、对干部群众的组织领导作用和共产党员的先锋模范作用都得到了有力的表现。

这是一个来之不易的好局面，也是一个了不起的大贡献。这个成绩应该归功于市委、市政府和人民银行的正确领导，归功于我行两级班子以及全行254名共产党员和1300名员工的共同努力和辛勤的工作。在此，我谨代表深圳市商业银行党委，向全行党员、向全体员工表示热烈的祝贺和崇高的敬意！

过去的五年，全行主要抓以下几个方面的工作。

（一）牢牢把握企业的发展方向，充分发挥保证监督作用

纠偏扶正，确立依法合规、稳健经营的指导思想。信用社时期，普遍的违规经营，不仅留下了不良资产的巨大包袱，而且搞乱了人的思想。建行初期，打擦边球，搞违规经营，搞山头主义的现象仍然存在，个别支行甚至发生了严重违规经营的恶劣情况。在1997年中召开的大水坑会议上，行党委坚决、明确地提出了依法合规、稳健经营的指导思想，要求全行各项工作必须与中央有关防范和化解金融风险的方针政策保持一致。会后，行党委组织了多层次、多内容的教育学习，加大了制止违规经营的工作力度，对经营管理的多个方面进行重大调整和改革，统一和规范一级法人行为。实践证明，依法合规、稳健经营的指导思想是我们银行生存发展的基石。

狠抓查处，坚决刹住违法违纪违规经营行为。五年多来，行党委坚决贯彻中央关于打击金融犯罪的指示精神，旗帜鲜明地对违规现象给予纠正和处罚。我们共组织或参与查处2起违法违规违纪行为。其中，受到上级有关部门和本行给予各种处分的34人，有10人受到了行政撤职处分，另有7人被移送司法部门处理。

选人用人，确保正确的经营指导思想在我行的贯彻执行。近几年

来，我行逐步建立了能上能下的用人机制。通过公开招聘等形式，对干部队伍适时进行调整，把那些思想端正、人品好、业务精的干部派到最重要的岗位。实行下管一级，对干部进行定期考核，奖优罚劣。建章建制，逐步将经营管理纳入规范健康的发展轨道。几年来，我们从基本制度抓起，先后建立和完善了涵盖全行全部业务的操作规程和员工的行为规范，基本上做到了有章可循，有法可依；确立了一级法人、授权经营的管理模式，扭转了过去管理失控的局面；不断调整和完善了经营计划指标体系及相应的控制和考核办法；根据市场变化和竞争的要求，精简优化了总行内部机构设置；改进人力资源管理制度，初步建立起竞争、激励和淘汰的机制；统一财务管理体制，规范了全行费用管理等，基本形成了按制度法规管理的格局。

（二）紧紧抓住企业文化建设，充分调动全体员工"为我而战"的积极性

再造共同价值观，重塑商行企业形象。我们以前不是没有企业文化，而是主流文化不突出，没有得到全行员工的认同。在行庆三周年庆祝大会上，行党委就尊重员工、客户至上、务实求真、精兵简政、贵在行动、深入基层、除旧创新、精益求精八方面的内容，提出了企业文化建设的主题，倡导全体员工认真思考、积极参与。两年来，我们利用宣传发动、形象设计、专题报告、领导授课、培训讨论、电视报道以及编写报告集、故事集和案例集等多种形式，积极推动我行的企业文化建设。实践表明，有意识地推动企业文化建设，有利于增强员工的凝聚力，调动员工的积极性，对经营管理的发展起到了良好作用。而经营管理发展的成就，又反过来使广大员工在深层次上认同我们所倡导的价值观念。实践也证明，建设企业文化是市场经济条件下企业党组织做好思想政治工作的有效形式。

以改革和创新作为发展的主要动力。近几年来，我们始终倡导以改革和创新为核心内容的企业文化，鼓励干部员工积极参与改革和创新。我们大胆推进分配和人事制度改革，为员工创造实现自身价值的环境和条件；调整分支机构的组织架构，整合网点资源，扭转部分网点经营不力的局面；按照市场和客户的需要，把传统银行业务划分为个人业务、

公司业务、资金业务，进行了机构、人员、业务流程、资金资源的重组；完善和丰富业务品种，积极探索各自符合市场需求的业务方式；对优质客户进行深度开发，从组合客户到经营客户，成功地打开了业务拓展的空间，形成了活跃的业务创新局面。

以加强管理和技术升级作为发展的两个轮子。将信用社时期的"游击队"改造成为"正规军"，除了转变观念，还要加强管理。几年来，我们倡导管理出效益，管理从点滴做起，管理要全员参与以及争做管理的有心人等理念，在全行范围内开展了管理达标升级活动，查漏补缺，防微杜渐，改进管理工作中的薄弱环节，进一步强化了重要岗位和主要业务环节上的监控。我们还开展了"三讲两提高"活动，要求领导服务员工，总行服务支行，全行服务客户，使行风行貌发生了可喜变化。

依靠科技进步和技术升级来促进发展，是近年来工作的又一重点。在财力有限的情况下，投入巨资，不断提高科技的应用水平，为我们今后加快发展奠定了坚实基础。AS/400系统使我行柜台业务综合处理会计核算工作达到了同业的先进水平，办公自动化系统大大提高了行内的工作效率；万事顺卡，已成为我行拓展个人业务的有力武器；网上银行系统使我们在信息化的浪潮中拥有了自己的一席之地。在技术完善与发展的过程中，我们以自身业绩赢得了同业和兄弟行的尊重，跨区、跨行的技术交流正在逐步展开。

将以人为本的观念贯彻到经营管理的始终。以人为本，尊重知识，尊重人才，是我们几年来带好队伍的指导思想。我们推行了公平、公开、公正的用人原则；建立完善了基本保险制度；修订完善了员工住房贷款管理办法，先后为300多名员工发放了住房贷款；为符合条件的员工办理了调动入户手续。我们开展了优质服务勋章的评比，共授予特别奖2名、一级勋章12名、二级勋章21名、三级勋章61名，通过先进人物和先进事迹去感染人、鼓舞人、激励人。我们还积极选拔后备干部，先后发展34名入党积极分子加入党的组织。今天，以人为本的理念已开始深入人心，不少员工在思考和行动中找到了动力，在精神和物质中寻求了平衡，在协调和沟通中感受了激励，在奉献和拼搏中实现了自我价值。

（三）不断推进思想、组织、作风建设，队伍的整体综合素质明显提高

把班子建设作为队伍建设的关键。几年来，我们提出了"标准要高、要求要严、管理要细、工作要勤、作风要硬"的要求，对两级班子成员进行了以"三讲"为主要内容的思想教育，加强了培训和反腐保廉的宣传教育。我们要求领导带头，身先士卒，按照抓早、抓细、抓实、抓均衡，落实责任的原则，努力提高工作效率，提高服务水平。经过几年不懈的实际锻炼，我们两级班子在繁重的工作任务面前，顶住了压力，干出了成绩，自找苦吃，自觉锤炼，政策水平、法制观念、决策议事能力和经营管理能力都有了明显的改进和提高。

把思想教育和业务培训作为队伍建设的基础。围绕企业文化建设，行党委利用多种形式向全体员工传达党和国家金融工作的方针政策，把思想教育抓细抓实，抓出特点。定期利用行内媒体宣传先进人物和事迹，用典型引路，用事实说话，把全行员工的认识和行动统一到行党委的要求上来。组织"125"工程培训和其他专业性的培训，让员工学业务、比贡献，在学习中长知识，在工作中长本事，积极倡导"职业生涯靠打拼，我与商行共同行"，建设一支业务精通、技术熟练、善于思考、勤于行动的员工队伍。

发挥基层组织的战斗堡垒作用。几年来，我们将支部建在支行，无论组织调整还是人员调整，都及时做好支部的补选工作，始终保持健全的基层组织，贯彻落实党的各项任务。坚持正常的党日活动，按时收缴党费。坚持每年民主评议党员，展示优秀党员的示范表率作用。我们还通过党支部的作用，来领导和带动基层工会和共青团工作，通过创建"青年文明号"和争当"青年岗位能手"等活动，以点带面，争先创优。举办丰富多彩的文体活动，不断丰富员工的业余文化生活。举办多种形式的技能比赛和劳动竞赛，进一步培养全员的进取精神。通过主题鲜明的演讲比赛、扶贫支教报告会等形式，激发员工的工作热情。

建立健全廉政监督网络。我们建立了百家企业监督网，采取聘请百名社会监督员和总行派驻支行纪检监察员等形式，不断完善内外监督网

络；建立完善一整套内部监控制度，认真对待和及时处理群众来信来访和举报工作；在工作考核和评先晋级等问题上，对犯有重大违纪违规的人或单位实行一票否决。我们还利用文锦支行违规经营的案例，时常提醒，警钟长鸣。实践证明，这些措施是有效的，全体员工的风险意识，遵纪守法的观念都大大加强，全行的发案率大幅度下降，确保了一方平安。

对照发展形势的要求，我们也清醒地认识到自身存在的不足：第一，建行初期，一段时间内违规经营的行为未得到有效的制止。后续的纠正和调整为此付出了相应的代价，在一定程度上延误了本行的持续健康发展。第二，几年来，在组织推进深化改革、加强管理的工作上，与发展的要求和员工的期望还有一定的差距。对于如何调整转变思想观念，在具体实施上还没有完全到位。迫于市场压力推出的新措施多，但实施完善不足。第三，党建工作与我行的形势发展还不能完全适应，有的支部还没有把党建和经营管理工作紧密结合起来，重经营、轻管理的思想和行为仍然存在。对于上述问题，要在今后的工作中积极予以改进。

二、今后工作的任务

今后几年，党委工作的中心任务就是紧紧围绕市三次党代会提出的"到2005年左右率先基本实现现代化"的宏伟目标，全力推动我行新时期战略目标的实现。为此，党委要求各级组织和全体党员，每一个举动自始至终都要体现出中国银行业先进生产力的发展要求，贯穿我们对中国企业文化建设的追求，折射出我们为维护本行资产所有者及全体员工的根本利益和长远利益所作出的努力。这是我们基层党组织进行党建工作的根本，它集中体现了企业党组织的先进性和革命性，也是我行党委和全体党员的立党之本，力量之源。

（一）坚定信心，加快发展，实现战略发展目标

客观评价战略环境，认真寻找我行的发展契机。从外部环境看，预计未来五年，深圳市的GDP年均增长速度将保持在两位数以上，高新技术产业在深圳经济中的地位不断提高，由此，银行规模扩展的空间依

然巨大，高新技术产业将成为同业公司业务竞争的焦点。

未来五年，个人财富占整个社会财富的比重将继续提高，由此引起商业银行客户结构、业务品种、服务方式与手段等出现重大变化。个人理财业务在银行业务的地位明显提升。

未来五年，我们要面对外资银行的全面竞争，突出地反映在对客户和人才的竞争上。充分利用加入世贸组织后五年过渡期的缓冲之机，加快发展与创新，培养稳定优秀人才，全面增强竞争能力，显得尤为紧迫。

未来五年，知识经济的深化和信息技术的普及，电子技术的运用将成为未来银行业竞争的制高点。未来五年，金融改革与开放将呈现若干重要特征。人民币的自由兑换进程会明显加快；利率市场化已进入实施，将逐步建立起由市场供求决定存贷款利率水平的市场利率体系；跟随着信息技术的发展，金融创新将超乎人们的想象而层出不穷。分业经营、分业监管的制度会有所改变，商业银行的多元化经营特别是中间业务的创新将受到鼓励，投资银行业务成为兵家必争之地；商业银行的收购兼并和上市将受到政策鼓励。

市场已在迅速变化，在业务品种层面上，社会对商业银行的柜面服务会逐步降温，而创新产品与安全便捷的结算服务、高技术含量的理财服务等则会出现供给不足，这将为银行提供广阔的业务空间和创新动力。在服务方式和手段层面上，社会对银行物理网点的需求趋缓，而不受时空限制的电子服务通道需求旺盛。在服务对象层面上，大型、优质的企业客户借贷市场将呈买方市场特征，而中小企业客户的借贷市场在总体上仍保持卖方市场的特征。

国有独资商业银行的改革将加快推进，经营活力会逐步释放，仍将在同业竞争中处于主导地位；部分中小商业银行特别是区域性商业银行将通过资本运作等途径获得超常发展；外资银行将凭借其优势与中资银行展开全面竞争。在市场环境的构筑上，同业的变化肯定比我们预计的要快。市场会加速改组分化，资源的配置发生新组合。会出现强强联合的超级母舰，也会产生独具特色的小家碧玉。

从内部环境看，我行经过 1997 年、1998 年两年的调整充实，1999

年起已进入新一轮的快速成长阶段。我行的优势主要体现在：观念上，作为新兴银行，诞生于市场经济背景下，市场观念和竞争意识强；体制上，作为股份制银行，产权关系明晰，行政干预小；机制上，作为中小银行，决策层次少，管理环节少，信息沟通快，市场反应快，经营机制灵活；政策上，作为地方性银行，有地方政府的相应支持；技术上，已具备与同业水平相当的应用平台。经过五年的努力，我行在经营、管理、人才、技术等方面打下了基础，经受了磨炼，积累了经验；全行员工精神饱满、团结向上，对未来充满信心。

问题同样不容忽视：第一，市场竞争能力不够。我行客户数量不多，优质客户比例较小，尚未形成稳定的基本客户群；业务品种、服务手段等还不足以形成品牌特色；现行制度安排上还没有完全将组织结构、业务流程、人员及信息技术有机结合起来，未能形成核心竞争力。第二，包袱依然沉重，打破不良资产率高企的局面需要时日。第三，盈利能力差，收入上仍以存贷利差所产生的利息收入为主，中间业务收入太少，成本控制水平亟待提高。

还应当看到，今明两年，正值我国加入世界贸易组织前后，外资银行尚未大规模进场，同时，国有大银行尚处在调整期，对中小银行而言，这是历史给予的练好本领的难得时机。

确立战略思想，明晰发展思路。2000—2005 年我行发展的战略思想是以改革统揽全局，以创新推动发展，稳健经营，强化管理，扩大合作，超常求变，实现可持续发展。

在发展取向上，坚持质量、效益、规模并重。在资产扩充的同时，必须降低不良资产率，控制流动性风险，确保资产质量，实现利润总额与资产规模的同步增长，提高资产的收益率。

在业务创新上，积极探索多元化经营，扩大收入来源渠道。在遵守国家政策规定的前提下，大胆实践创新银行业务，为增加收入、甩掉包袱闯出一条新路。

在市场经营上，实现由"产品主导"向"客户主导"的转变，要树立经营客户的理念，实施关联营销策略，细分客户市场，开发系列产品，提供差别服务。

在技术应用上，进一步树立超前储备的观念，加大科技投入，适时提升金融电子化和信息化的管理水平，以网络银行技术转化我行网点的不足。

在对外合作上，着眼于长远和可持续发展，大力扩大对外交流合作，建立同业和关联客户网络，发展异地伙伴关系，构筑战略性的策略同盟。实现资源共享，信息共享，技术共享。在内部管理上，要建立完善符合市场化原则的体制和机制，推行全员目标管理、全成本管理和信息化管理，优化作业流程，提高营运效率。符合银行业的潮流和趋势，适应市场变化的需要，继续推进人才结构调整，培养、引进优秀人才和复合型人才，正确处理稳定与流动的关系。要加大惩治金融腐败、查处违规违纪案件的力度，把"三防一保"工作落到实处。

拟订发展目标，实施战略步骤。今后五年我行发展的战略目标是提高资产质量，增强盈利能力，扩大市场份额，实现经营集约化、管理现代化、运行信息化，建立起快速适应市场变化的经营管理体制和业务运作体系，把我行建设成为"在深圳有特色、在全国有影响"的现代化商业银行，并达到国内上市银行的监控标准。

具体指标：（1）资产总额翻一番；（2）资本充足率高于8%的监控标准；（3）不良资产率控制在15%以内；（4）资产收益率提升到0.5%。分两步实现上述目标：第一阶段（2001—2002年），力争全面达标。按照央行要求，使资本充足率达到8%，不良贷款率低于15%，消灭亏损支行，奠定企业、股东、员工三方面收益分配稳定增长的基础。第二阶段（2003—2005年），力争平均先进。要形成稳定的客户基础和多元经营的格局，建立起快速适应市场变化的经营管理体制和业务运行体系，全面完成现代化商业银行的改造，使我行达到深圳金融同业的平均先进水平，为上市准备充分条件。

（二）抓好班子，带好队伍，培养造就创新竞争的优秀人才

努力建设"团结、廉洁、开拓"的好班子。按照"团结廉洁、开拓"的标准建设好我行的两级班子，必须注重班子的科学化、制度化建设。积极探索建立支行长的任职资格标准，坚持唯贤是举，选好班长。积极创造条件，在经营管理上给予一线更多的资源配置权。研究管

理干部上岗资格标准及离岗后的安置办法，做好对两级班子的培训工作，举办中层管理干部培训班，继续做好"125"工程。改革班子的考评制度，注意考评制度中民主监督的作用，对支行班子经营管理的"能力努力、效力"进行综合评价，注意考评周期的科学设置和考评政策执行的连续性，坚决维护考评制度的严肃性。实行黄牌警告制度。对薄弱、松垮的班子要给予黄牌警告，限期整改，对整改无效的班子及时地调整改组。进一步完善激励机制，将支行班子成员的收入与支行核心指标的完成情况挂起钩来，把对"好班子""好班长"的物质和精神的奖励统一起来。严格执行党的组织生活制度，发挥民主监督、民主决策对搞好班子建设的作用。

训练培养"爱岗敬业、遵纪守法"的员工队伍。组织好学习，抓紧编制学习纲要，制定一整套我行专用的培训大纲，利用必读书、必读文件、必看电影电视片、参观图片展、听报告会等多种形式进行"爱岗敬业、遵纪守法"的教育。抓好集中培训，讲课内容贴近业务，讲案例，讲规程，讲最实帮教拓展能力弱的，使大家共同进步，尽快成长，同时协调人际关系的氛围，创造宽松、友善的工作环境。各级党组织要坚持会一课"制度，注重发挥党员的先锋模范作用，党员有义务、有责任争当各种典型人物，在帮教中展现党员的风采。

锻炼造就一批"敢于竞争、勇于创新"的业务骨干。逐步建立普遍的竞争上岗制度，按照《劳动法》建立进出、上下的顺畅通道，为人才的成长提供干事创业、施展才华的空间。推行创新激励办法，为创新活动提供充分的物质精神的支持鼓励。大力开展合理化建议活动，设立合理化建议奖，各级领导要亲自与提建议的员工谈话，听取意见。加强培训工作，制定员工自主培训的鼓励办法，对员工的自我培训行为给予支持和鼓励。积极创造条件，适时制订和启动业务骨干脱产培训计划。要加强党员发展工作，把品德优秀的业务骨干吸收到党内来，不断壮大党的组织，增强战斗力。

（三）深入倡导，循序渐进，大力推进企业文化建设

为保证战略目标的逐步实现，必须采取多种行之有效的办法使我行的核心价值观深入人心、日渐成熟，全行应付市场变化和竞争的能力应

该大大加强。

坚持以人为本，增强企业发展的凝聚力。对外以客户为中心，对内以员工为中心。积极营造一种心往一处想、劲往一处使、领导干部事事处处带好头的干事创业的氛围。增强员工工作的安全感和荣誉感，保持员工队伍相对稳定，多培养人，少解聘人，坚持"公开、公正、公平"的管理原则。拟订全行用工和基数控制计划，在合理调整分配结构的基础上，随着企业效益的增长相应增加员工的收入及福利待遇。积极创造条件，逐步完善和加强员工保险保障。建立科学的工作绩效评价体系，正确地评估员工的劳动价值。完善晋级制度，用客观合理的职位标准和公开透明的用人原则，尽量保持员工晋级的连续性和均衡性。尊重员工的个性，了解员工经营自我、实现自我的各种要求，在共同的目标下，尽力地支持员工发挥长处。探索建立企业与员工更为紧密的利益纽带，要研究员工持股的可行途径，争取各方面对员工持股计划的支持。要加强党组织对工会和共青团工作的领导，创新宣传鼓动和群众文化的形式，多方面、多层次地凝聚员工。

坚持改革创新，增强企业发展的竞争力。必须把我行当企业来办。为了在日益激烈的竞争中求得生存发展，我行不得不更多地运用市场经济的惯常做法，打破既得利益的格局。不变是相对的，变是绝对的。根据市场变化的要求适时调整组织架构，使机构的设置更加科学、精简，使其对市场的变化更加敏感，反应更加快捷、有效。简化业务流程，要发动全体员工共同参与对业务流程的全面梳理工作，保持业务流程的合理简化。同时，逐步改进完善授权制度，给予各单位、各岗位以充分的授权。推行分配体制改革，使收入基本反映劳动力的市场价格，尽量客观反映员工贡献的程度。逐步推行岗位工资制度，逐步实现收入高低主要由职级决定过渡到由职级、岗位和贡献共同决定。坚持人员组合调整，多增素质，少增人。要在保持员工的总数计划控制的前提下，坚持必要的流动，实行有进有出。用拓展市场的经验和精力，去做人才引进的工作。重视创新组织保障、培训落实和宣传推广工作。要闯出扩大收入的新路子，继续提高资金业务特别是外汇资金业务的盈利能力，研究扩大中间业务收入的办法，在清收业务中大胆探索资本运营的道路。扩大对外联合，按照互利互惠、优势互补的原则，积极寻求与其他银行、证券公司、保险公司等金融同业建立战略同盟关系，不断增强我行的实力。

坚持强化管理，增强企业发展的生命力。提倡精简、高效、务实的工作作风，两级班子，特别是各单位的首长必须身体力行。组织管理攻关，以达标升级为主线，今后每年都应推行全行性改进管理的课题，让全体员工共同参与研究解决。通过不断的改进提高，使我行在今后几年内争取达到国际化标准的管理水平。保持管理链条的完整性，对于重大的管理改革举措，要列入标准化的工作内容落实到岗位职责。建立实施总行职能部门对支行工作指导检查的年度工作标准。监控工作必须到位，稽核监督不留死角，党的各级组织要有效发挥监督保障和战斗堡垒作用，努力使全行在今后五年再次闯过"反腐保廉"这一关。

新世纪已经向我们走来，困难和机遇并存，拼搏才有成功的希望。我们必须坚持长远打算，胸怀未来奋斗目标，脚踏实地地一步一步实现自己的理想。有广大党员，有一支能打硬仗的员工队伍，我们对未来充满信心。党委号召全体党员带头学习，带头实践，团结一致，开拓进取，真抓实干，加快发展，为实现新时期的战略目标而努力奋斗。

·2001 年·

因为成功　所以失败

> 如果按专题顺序排列，这篇文章会作为本文集的开篇首选。因为它汇总提炼了全书各篇思绪的精华。按时间顺序，这是2001年1月在年度工作会上的讲话。自上一年开始，我们已经完全摆脱了被动挣扎的局面，存疑之风一扫而空，晦暗之气荡然无存，巨大的能量开始热烈地迸发出来。此时需要的是清醒，因而提示全行，企业最大的敌人就是昨天的成功，为了成功必须永远从零开始。

现在的要求越来越高，希望每次的讲话都要有新思想、新内容，因此我讲话前感到有压力。这次发言，我思考用一个"因为成功　所以失败"的题目给大家讲讲。需要申明的是，这个话题不是我的发明，只是想用这个题义来讲讲我们当前的境遇，谈谈我个人对成功与失败的看法。

一、不幸的企业都有相似的结局，而成功的企业都各有各的成功

托尔斯泰有一句名言，幸福的家庭有着相同的幸福，不幸的家庭则各有各的不幸。在这里套用了这句话，即不幸的企业都有相似的不幸，而成功的企业却各有各的成功。不幸的企业都有相似的结局，不外乎是关门、倒闭、垮台、走人。而成功的企业都各有各的成功，因为行业不一样、产品不一样、客户对象不一样、做的生意不一样，影响大小不一样，所以成功的途径、角度大小、产业、性质等都不尽相同，它们的成功各具千秋，尽显各自的辉煌。人活着，其实不是件容易的事。活着本身就是件痛苦的事情，因为保持机体的健康意味着新陈代谢的正常循环，意味着心理和生理的平衡协调。然而，在遗传因素和外在环境的影响和作用下，大自然各种细菌、病毒会不断地侵蚀机体，各种社会诱惑、烦恼会持续地侵蚀心灵。如果抵抗力不强，平衡不了、协调不了，肌体运转就必然发生毛病，于是疾病乘虚而入，严重的时候生命就会遭到终止。因此，人活着并不是件容易事。同样的道理，企业犹如人生，企业在这世上活着也不容易。企业的资源配置得恰当，在动态的整合中能够应对不断变化的市场的冲击，资金在周而复始的循环中能得到保值增值，才能自在地活着。但很多企业活得并不自在，最终被市场抛弃。

我们从那些失败的企业身上可以看到，实际上就是因为它们有过辉煌、有过成功。失败其实是因为曾经成功。在企业界因为成功而导致失败的例子不胜枚举。第一个例子是珠海的巨人集团，民营高科技企业，从计算机的软件硬件开始做起，赚了钱以后，实行跨行业经营，向各个领域投资，结果陷入了债务危机。巨人集团在珠海投资的集团大厦因为负债累累盖不下去，企业最后被拖垮了。

第二个例子是四川的长虹电视，名气很大。前几年，长虹电视曾经极度辉煌，一度占有全国彩电市场份额的40%。长虹电视率先实施降价策略，在全国铺天盖地地进行价格大战。这并不是技术、花色品种上的竞争，而是在同一个市场在同一种品种上打价格战，这种低水平的恶性竞争，导致目前行业性的亏损，长虹电视由于没有在鼎盛的时候推出技术的更新和新品种的开发栽了跟头。

第三个例子是崇光百货的兴衰。大家知道，崇光百货现在破产了。崇光百货的扩张曾经是势如破竹，在整个日本、韩国、东南亚等地的百货业中尽显风头。公司原来做投资业务，以后进入崇光百货，在这个行业一直干了几十年。采取的是"滚雪球"的策略，即一个新公司开业后，就拿这个公司去银行抵押、融资，再去开下一家公司。这么不断的开办，使崇光百货很快地发展起来。于是小岛广雄成为成功的化身，他的任何决策在公司内部都是不可置疑的。当百货业市场开始发生变化的时候，掌门人的观念已经落后，于是崇光百货无以应付，互相关联的债务链，像多米诺骨牌一样，一下子连环倒塌。

曾几何时，山东的"三株药业"和广东的"爱多VCD"，也是铺天盖地地做广告，十分引人注目，但它们只风光了几年，已成为过眼烟云。

为什么这些企业都陷入困境，其实就是因为它们曾经有过一度的辉煌，有过它们曾经的成功。有了成功，故步自封；有了业绩，自以为是；有了资本，趾高气昂；有了门槛，高枕无忧，总之，都是因为"有了"，于是心气高了，口气大了，眼眶肿了，于是企业的当家人开始盲目决策、盲目投资、盲目生产，企业内部的管理层居功自傲，开始要位子、要票子、要车子，争级别、争待遇、争荣誉，于是越来越难商量了。如此这般，企业能够继续生死图存吗？

企业最大的敌人就是昨天的成功，特别是企业的领导层，因为有了成功而沾沾自喜，沉浸在对成功的美好回忆之中，觉得现在是该得意一下的时候了，成功的喜悦会滋生毒素并麻痹健康的机体。企业的领导层会懒于去做一些企业发展战略方面的展望，也懒于去处理一些难于处理的业务和关系，不愿意去涉足自己地盘以外的机会，也不愿像过去那么发奋图强，那么身心投入去打天下，那么费尽心思地争取点滴的进步。他们会更乐于听取上下的肯定和左右的赞扬，对必须精心打理的工作干脆不看、不听、不说、不做，以致企业失去了思维、没有了行动、没有了创新。如果企业高层一旦发生这样的想法，经营管理出现这么一种现象以后，很多事情就开始拖延、推诿，当这种"疾病"、这种"企业病"产生并蔓延的时候，就是这些企业真正走到末日的时候。长虹彩电曾经决策收购当时全国的主要彩管厂的彩管，试图控制原材料，以乘机独占市场。为什么会发生这种市场潜在性分析的错误呢？这是因为长虹一直干得很顺利、很风光。军品转民品，从无到有，扩大了生产，市场份额三分天下有其一，长虹的天下是咱们打下来的。于是开始自以为是，以为做的每件事都是对的。虽然业内不少人有过劝告，但这时的长虹，已经听不进去意见，结果企业发生了逆转。

二、我们成功了吗？我们有过挫折，有过成功，会失败吗？

毫无疑问，我们曾经有过挫折。那么我们现在成功了吗？我们还会不会发生失败呢？我觉得，到了今天，我们行成立了五年多的时间，反思一下五年走过的历程，保持一个清醒的头脑，在此时显得非常的关键、非常的必要。可以说，自己跟自己比，已经有了很大的成功，不应该漠视这种成功，不应该看不到这种成功，事实就是事实。我原来说过这样一句话，商业银行是先天不足后天失调。在过去走过的路上，我们一度有过挫折。但是，这几年，靠智慧、靠努力，我们把这个局面调整过来了，今天的大好局面是大家辛辛苦苦干出来的。自己与自己比，的确有了很大的成功。所以在相当部分的员工里边，大家确实有一定的成就感，这一点，从大家的言谈举止中可以看出来。但如果我们与别人比，与全国91家城市商业银行中的先进比，跟深圳的同业相比，跟未来发展的趋势和面临的市场环境比，大家比一比、想一想、看一看，我们有什么值得骄傲的呢？我们是否应该保持一个清醒的头脑呢？自己与自己比，有了很大的成功，因而拥有成就感；自己与别人比，还有很长的路要走，似乎必须扬鞭奋蹄。

因为成功，多了几分欣喜；高兴一下、鼓励一下，使大家怀有更高的激情，去争取更大的成功，就很有必要。又因为害怕失败，添了几分忧愁。担心大家会故步自封，自以为是，担心从此不思进取，失去活力。谁不害怕失败？我本人就害怕失败，没有人喜欢失败，谁都愿意成功，谁都愿意自己和自己所在的单位事业辉煌，并且每年都有大的发展。谁都不愿意自己的事业遭到挫折，也不愿意自己所服务的企业遭受挫折，毕竟个人的利益寓于其中，毕竟单位是自己事业的发展支柱，企业好了个人也好，这是大家都想看到的，所以谁也不想失败。刚才王行长讲了很多，对去年取得的工作成绩给予了充分的肯定，对今年的工作应该怎么看、怎么干，都说了他的意见，这些意见集中了大家的智慧，经过班子的讨论以后出台的。在这里，我只想说明以下几个观点。

其实成功与失败只是区别于评判的标准，切不可葬身在思维定式的坟墓里。不要拿一些东西来蒙住自己的眼睛，不要拿一些固定的想法限制自己的思路。层次的局限只能造成认识的局限，井底之蛙不可能知道天有多大，低层次认为是成功的东西高层次会认为是失败，这是由于大家站的角度不一样的缘故。一个只能跳一米三高度的人，倘若跳过一米三五，势必觉得自己有了非常成功的感觉；而一个能跳一米六的人，跳了一米五，他肯定垂头丧气。因为在过去走过的路途上，我们一度有过挫折。但是这几年靠智慧和努力，我们把这个局面调整过来了，今天的大好局面是辛辛苦苦干出来的。我们与别人所处的水平不一样，层面不一样，感受也就不一样。

经营者的真正成功绝不在于完成计划，而是追求企业的社会平均价值，尽量让企业的价值逼近市场的价值。规模是衡量网点是否成功的一个标准，过去不敢想象，我们一个网点当年的存款能干到两亿元，而且董仕奇一个二级支行就达到了7亿元，今年他们的努力目标是10亿元。试问一下，前些年谁敢这么想？谁敢这么说？上步支行在1999年的时候存款规模过了10亿元，当时大家很兴奋。可现在上步支行的一个二级支行就想干10亿元了。这就是在不同的层面上，不同的思维方式上，看问题不一样了，结果当然也不一样。所以，什么叫成功，什么叫失败，这只是一种标准。相对于成功而言，有些事情是失败的，相对于失败而言，有些事情是成功的。

我们干事业必须有长远和根本的考虑和打算，如果企业的领导人对待经营管理只是短期的想法、短期的打算，这样对待事业是极度不负责的，企业会毁在他们手里。一个追求短、平、快的企业，寿命必然也是短、平、快。短、平、快留下的结果，就是这些年在改革开放的过程中，我们尽收眼底的某些企业的"潮涨潮落"，极大地破坏了社会生产力，造成了人、财、物的浪费，损失的是社会共有的利益。短、平、快的理念与我们行的根本利益格格不入，我们应坚决摒弃。首先在指导思想上大家就不要这样去想问题。所谓干一年算一年，在具体操作上，也不要陷入这样一条路子，为了短期的业绩不惜牺牲长期的利益，挖地三尺，吃光分尽。我们商业银行必须要有长远的打算，追求的是可持续发展。我们的管理层必须注意，关键在于各级领导不要出了问题，只是把注意力集中在别人身上，而忘记了自己很可能就是问题的根源。

思维定式导致判断的失误和价值取向的偏差。盐田支行存款超过两亿元的时候，我曾经发过一封贺信，里边集中谈了思维定式的问题。今天，我再讲个"公安局局长是谁"的故事来说说思维定式有多么厉害。

说的是一位公安局局长和一个老棋友正在茶馆里下棋，突然一个小孩跑了进来，急急忙忙地对公安局局长说"快去、快去，你爸爸和我爸爸在那边吵架了"。故事要求大家判断，公安局局长和这个小孩是什么关系？正确的答案，公安局局长是小孩的妈妈。但实验结果表明，只有2%的人答对了。这是因为在大多数人的思维定式中通常认为公安局局长是男性，在茶馆里边下棋的一般也应该是男性。这个例子说明思维定式会误导人们的判断标准，使价值的取向发生偏差。因此，成功人士在一定程度上取得成功后，并不会自动站到新的平台上去评估，比较而言究竟自己的是属于成功的还是失败的，误以为以前的方法可以解决现在的问题，甚至可以解决将来的问题，认为自己永远都是正确的，也以为自己生存的环境永远是一个常态，不会发生任何变化。这些人忽视了"改变"每时每刻都会发生，而且"改变"会给我们带来一些新的机会。我在这里大声疾呼，我行未来的发展一定要打破现有的思维定式，不要认为我们行就应该是个什么样。世间从来没有什么神话，人间没有什么不能创造的奇迹，操作任何事情时，不要先拿一些框框来限制自己的判断。作为一个企业组织，我行每年必须制订经营计划，但大家不能让计划蒙住自己的眼睛，限制了自己的创造发挥。人外有人，天外有天，人定胜天就是打破思维定式的创造性思维的论断。

请大家记住一个事实，这个世上，只有不赚钱的企业，没有不赚钱的行业。现在的问题已经不再是干与不干那么简单，关键在于怎么想、怎么干。打破思维定式，失败中有成功，成功了也会失败。

成功与失败往往就在于一念之差。悉尼奥运会的乒乓球男单决赛，打满了五局，比赛充满了悬念，最后孔令辉三比二险胜了瑞典名将瓦尔德内尔。当时孔令辉在精神和思想上的压力是非常大的，他是代表国家出征的，对他个人而言，是一个非常大的荣誉，教练、队友对他抱有很大的期望，都希望他能把这场球打赢。如果他思想包袱甩不开，没有一种敢拼、敢赢、敢搏的态势，他这个球赢不了，所以成功与失败往往就在一念之差。如果尚未开战，自己首先认为自己不行了，自己首先否定自己，这个事情就没得干了。

悲哀不在于没有达到目标，而在于没有目标。我讲一个商人与土匪的故事来说明强弱转化的启示。一个商人出门去经商，遇到土匪打劫，慌乱中跑进山洞，土匪最后追上了商人。一阵棍棒之后，土匪掳走了商人的钱财，拿起商人的火把，就急急忙忙寻找洞口去了。山洞非常深，漆黑一片，土匪拿着火把跌跌撞撞，东寻西找，但怎么也找不到洞口，火把熄灭了，土匪最后力竭而死。商人此时万念俱灰，想着怎么也出不去了。后来冷静下来，他靠着自己尚存一息的生存愿望，鼓励自己想方设法走出山洞。没有了火把，反而使他有了耐心，他渐渐地适应了山洞的黑暗，凭借微弱的光感，跟随空气的流动，终于摸索着走出了山洞。什么是强？什么是弱？其实是可以转化的。

　　如果不知道自己将驶向的码头，那么任何风向都是不顺的。我在《职业生涯靠打拼》一文中，曾讲过有些人碰到什么就抱怨什么，老是埋怨环境，就是不埋怨自己。这些人不知道自己要到哪里去，风来了跟风，雨来了淋雨，对他们来说，什么风向都不对路子。再看看我们行的情况，有的支行干得很成功，有的支行不成功，许多事情都是一念之差，但结果却是天壤之别。为了说明问题，请允许我把支行极端地分成两类：一类称为高绩效支行，另一类称为低绩效支行。高绩效的支行人气高涨，有卓越的领导，有眼光、有毅力，队伍具有创业精神，有高度的责任感，讲求速度和效率。反观低绩效支行，它们的目标不清晰，缺乏追求，对自己软约束，工作架构紊乱，整个流程松散，对内对外的沟通十分欠缺，激励氛围明显不足。

三、职业经理人的专业精神就是永不言败

　　我们追求成功，首先要追求职业经理人的专业精神，即永不言败的精神。什么是专业精神？我这里借用国际业务部总经理冷文广对专业精神的表述："达到专业的工作标准，塑造专业的对外形象，维持专业的行业地位。"

　　还有其他的表述方法，如必须具有良好的职业操守、良好的职业素质、良好的业绩、良好的工作态度，十分善于与他人合作，崇尚团队精神，有创新意识与自我经营的意识等。我想具有专业精神的人应该是：尽本职，勤努力；沟通好，有创意；帮助人，守信誉；讲时效，有激

情。大家在现实生活中不妨观察一下周围的人，每个单位都有这样的人，凡是干得好的单位，一般有一批这样的人。

还有一种归纳方法：作为一个具有专业精神的人应该在他的人生态度上、人的价值观念取向上、在本人的能力和性格方面，都应该与没有专业精神的人不一样。华强支行就用一种专业精神创造了自己个人业务上的品牌。目前虽然还不敢说这个品牌有多响，但它们在潜意识里就是想去创造自己的品牌。想了才能琢磨着干、干了才能有成果。经过去年一年的努力，华强个人业务部取得了一定的成功，它们把人家需要 7 天工作日的流程缩短为 1 天、起草了 15 份工作所需要的表格，找有关单位合作开发了相应的软件，缩短了工作流程，加快了工作的效率，最后赢得了客户，把这块业务发展了起来，现在其业务量已占到全深圳当年的汽车按揭的 16%。因此，靠简单的打拼不能解决全部的问题，关键还要有一种专业精神，这样才能真正取得成功。

国际部的团队就是追求专业精神，它们的专业精神造就了严谨、高效的工作局面，国际结算在保证质量，人员没有多少增加的前提下，翻了几番。如果简单地把团队精神表述成如何加班加点，就很难使人信服。因此，这里面必定有深层次的东西。

专业精神里边还有一条我觉得值得大家推崇，那就是管理者把事情做对，领导者做对的事情。年末一期《经理人》杂志上有一篇短文，我借用作者的一句话供大家学习："让你的服务对象感觉你是一个负责任的值得信赖的管理者，让你的管理对象感觉到你是一个热心的可以信赖的服务者。"这句话我觉得提炼得非常好。管理本身就是一种服务，你是给别人提供服务的，人家找你，是信赖你，可以解决问题，觉得你热心，觉得你够专业，可以帮助他。只有凭着非常高度的专业精神才能扮演管理者和服务者的角色。

发现什么问题，不是首先想应该派给谁去解决，而是想我该怎么解决。做管理做服务的人都应该有这样的意识。油瓶子倒了大家都去把它扶起来。国际著名的跨国公司——美国国际商业机器公司总裁曾讲过一个故事，有一个孩子得了一条新裤子，心情非常好，虽然裤子长了，但他急于穿上身。于是，他把裤子递给奶奶，让奶奶帮他改，奶奶说忙，让他去找妈妈，于是，孩子又去找妈妈，妈妈做家务不得空，让他去找姐姐。刚巧他姐姐约会的时间到了，就让弟弟等她回来再说。孩子心中非常不情愿，抱着还不知道明天能否穿上新裤子的心情进入了梦乡。等孩子睡了，奶奶才腾出手给孩子改裤子。过了一会儿，妈妈也有时间了，拿过奶奶改过的裤子，又改了一次。姐姐约会回家，惦记着这事，把弟弟的裤子再改了一次。这裤子孩子还能穿吗？我们的内部管理有没有这样的问题呢？要么大家都来管，要么大家都不管。人人参与管理，人人善于管理，这样才能使我们的管理有条不紊。

每个人都可能成功或失败。并不是人生来就只能干什么，每个人都具有适应不同工作的潜力。关键是你怎么对待工作，怎么对待自己。从企业来说，必须加强绩效管理，绩效管理的基本要求就是把那些始终达不到企业要求的员工淘汰掉，但前提是给每个人提供公平、足够的机会，同时加强指导和给予相应的培训，使每个人都尝试并学会，而且真正具备专业精神。一个没有专业精神的人是企业不需要的人，因为不是他自己憋死，就是别人被他拖死。

办企业，择人任事只能用一个标准，只能依据事实。对企业而言，应倾力于人才的培养和队伍的建设，向员工提供全方位沟通的渠道和全员参与的管理平台；对员工个人而言，以职业的敏感经营自己，培养勤学苦干的习惯，比别人更注重细节，比别人更努力。一直以来都有一种说法，某人只能适应某种岗位，张三只能干什么，李四只适合做什么，这个人太内向做不了那件事情。实际上，不同风格的人，都能从事相同的工作，关键看你善不善于改变自己，敢不敢去挖掘自己的潜能。作为企业，要给员工提供这种机会，作为员工，要把握住这种机会，要挖掘自己的潜力。

四、品德是成功之本

什么样的人才能最后成功，答案是有德的人。良好的品德就是先人后己。常言道，德才兼备，实际上，走到最终，最主要发挥作用的还是"品德"。我所接触到的企业界人士一致认为：有多高的品格，有多大的胸怀，才能做多大的企业。孜孜以求中渗透了品性的力量，励精图治里折射着人格的魅力。

南山支行屈俐同志讲过一句很朴实的话，"我们干银行的，靠的是踏踏实实的工作作风，靠的是从点点滴滴做起"。

在总结会计部的团队精神时，有一副对联表达它们无情的管理、有情的服务。上联是，"以身作则，同甘共苦确实吃尽工作之苦"；下联是，"严以律己，不谋私利确实守财劳而无利"；横批是，"甘为苦行僧"。

在这次市里企事业单位好班子的评选大会上，我用以下几句话，总结了我们行领导班子建设方面的体会。第一句话，"受人之托，忠人之事"。市委、市政府既然相信我们，把这个担子交给了我们，我们也应承了这件事，那我们应该不辜负委托，义无反顾地把这件事情干好。第二句话，"受得起委屈，经得住磨难"。不管做大事，做小事，只要想做成点事，就要经得住磨难还得受得起委屈。第三句话，"做老实人，说老实话，办老实事"。老老实实是追求长远的根本之道，老实人终究不会吃亏。

请大家记住，真正要做事，要成功，品德是成功之本。我们做企业，择人任事也是想让企业长治久安，让企业文化得以延续。我们挑选的人、使用的人，也要与我们这个观点符合，要品德第一。

越有资本，越觉得无底，所以必须要有励精图治的精神。如果说我们与原来的我们相比，有一点成绩，那请现在把它放在一边，毕竟跟全国的先进比，跟同业比，跟未来市场竞争的环境比，我们还有好多事要做，我们没有任何值得骄傲的地方，没有任何偷安的本钱。我们且把自己当成一个小学生，刚刚入道，还是从零开始。

目前银行业比较难做，不仅竞争激烈，大家都在分割这仅有的市场，而且业务比较单一，取得的利差收入无法弥补由于社会信誉缺乏和制度性的缺陷而造成的坏账。众所周知，国际上先进的银行坏账率可以维持在2%以下，甚至1%以下。但是现在我们相差太远，由于负债业务和资产业务风险的不对称，没有力量每年安排大量的坏账拨备来用于核销，而且随着时间的推移，一年一年地转账，坏账积累越来越大，目前银行业本身缺乏发展补偿的机制。所以有人说，不做是死，做也是死。不做是死，因为天上不可能掉馅饼，不做等于拱手让出份额，没有了市场份额，只有等死；反过来，做也是死，因为做得越多，错的可能越多，坏账的积累也就越多。我们主观上要求安全回收所有的贷款，但客观上，没有人敢说也没有哪一个行做到放出去的贷款一笔不坏的，这是不符合辩证法的。但是，只有勇敢去面对，努力去扩大市场份额，做了才能在前进中博得转机，毕竟这个市场是变化的，关键就在于变化。银行业存在的问题最后肯定有出路。有市场经济的存在，就有银行的运行，银行业必须生存发展，这是事物的客观规律。所以我们必须鼓足干劲，充满信心，勇敢地迎接困难，去扩大我们的市场份额，在做中求得生存。

事实上，我们还可以从经营客户中转移、降低、分散风险，积极地从高风险中突围。我有个理念，不一定对。两个零点五相乘，结果等于零点二五。不同主体和概念的重组结合会产生新的结果，生活中我们会发现大量的这种例子。如果孤立地看单一的项目和客户，风险很大，什么也不能做。但是，从多角度去组织风险的结合，这里面可能就蕴藏了许多的转机。把项目做成后，客户的风险降低了，我们的风险也降低了。从事风险的经营，成功更要从零开始，只要我们怀着这样一种积极的心态，我们就有了一半的成功。

以不休为体，以日新为道，为了不败，追求永远的卓越。这是春风路支行的李志华送给我们的一句话。当然，这不是他的发明，但用在这个地方非常好。唯体唯道，要永远向前，永远拼搏，每日追求创新，太阳升起来都是有光彩的，这就是我们的体，我们的道，我们的根本，我们的追求。永不言休，追求永远的卓越，才能做到不败。我们要不断地去追求，不断地去超越、不断地去前进。现在的机会实际上并不比过去少，只是市场的门槛比过去垫高了，没有真本事，不下苦功夫，机会就是自动晃上了门你也许都不认识，也许会擦肩而过。

真正的挑战不是要面对可能失败的压力，这个项目可能做不成，或这个月任务没有完成，或在星期一例行的晨会上没法向领导交代，等等，这是一种压力。但真正的挑战不在这，而是要把注意力始终集中在竞争的兴奋点上面。保持我们的注意力集中，保持我们的战斗力不衰减，保持我们的精神面貌在市场的压力下一直持续高涨。为了不败，为了成功，只有比别人起得早，干得多，学得快，干得巧。

五、真正的成功是全面成功

当今这个世界可以说是物欲横流。在越来越现实的世界里，充满理想和热情的企业精神和人生态度越发显得珍贵可爱。在我们商业银行，很多人不计得失、不计报酬，把全部的身心投入我们企业的建设中来，这种精神非常宝贵，他们正在用一种纯粹的精神动力保持着自己的斗志。我们应该追求的是全面成功。

企业的全面成功是经济效益、社会责任和人才培养的全面提升。要保持全面的成功，第一，要有一个核心价值观。这种价值观是维系股东、政府、客户、员工关系的纽带，四个方面扮演的角色不一样，利益不一样，动机、愿望都有差异，而企业必须要处理好这几者关系。所谓"真诚服务社会、追求可持续发展"，虽然只有两句话，但已经很紧密地把各种关系糅合在了一起。真正的企业家，是有高度社会理想和责任感的先进分子，真正的企业是把客户作为衣食父母的，真正的企业是要维护股东的根本利益的，真正的企业又是以人为本、能够充分为员工的生存发展创造提供机会提供条件的，这是我们的核心价值观。

第二，保持全面的成功必须要有核心竞争力，即始终保持一种不可替代的能力。可能别人有的东西我们不一定有，但我们具备的东西是不可替代的。大家回顾一下，去年在深圳的市场上，我们行的市场份额有所突破、有所增长，我们有什么别人不能替代的能力，打出了一番天地？我给大家出个题目，大家去分析、去研究，即去年一年，究竟是什么一种不可替代的能力使我们行的业绩有这么大的增长，使我们行在这个市场份额中有所扩大。

第三，保持全面成功还要靠机制，这种机制从本质上具备自动纠错自动择优的功能、它能探索出什么问题，促使人们改进管理，能够使资源优化组合，按照它的指导可以达到我们企业追求的目标。机制非常重要，不是靠人管人，而是靠机制管人。一时一事上有所成功的企业，不一定同时具备以上竞争条件，但是全面成功的企业肯定在这三个方面面面俱到并独具特色。大家记住，成功的企业永远善待市场和客户，因为市场是企业收入的来源，客户是企业生存的衣食父母；适应了市场自然财源滚滚，迎合了客户就可以生存发展。个人的全面成功是既做事又做人，是事业有成、家庭幸福和身体健康的完满和谐。个人的全面成功是在做好人的同时，才能做好事。既有理想，又十分执着；既有抱负，又有责任感。所谓执着于理想，责任于抱负，我愿大家做一个全面成功的人，事业有成，身心愉快，能适应市场竞争的打拼，家庭幸福，有一个良好的生活环境，子女能接受好的教育。

作家贾平凹在一篇描述阅读唐诗时心境油然升华的散文里写道："空山是一种胸襟，'新雨'是一种态度，'天气'是一种环境，'晚来'是瞬时的境遇。"我十分赞赏做人应该具有这种超然平实的态度。

英国维珍集团的总裁布莱森，是国际上极富传奇色彩的著名企业家。他的理念就是，"我喜欢挑战，喜欢探索自己的极限，我喜欢征服从未被征服的领域"。布莱森的企业做得很好，身价非常高，但他却天性喜欢挑战，甘冒生命危险，喜欢乘热气球旅行、喜欢到大海进行跨洲的航行。

最近我在一本杂志上看到一段话语，记不得是谁写的。"再大的风雨也不后退，有多累让我和你背，再大的伤悲要去面对，有多苦我也愿意跟随。"这一段话的内涵和寓意十分切合我的心境。无论是做人还是做事，无论是经营工作还是经营家庭，我们都可以从中汲取精神的素养。

没有人可以同时踏入两条河流，拿得起、放得下才是自在人生的应有态度。日常生活中，我们会碰到各种不尽如人意的事，经常接触到不遂心愿的各种人，怎么办？怨天尤人只会于事无补、气急伤身。需要的是豁达、从容，遇到各种情况能沉得住气，拿得起、放得下、看得远、想得开。当然，话说得容易，事到临头并不是每个人都能坦然面对。我用这些话与大家共勉，凡事要做到拿得起、放得下。

最后，用一段诗句结束我今天的讲话。"叶散的时候，明白欢聚；花谢的日子，知道青春。"人都有老的时候，前面说过，一个人一生，活着本身就不是件容易的事，但我们还要愉快的活着。一个企业在这市面上打拼，只有不断用心去追求成功才能避免失败。我们要更加努力地去做，真诚地面对每一天。

改革与发展关键在领导

> 每个周一都有行领导碰头会，2001 年初的一次周会上，针对即将推行的改革措施，我与到会的各位行领导交心谈心，希望大家顾全大局，坚持改革与发展的主调，关键在于领导层的团结一心。大家在一起共事，再苦再累都无所谓，最怕的是心累，怕的是心不齐、意不合、气不顺。

今年想要推行的改革与发展方面的工作，在经营工作会议上都做了部署。目前正在进行的车辆管理和分配体系方面的改革，应该本着积极慎重的态度抓好抓实。

第一，改革和发展是工作的主调，是根本，是生存之道。要有计划、有步骤地推进。改革是手段，发展是目的，出于长远利益考虑，我们要对经营管理中不合理的、有弊端的环节下决心逐步进行调整。为了追求可持续的长远生存发展，必须慎重、坚决地处理好每一件事，要治就治根本。我们不是头脑发热，而是不改革发展不了，不发展就不能获得长远的生存。

我和王骥行长的责任比在座的各位都要重：我们可以有两种做法：一是短期打算，吃光分尽，到处抹油，然后自己找地方走人；二是做长远打算，对经营管理中的问题下气力去调整，从措施到行动，从观念到想法，都围绕今后的生存和发展。因此，今年整个改革工作需要不断地注重再动员、再认识、再提高，统一思想认识，统一到有利于生产力的发展，统一到代表先进生产力的方向上来。按"三个代表""三个有利于"的要求，按市委、市政府的指示要求，实实在在地做好工作。

第二，改革与发展需要放弃与自我否定。领导要勇于自我否定，有所放弃。改革涉及个人的利益，作为领导集团，左右着这个行。可以说，行兴靠我们，行衰是我们，领导集团必须因势利导、顺势而为，绝不能因为个人认识的偏差或某些情结因素，影响、延误了行的发展机遇。说好了要做的就去做，要推的得去推。

我们要克服两个情结：一要克服自我情结。领导也是人，我们这些人也是有个人利益的，当个人利益与集体利益、短期利益与长远利益冲突时，尽管放弃和否定是困难的，但也需要自我否定、放弃；二要克服自恋情结。对于自己曾经花大力气做过的事，随着认识提高和形势变化需要加以更改甚至否定的，要勇于认错，重新定义调整。每个人都认为自己说过的话，做过的决定是正确的，不愿意看到被人否定，其实是不愿自我否定。有些人说当领导的经常变，其实是随着时间的推移，外界的各种条件在不断改变，这就要求我们去改变。当领导的说话固然要深思熟虑民主决策，但不能要求领导不跟形势不做改变。同时我们应该勇于认错，善于听取不同意见。

我们领导层还需要转变两个习惯，以适应我行作为市场经济环境下股份制商业银行的角色定位。我们这些人比较长的时间在计划经济时期的国有企业和党政部门工作，从思想观念到工作习惯都留下了过去的烙印，用这些东西来指导当前的工作是要误事的。因此，一要转变在计划体制下国有企业的工作习惯；二要转变在党政部门机关的工作习惯，管理必须贴近市场，注重调整、学习市场经济的惯例。

第三，改革和发展要抓主要问题和主要矛盾，要学会改变。改革势必造成对现有既得利益的调整，其实道理十分浅显，大家都懂，但一碰到既得利益就难以理智。因此，改革一定有难度，需要做解释说服工作。改革是为了发展，发展是为了获得更多利益，因此我们做的一切都是为了根本和长远。下了决心，还要认真筹划、精心操作，注重动员、解释和疏导。领导的作用很重要，班子团结一致，就有战斗力和影响力。我们被评为好班子，就是公认为我们有能力去解决自身存在的问题。过去几年的每一点发展与进步都是领导班子自觉行动的结果。能不能坚持改革与发展的主调，能不能在改革与发展上有所作为，关键在于我们这个领导集团。员工们和基层领导对于我们领导班子的态度是十分敏感的，我们应该保持一个声音，为人师表，共同进退。善于去疏导、有心去疏导、积极去疏导，让改革与发展的工作得到员工的认同和支持，使管理更科学、更规范，切实解决问题。

以上是我个人的看法，也是对大家提出的要求。

规范权力运作　搭建治理结构

> 根据纪检监察部门的要求，我起草了这份有关决策管理的总结，回顾了几年来权力规范运作的做法和体会。慎用权力其实很大程度上是因为决策是件痛苦的事情，自认为天衣无缝的事，实际上总是绝对不完美。做人要有好心眼，运用权力的领导必须要有好心眼，求长远、求根本，为的是众生，了的是心愿。

能否积极、审慎地运用权力进行科学规范决策，是市场经济条件下企业生存发展的关键。几年来，在防范和化解金融风险、大力拓展市场、积极发展各项业务、竭力营造商业银行品牌的历程中，我们紧紧围绕经营目标，对决策权力规范运作进行了有益的探索，发挥了权力的作用，增强了企业的凝聚力，形成了催人奋进的干事环境，有力地推动了全行各项工作的开展。实践使我们深刻地体会到，权力的规范运作是解放生产力的金钥匙，是调动积极性的催化剂，是提高决策质量的基础，是维护班子权威和团结的前提，是勤政廉政的必由之路。

把握权力的规范运作我们主要从以下几个方面着手：

第一，正确把握权力的本质。小企业做事，直线职能式的管理，靠能人治理；大企业做人，矩阵协作式的管理，必须用制度、理念、价值观等来决策事务、统率员工。作为企业的领导人，必须过好权力关，以公心为大，以事业为重，以廉明为纲。领导人的权威并不表现在一时一事的说话算数上，而是要着力建立一套现代企业的治理运行机制。一份权力其实就是一份责任，一次决策就应该有一次收获。为了慎权用权，班子积极倡导追求人生的境界、为政的风范和职业的品德，从而为行政权力的规范运作奠定思想基础。

第二，始终发挥制度的作用。我们这届班子，十分重视建立制度和执行制度，先后建立健全和调整完善了授权经营的管理模式、经营指标体系及考核办法，在内部形成了竞争、激励和淘汰的机制，统一了人事和财务管理，形成了制度管理、规章约束的格局。领导干部身体力行，坚持标准，和全行员工执行统一的政策，在费用开支方面，严格执行既定的标准，不建"特区"，不搞特殊，为制度的执行起了表率作用。

第三，刻意制衡独裁的决策。针对银行业的特点，为了避免出现权力高度集中、暗箱操作等弊端，我们在全行有关资源分配的重大问题上，决策实行委员会制，规定决策的方式和程序，从根本上消除个人独裁的可能性。如信贷审批委员会、大额开支审批委员会、资产负债管理委员会、考试考核委员会、行政处罚委员会等，成员都是由分管领导和专业人士担任，他们按照现定的工作格局和程序议事决策，一个人不可能通过拍脑袋临时拍板。作为金融企业，面对手中掌握的较之其他企业更多的资源，我们的主要领导只有权说"不"却无权说"行"。如贷款，审贷会由 A、B 两组委员轮流出席，采用无记名投票方式表决，保证了审贷的独立性。行长对审贷委员会签批的贷款只有提起复议和否决的权力，没有决定权。董事长作为法人代表，在制度设计上就规定了不具体参与任何一个委员会，而是站在具体业务的管理和操作之外，从全行战略目标和经营方向上，把握时机，控制节奏，审视决策，监督运行。

第四，认真坚持"三公"原则。我们认为权力的使用必须体现公平、公正、公开的原则，这样才能将监督寓于决策的事前、事中、事后的每一个环节，实行"阳光操作"。首先通过周一例会的通报形式，领导班子充分沟通情况，交流思想，汇报工作，布置检查，并将会议纪要行文下发，做到行务公开。其次，主要领导和分管领导保持经常沟通，充分研究讨论经营管理中的问题。董事长与行长分工不分家，在紧密的联系中，保持对要事要务的信息共享，以保证决策时信息对称，谋求共识。对于涉及聘人、投资、贷款、采购、开支等一系列资源运用问题，分设"财权"和"事权"。一是行领导作为财务活动的最终决策者，重点审查财务支付行为的节约性、合法性、有效性，而具体业务活动则由职能部门操作完成。二是对行将出台有关人、财、物的重要事项，多层面反复讨论，征求意见。三是对重大支出项目，严格按照招投标的规定进行公开招标。四是进人由考试考核委员会组织公开笔试、面试，集体投票决定是否录用；用人则坚持考能考绩的原则，民主集中，分级决策。

几年来，在权力运用规范决策的探索中，我们有以下几点体会。

第一，以科学的态度认识权力。如今，一拍脑门就是个好主意的时代已不复存在，人类正进入知识经济时代，讲求科学、不断创新已成为权力规范运用的主流；市场竞争日趋成熟，竞争已逐渐演变为一种深沉、稳健的较量，这种较量，耗的是企业的实力，拼的是内功，斗的是睿智，比的是权力运用的能力。要求决策者对事物反应敏感，对问题认识深透，对工作富有创见，追求的是权力运用的最大效益。无私才能无畏，只有出于公心，才能将每一项工作都处于公开监督之下，这样既对权力起到了有效的约束，又可以在群体参加的过程中，为科学的决策积累丰富的素材和依据，有利于决策的成功有效。

第二，以专业的精神对待权力。任何制度，任何方法，都必须靠人们有意识地去推行，靠有较好素质的人员去贯彻。现代企业的管理必须具有职业经理人的良好心态，避虚务实。我们从事的是特种行业，有其固有的特点和内在的规律，应严格按照专业标准来策划和配置权力的运行轨迹，来不得半点含糊。如果抛开规律操作权力，甚至操纵权力，那么再好的制度和方法也会流于形式。

第三，以严谨的作风实施权力。设定决策目标是权力运用的前提，决策必须服从目标。目标的设定、方案的选择都应符合实际。抉择的最优方案是权力运用过程中最核心最关键的一步，需要一丝不苟的态度和现代化的手段。在收集可靠信息资料的基础上，以价值标准、优化标准、时效标准作出准确的分析判断，真正做到兴利除弊、化弊为利，减少由于决策不当造成的失误。

第四，集体决策不应成为逃避责任的防空洞。决策意味着责任，因此有的领导者在实践中恐惧权力，甚至远离权力，怕承担责任。集体决策一旦失误，将无人承担责任。所以，一个成熟的、理性的领导，应具有多谋善断的意识和承担责任的勇气，当断则断，坦然面对。

第五，分散决策不应成为贻误时机的绊脚石。企业犹如军队，市场就是战场，行情瞬息万变，赢得竞争全靠机遇，因此有的决策要当机立断。而分散型的民主决策，过程相对较长，常常会发生贻误时机的情况。在分散型的民主决策过程中，领导并不是无所作为，但领导"引导"决策会出现两种不好的结果：一是正确的想法不被集体决策所接纳；二是错误的主张被集体决策所认可。显然，这两种情况都误事。因此，领导需要具备判断和纠正失误的魄力和能力，善于抓住时机，善于拯救失误。

不这么做就把他轰下台

> 彻悟里感召，极致中寻乐。我在 2001 年 3 月召开的全行清收工作会上提出，要在激发众人信心的时候，敢于叫板，把自己逼向极致。企业的管理者守仁知耻才会对企业充满爱心，才会将成功的欲望变成一次又一次的现实，而私己取巧又怎么能够同心同德举案齐眉呢？

集中清收这件工作从开始酝酿到作出决定，到实施盘点移交，到今天签字，可划分为三个阶段。酝酿决策是第一阶段，搭架子、选人。划分资产并移交是第二阶段。第三阶段是对今后工作进行构思、策划，把明确责任的协议签下来。应该讲，工作是卓有成效的，抓得非常紧、考虑得比较周全。大家在各自的岗位上忘我地劳动，体现了商行的风貌，体现了不怕疲劳，连续作战的精神。

说实在的，这是一个很大的工程，走到这一步不容易。行领导多次研究，要求一步一步地推进，抓实抓好。我们也非常体恤大家，到今天这一步确实是付出辛勤劳动的结果。王行长不在家，我代表行领导对涉及这项工作的所有同事、战斗在不同岗位上的员工表示慰问与感谢。

今天我利用这个场合讲两个问题。

第一，在改革中发展，在调整中前进。

我们这几年做的工作，实际上是在不断地进行调整，从指导思想、组织体系、人员结构、业务品种、技术网络、营业网点等方面，到这一次把不良资产集中清收管理，都是围绕着“如何使我行走出困境、谋求新的发展”这个中心。事实证明，没有调整就没有发展。

我 1997 年 4 月来行工作的时候，有人跟我说：“你怎么这么傻，在财政部门工作多好，来这儿干吗？"为什么他这么说呢？因为对这个行没有信心。接下来的一年里不少人离开了，他们认为这个行没有希望了，注定是要关门的，所以不如早点走人。当时的局面不调整就没有出路。如同打仗一样，要冲锋、要突围，要想办法突破封锁线，突破困境。我们所采取的措施，就是刚才说的进行一系列的改革和调整。在这个过程里，大家从一开始的不理解或抵触，到逐步理解并接受，到后来大多数人理解、支持。在改革和调整中一步步地看到了希望，看到了前景，树立了信心，工作干劲也越来越大。

1997 年和 1998 年困难的时候，相当一部分人对我们行还是抱有信心的，他们用辩证的眼光看待问题，既看到困难的一面，也看到事业的方向有希望的一面。他们务实工作，通过艰苦、卓绝的努力打开了局面，重新树立形象，从而越来越有信心。

把全行不良资产集中起来管理，是这几年来反复酝酿的事情，之所以迟迟不能下决心是因为有种种的原因。去年底做这个决策，是水到渠成的结果，是方方面面条件成熟促成的，是大家在这几年发展中形成共识以后形成的。崔军同志能够站出来主动要求扛这个大旗，是很有勇气的，是顾全大局的，是从全局角度和利益出发的，得到了大家一致认可。行里反复研究，从作出决策到现在 3 个月的工作来看，这一步是对的。无论怎么样来估计也不会高估对集中清收不良资产这件事的意义和作用，我们相信通过这一年、两年、三年的努力，这件事情的结果会反过来进一步证实这样做是对的。

这几年的改革、调整也是付出了代价的。改革就是调整人、财、物的既得利益。之所以说有代价，是因为思想观念跟不上，跟不上改革调整的需要，自觉不自觉地产生各种阻力，发生各种思想观念上的冲突，发生工作中的摩擦。代价还体现在不理解，尤其是涉及人的调整。几年来，我行组织结构和人员结构调整变动是很大的，部门从 21 个缩减到 15 个，支行从 18 家调整到 13 家。从表面看，队伍是压缩了，但队伍更精干了，资源使用更有效率，互相协作更顺畅了。一部分人从原来的领导岗位上下来了，新的一批人走上工作岗位，过程里面有上有下，每年干部的调整大家感觉到有力度。我们加强了考核，加强了管理，从事前、事中、事后每个环节加强对工作的规范与指导。我们对人的选择一向都是非常谨慎的，这几年一直坚持这一点，对感觉到有蛛丝马迹问题的，都时刻保持密切的关注。对一些造成问题或感觉靠不住的人我们不敢用。通过考核或是对发现问题的处理，把一些人免掉了，站在行领导班子的角度这是对工作的负责。当然每项人事调整不可能大家都知道是什么原因，因此有些不理解也是正常的。但领导班子的责任就是要把好关，用好人，带好队伍，才能保证推动资产质量的提高与资产规模的扩大。我们做银行的思想品德应放在第一位。无论讲德能勤绩，或者德才兼备，品德都是第一位的。尤其是金融行业从业人员，如果才能很大，品德不好，那么造成的损失肯定也越大。我觉得领导层最重要的责任是把我们的队伍调整好，而这也是这几年推动我们行通过调整得以逐步翻身的最重要因素。今后，我们还要坚持这样做，提拔任用那些德才兼备的、品德好、思想好，能够促进业务发展与资产质量改善的人才，优化队伍的结构。

改革开放前，银行这个行业，说事业不是事业，说企业不是企业，说机关不是机关，是个"三不像"。当时银行是财政的出纳，是宏观经济运行的机器，盈亏损失都在一口大锅里。国家在10年前提出要实行商业银行改革，一批股份制商业银行建立成长起来了。最近，戴相龙行长在讲话中明确指出，股份制商业银行改革是卓有成效的，国有商业银行要逐步向股份制商业银行发展道路上转变。加上国家表示允许民营与私人参与办银行，都预示着将来对银行的政策会越来越放开，混业经营也是一个趋势。我们必须把银行当成企业来办，适应市场的变化。企业与市场就像鱼和大海的关系，大海有晴空万里的时候，也有波涛汹涌的时候。鱼也好、船也好，要生存就必须适应海里的波动和变化，我们的调整就不可避免。反过来看，如果我们像传统银行那样一条路走到黑，对体制、资源的使用不做调整，员工按照既定的模式搞平均主义、大锅饭，这样看起来是很稳定，但不是社会主义市场经济的做法。这些年所有的人都得益于改革开放，我们的银行没赚多少钱，但是股东和政府都相当厚待我们。每一步改革、每一次调整，都有少数人或个别人利益受到冲击。但不能因为少数人就误了大多数人的利益，该改的还要改、该调的还要调，必须坚持把指导思想定位于企业，按市场规律办事。今天我在这个岗位上，最大的职责就是去做好应该做的事情，否则你们就应该把我轰下去。如果当领导的没有做好该做的事情，就会耽误这个单位的事，耽误大家的事。

第二，树立新目标，攀登新高峰。

在这里我不是想给大家搞什么新的口号，搞什么高不可攀的东西。经过公示程序以后，市委常委会确定我们行当选为全市十个好班子之列。这标志着我们行的历史翻过了重要的一页。我跟王行长这样谈过，我在班子会上也谈过，现在我跟你们大家还是这样谈。为什么我们要争取这项荣誉？因为这对于我们行的发展是非常具有帮助的。前些年我们行是什么样的形象啊？社会上都在议论这个行什么时候关门，大家也没有信心。银行这样差的信誉与形象怎么能生存、发展下去呢？1998年新大楼因为要修改设计，施工进度停滞，市面上有种种议论，认为我们没有资金继续施工，当时不可能做什么解释。到1999年初我们的楼竖起来了，而且就在繁华的交通路口上，总行搬进新大楼办公，整个行的形象发生了很大转变。再加上当时综合业务系统的全面上线、卡业务的全面推广，这三件事有力地改善了形象，提高了社会影响力。这一次参加"好班子"评比，也是想抓住这个契机，向全市市民做一个有力的、无形的广告形象宣传，增强各界对我们行的信心。5月要召开股东大会，每股红利虽然不多，但也是对三年来未分红的一个交代，因此今年必须分红。这两件事要向外界展示，我们的银行是有希望的、是值得信赖的、是有长远发展前途的，这对整个行的业务发展将是极有力的促进与推动。

因此，大家应该看到"好班子"的荣誉是我们全体员工的光荣，绝不是行领导班子的，而是大家的荣誉。对事业的发展具有重要意义，集体的荣誉要由我们共同来分享与维护。

现在，我们可以自豪地说，我们不比谁差。人民银行原来将我们行列为全市重点监管对象，去年已经摘掉了这个帽子，因为流动性大大改善，不良率大大下降。三年时间一年一步，所有的变化就是在座的这些人干出来的。别人对我们的信心，要靠自己的努力去争取回来。可怕的不是别人，而是怕自己看不起自己，可怕的是自己臭自己。各级领导都要做该做的事情，无所作为或乱作为，就是对这个企业不负责任，对不起社会，对不起股东，对不起员工。所以我再重申一遍，荣誉属于大家，需要大家的共同维护，要为荣誉而战。

去年底召开党员大会，党委进行换届。我们银行党委是干什么的呢？企业不是政权机构，党委在企业中起的是保证监督作用。党组织应该把党员的积极性调动起来，给全体员工做模范的榜样，发挥先锋作用，推动经营任务的完成。公司法赋予经营者的职责和权限，由经营班子认真履行。

现在有些人对于搞好国有企业缺乏信心，但也有人举例说，新加坡的国企也有不少搞得很好的。根本的一条不要忽略了，新加坡的国企按市场机制在运行。经营者从市场聘用，通过竞争机制选拔产生经理人，当然也按市场标准确定薪酬待遇，更是依据法律法规严格使用和监督，责权利的关系非常清晰。

行里干部的选拔使用，有意见反映说某某人提拔太快了，其实在企业发展需要用人的时候，品德好、有业绩的人当然就会迅速得到使用，不能搞论资排辈这些老一套的东西，否则会误大家的事。还有一种反映，说每年到年底的时候中层干部人心惶惶，小道消息满天飞，因为又要调整人头了。马上董事会要换届了，我自己也"人心惶惶"（掌声）。我认为这时候个人的心里一定要定，要坦然面对市场优胜劣汰的规律。如果不按市场规律办事，不去设法提高个人和集体的竞争力，最终就维护不了投资者的利益，维护不了大家的利益，做领导的就必须做好应该做的事。为什么说不要人心惶惶，心要定呢？老老实实做事，勤勤恳恳工作，肯学习、有水平、有业绩的人谁都要用，你怕什么呢？再说人都是要老的，这是自然规律。只有永远的员工，没有永远的老总，谁都不可以在一个位子上永远做下去。市场规律发展就是要有退出机制的，根据市场选择作出变化、调整，即使现在机制不健全，但未来5年、8年以后就一定是这样的。因此，大家的眼睛要往前看，在座的很多人还很年轻，要加强学习、勤奋工作，努力提高自己职业生涯中的个人价值。我们的网点将来还要增加，事业必然会做大，机会越来越多。人到一定的年龄或一定的阶段，是要从现有岗位上退下来，把位子让给更优秀、更年轻的人，这是自然规律。每个人都应当珍惜现在，努力工作，用工作绩效去丰富与延长自己的职业生涯，而那些业绩不好，努力不够的人当然会被淘汰。

谈到新的目标，去年在大会上公布了五年规划，描述了一个基本的框架。即便目前不确定的因素还有很多，但我们对未来还是提出要在五年规划期末达到上市银行标准，力争成为上市公司的目标。话是好说，难在如何去做。今年换届以后新一届董事会和经营班子也需要一个新的奋斗目标。要进一步完善法人治理结构，加强董事会对经营班子的考核力度，对经营班子要提出三年的任期目标。

可以先简单算个账，目前对上市银行有这样 3 个硬指标：资本充足率高于 8%，不良贷款率低于 12%，资本利润率高于 10%。假设我们用 3 年时间打基础，第四年做好相应准备工作，申报上市辅导，那么第五年就有希望实现目标。暂且不论机会怎样，先静态地做一个测算。

第一，分析不良贷款率。去年末的数字是 28%，今年计划降到 24% 以下，力争达到 20%。如果我们严格控制新增不良贷款的余额，贷款在目前 120 亿元基础上参照去年增长 30 亿元这么一个势头，那么年末不良贷款率就可以降到 20%。后年还是把不良贷款余额锁定在一定范围，贷款增加 50 亿元达到 200 亿元，那么不良贷款率可降到 15%。2003 年贷款规模增加到 250 亿元，就可以实现 12% 的目标了。当然，实现起来压力是非常大的，但如果想都不敢想，就肯定做不到。来看一下宝安支行的情况，宝安支行 7 年间经过麦汉鑫、陆生明两任行长，目前的不良贷款率只有 2.6%。我觉得这对我们行的贡献是它的典型示范效应，说明人在人为可以做到，也代表了银行发展的方向。这样的不良贷款率指标在全市乃至全国都是优秀的。尽管支行的规模不大，但每年都保证了 1000 多万元利润。不说全部，如果我们全行有一半的支行能像宝安这样，那我们的日子就好过得多，睡着了都可以笑醒（笑声）。请在座的支行行长们都回去好好思考一下，尝试去做个三年的打算，排出自己的奋斗目标。要相信我们的用人政策，对于有成绩有能力的，绝不会也不愿老做调整，希望大家有长期打算。

第二，分析资本利润率。我们16亿元资本金，10%就是要实现1.6亿元利润。说实在的，我们行目前已经从盈亏平衡的瓶颈中完全走出来了，我们收支结构打平，依靠新增业务带来利润增长有很大空间。新增二三十亿元贷款就可以实现五六千万元的利润。去年我们实现了3000万元利润，今年目标是5000万元，我个人看法，超过这个数应该不成问题，而明后年良性循环下去，实现1.6亿元的利润也是水到渠成。

第三，在资本充足率计算上，也想过多种办法，通过减少风险资产、实施增资扩股等手段去实现8%的目标。目前有外资和券商与我们联系入股的事宜，这说明由于情况不断好转，引起了外界投资人的关注。我们也希望今年能推出员工持股与经营者持股方案，让员工都成为股东，让经营者收益风险与经营业绩紧密结合起来，这也是适应国际惯例和国企改革趋势和要求的。

未来三年新一届董事会和经营班子要有新的奋斗目标，希望在座的各位支持、配合经营班子的工作，把行里的事当作自己的事来办。有了信心，有了决心，要相信事在人为。现在的条件远没有前两年困难和艰苦，我年初的讲话《因为成功 所以失败》，就是担心大家松劲，对未来不清楚，失去目标，产生厌倦厌战情绪。我今天特别提出要求，希望大家要不断追求，不能躺在成绩簿上自满，要永不言休、永不满足，树立新目标、追求新突破。这是对大家的期望与要求，也是下一届班子应该有的态度。谁在台上不这么做，你们大家可以把他轰下台。

搭好班子要唱大戏

> 随着局面进一步好转，我行 2001 年转入了新的发展平台。在全行创建好班子的动员会上，我再次强调班子建设的必要性。企业有个好班子是事业的福祉，是经理人的运气，是员工的幸事。只有行业和所有制的不同，市场既残酷又公平，对谁都不会另眼相待，只认可那些精明强壮的企业班子的经营管理。

这个话题好像显得有点俗气，这是戏曲界的语言。有了舞台，得有班子，班子要登台，登台就要唱戏。我在这里是借以说明想要说的问题。在座的都有自己的舞台。当然不是个人的舞台，而是一个团队的舞台。一个支行也好，一个部门也好，作为一个班子，在行里给你们提供的这个舞台上，你们要唱好戏，扮演好自己的角色，要唱出活生生的大戏。

一、创建好班子的目的是有所追求

号召大家创建好班子，不创建行不行？创建的目的实际上是追求高的标准和严格的要求。事实上，不用这个形式和载体，大家也在工作，每天也要上班，要带队创业，要完成指标、完成任务。但是没有创建的要求，就很难达到高的标准，严的要求，就不会有主动追求的意识，不会有跳起来摸高的愿望。按照市委要求实施创建好班子的工作，本身就是树标准、提要求，就是通过这种方式训练队伍培养人才。通过这种形式，开展有效的领导与管理，实现组织目标。

我们需要的人才培养就是造就一批能够适应市场变化的职业经理人。职业经理人必须具备一些基本要求。

首先，要有战略的思维和创新的激情。所谓战略的思维就是不能只看到眼皮底下的一点点事，做了今天不管明天，做了今年不管明年。或者只顾本支行、本部门的事，不顾全行、全局的事情。作为一名管理者，应该有战略的思维，清楚自己的责任，明了自己的使命，能用战略的眼光看问题，时刻对周围的环境、形势、条件进行客观的分析和判断，思考未来几年要把自己手头的工作做到什么程度。同时，还要有一种不断创新的欲望和激情，解决事业上面临着的难题。如果停留在以不变应万变的状态上，只能落伍，被不断变化着的世界所淘汰。

其次，职业经理人应该有诚信的品德和严谨的作风。大家应该都有体会，不论是学校的课堂教育还是工作的在职教育，获得知识和技能并不困难。但判断一个人、聘用一个人，我们首选的东西是什么呢？是这个人的操作技能？是他的某一方面专业知识？还是这个人诚实可靠的品德？选来选去大家还是会把品德的东西放在第一位，诚信应该是考虑的第一条件。每个人的作风各异，行事的做派不同，有人这样好，有人那样行，有人雷厉风行，有人稳稳当当，但不管怎样，是否严谨，是否认真，是否求实，是否讲信誉，是否说话算数，是否说到做到，才是是否选任的关键因素和考察指标。有了诚信才能有严谨的作风。光说大话不干事，说漂亮话干糟糕事，这样的人应该被淘汰。

最后，职业经理人要有宽容的态度和合作的精神。随着人类生产组织形式的深化和生产力的发展，整个经营环境越来越复杂，管理者所要处理问题的难度也越来越大，人们更加讲究相互之间的沟通与合作。客观环境要求人们要用宽容的态度对待组织，对待同事，对待上级，对待同级，对待下级，对待周围的一切。只有这样大家才能成为一种合作的模式，共同为一个目标想办法，克服困难，解决矛盾。如果大家都强调自己的东西，都强调自己的重要，都用主观的色彩来对待具体的问题，那就没有商量的余地，更不可能搭建起来一种具有合作和团队精神的企业管理氛围，从而背离组织目标。

二、创建好班子首先要树立责任感和使命感

创建好班子首先要树立一种责任感和使命感。大家作为好班子活动

的参与者，要扪心自问，要回答，我们是干什么的？责任是什么？使命是什么？为了说明问题，我把与此有关的心态列出来四条，供大家思考，也可以对号入座。

第一种情况，"立志攀高峰、争先恐后"。这种类型的领导者，不管把他放什么工作岗位上，他都是干得最漂亮的。这种人的心态是发誓一定要在给予的位子上干好，而且要干得比别人还好，他从不相信自己会比别人差，生怕落在别人之后。这是一种志向，是一种志气。我觉得这种境界是最高的境界。

第二种情况，"干事兴业"。这种类型的管理者认为既然组织信任，把自己放到这个位子上，就应该好好干。不是来偷懒的，是来干事的，而且要通过自己的努力产生业绩，所谓干事兴业就是这个道理。如果事业在自己的手上不仅没有发展，反而不如原来，这就谈不上兴业。使事业发展了兴旺了，这就是干事业。

第三种情况，"不在人前也不落人后，凡事随大流"。这种人的潜意识是大家往前走，我也往前走，不管怎么样，深圳经济发展每年都有百分之十几的增长，自己不在人前也不落人后，只要随着大流往前就可以了。这种人没有动力，没有风帆，随波逐浪。

第四种情况，"打发日子混口饭"。这种类型的人认为，人解决生存的需要，首先得有工作拿一份工资，养家糊口。到单位有个位子，混个收入，满足生活的基本需要，满足劳动力的简单再生产。

以上四种情况勾画了管理者的基本心态。我们两级班子的干部，是否清楚我们的责任感、使命感是什么？是否清楚自己班子的历史使命？我们应该问自己四个问题：

第一，误了自己的事情没有？大千世界，竞争激烈，人人求发展，自己是否应该有一个发展，至少一年应该比一年强吧。自己的事干得如何，漂亮不漂亮，自己的职业生涯的规划是什么？要图什么发展？

第二，误了大家的事情没有？作为基层领导，手下管理几十号人。几十人的兴衰和发展与自己相关，自己做得怎么样？如果单位发展很有生气，大家必然心情舒畅，情绪高涨。反之就会误了大家的前程。

第三，误了委托人的事情没有？作为支行的负责人，是受总行班子重托的，总行每年下达指标，希望支行的经营管理有好的业绩。那你得问自己，是否误了委托人的事？所谓"受人之托忠人之事"就是讲这个道理，这是做人最起码的诚信。要么开始就不要承诺，要么就忠心耿耿不负人托。

第四，误了企业的事吗？作为一家银行，我们是一级法人，但实行的是分级经营，由一个个分支的营业机构组成。分支机构好，总行就好。小河没有水，大河的水从哪里来？作为总行的班子，我们也要问自己，误了深圳金融发展和金融安全的事没有？作为支行班子，就应该问自己，误了全行的事没有？

通过两个方面八个问题，大家是否想清楚了自己的责任是什么？自己的使命是什么？没有责任，没有使命，我们干事情就没有目标，就只能混着过。在这里，我再提出企业领导人的三个"是什么"，请大家讨论。

第一，最苦恼的是什么？不同的人有不同的答复，不同的人有不同的理解。我个人的理解是，譬如作为支行长，可能最苦恼的是，带着几十个人的队伍，下面的人是否与自己有共同的理念，是否有共同的语言。自己的想法是今年完成利润 1000 万元，但下面的人认为干 100 万元就可以了。你认为对待客户应坚持长远的观点，手下的人认为有一单做一单就行，以后的事不用管。你要坚持培训，其他人认为多此一举。这就叫理念不合。你的目标与员工的认识有距离，难以达成共识，作为支行长，这可能是最苦恼的事。

第二，对于企业领导人，最重要的是什么？是人而不是财和物。路线正确了，没有人可以变为有人，没有枪可以变为有枪，没有政权可以夺取政权。同样道理，搞企业不是看你有多少货币资产，看你有多少可用的实物资产，而是看你本人是否是一个勇往直前的创业者，没有资产可以创造出来，没有资金可以挣出来，没有"立足之地"可以"打"出来。在座的支行长们是否有这样的体会，接手支行时首先关心的是，队伍是什么样的队伍，人员是一帮什么样的人员。队伍好，自然就有信心。队伍不行，一盘散沙，缺少共同语言，做事别别扭扭，你肯定会心凉几分。

可见最重要的东西是组织不是经营。企业的中心是经营，但实现经营的是组织。我理解的组织是一个实体的形式，在把"组织"当成动词理解的时候，这个"组织"就成了一种经营的行为，是一个经营的过程。

思想其实比机制更重要。机制是制定的规章制度和方法，大家对靠"机制管人"已达成了共识，这是不容置疑的。但思想是机制的基础，思想的东西是永恒的。随着时间的变化、历史的进展，思想也在不断地升华。

无形比有形重要。企业精神不是虚无缥缈的。文化至上，有什么样的文化，有什么样的思想，有什么样的经营理念，就有什么样的经营结果。无形的东西看不见、摸不着，但它是企业的灵魂。

第三，企业领导人最主要应该做什么？作为一名管理者，最主要的是两点，一是择人，重点是选择那些有诚信的人。我希望大家在选择手下的干部时，应坚持这个标准。最近下发了夏生龙的任命，被聘任为总行营业部总经理助理。这个问题在去年12月就提出了，拖延至今是因为要按照一定的规则进行考察和了解，听取群众的反映，考察本人的业绩，了解本人的素质条件等。牵扯的问题主要是一单承兑汇票的失误，钱没有按期收回来，营业部为此垫了款，总行要追究责任。夏生龙在这个问题上的责任是什么？这个问题到底出在什么地方？通过几个月的甄别，也反映了我们选人的标准和态度。如果被使用的人搞以权谋私，对企业的事业不负责任，对公共财产不负责，对股东利益不负责，这样选人的结果是非常可怕的。我们过去出现的问题，说到底是人为的因素造成的。所以，在用人的问题上，一定要慎之又慎，要选择有诚信的人，这是一级组织最重要的工作。

二是当领导的还要学会造势，为企业发展创造环境和机会。我曾经讲过，市里这次评选好班子，有一条规则，就是先让各单位自报。作为党委书记、董事长，我说不上报这事也就过去了。为什么主张上报，是因为考虑到需要这个无形资产，当然我们也有一定的把握。最终的结果如愿以偿。这与我行这几年的工作业绩与市里对我行这几年的工作肯定是分不开的。评为好班子，为我行的发展争得了一份无形资产，这份资产属于全行，要倍加珍惜爱护。

机会是人创造的，经济有涨有落，经济波动也有一定的规律可循，企业随宏观经济的波动而发展。作为企业领导人，要静观默察，等待时机。大势不好时要集中精力把内部的事情做好，待大势好转，机会来临，就要把握机会乘势而上。

三、创建好班子要有实实在在的奋斗目标

总行已经有了明确的奋斗目标。去年底党委换届，在全行的党员大会上，公布了未来五年发展的战略设想。今年董事会和经营班子也要换届，会议要明确包括今年在内的未来三年我行的经营目标，要把五年的战略设想具体化。

顺应这种态势，我们要求各分支机构必须建立各自的三年目标体系。各支行、各部门要有长远打算，要有三年目标。首先，经营的措施是什么？按照人平均点的方法来计算，是全行先进？还是平均先进？或者是自甘末流？其次，管理措施是什么？管理上要达到什么程度？有什么想法和说法？

同时，组织建设要促进和保证目标的实现。现行的组织结构和营业分支机构在三年内要保持相对的稳定。深圳银行同业目前的模式，有建行的扁平化管理模式，即全行的所有网点都直接面对分行；有中行、工行、农行等的管辖行模式，实行分级管理体制。我们曾经讨论过这个问题，依目前的认识水平，当前我行实行的组织形式基本上是适合我行现有生产力发展水平的，除了要加强后台的整合、强化对业务体系的支撑外，未来几年不打算做大的调整。同时，现有的班子在未来几年内也要保持稳定，除非是有人触犯了家规国法，末位淘汰仍然要坚持，这样才能保持队伍的活力。

四、好班子是干出来的

不说不行，光说不干更不行，所有说的事情，最后都是通过干来实现的。一直提倡"三老五要"，因为这是我们安身立命的根本，是生存发展的根基。"三老"是做老实人，说老实话，办老实事。我们一直要求大家实实在在，不要玩虚的。什么叫可持续发展？虚的假的都不能长久，骗得了一时，骗不了一世，迟早会栽跟头。"五要"是我在前两年提出来的，标准要高，要求要严，管理要细，工作要勤，作风要硬。今天我仍然坚持这个说法，而且用这种眼光来识别人、考察人。

建功立业是人生一世的追求，一个人不管干什么，做学问也好，当

官也好，或者当职业经理人也好，自己创业当老板也好，总得要有个追求，总得要做点事情。我们都是工薪阶层，按现在时髦的说法就是职业经理人，职业经理人自身的要求就是要有职业的素养，要建功立业。搭了平台，有了空间，有了班子，要上台亮相演出。台下员工都眼睁睁地看着我们，注视我们的一言一行。决策是为公，还是为私，是干还是混，老百姓心中有杆秤。总之，好班子必须干出好样子，好班子是干出来的。

五、我们一定能在创建活动中推动商行事业的发展

这是我们的出发点和落脚点，不要搞花架子。要把创建活动作为推动事业发展的承载形式。反过来创建活动一定能推进事业的发展，几年努力的成就，自然是有目共睹。但成绩只能说明过去，必须清醒认识发展中存在的不足，克服求稳怕变、满足现状、不思进取的情绪。现在我行的发展进入了一个瓶颈，站立在了一个新的平台。用股市的语言讲，这一阶段需要调整、整理，然后才能强势突破。大家要认真分析这个平台的基础是否牢固、是否结实。今年年初，我讲过因为成功所以失败。这不是凭空想象，搞文字游戏，的确是有感而发，这是我的一点忧虑。担心大家觉得过得去了，也干得累了，满足现状，失去了生存的危机，不思进取。大家看到，今年第一季度与去年同期相比，我们的业绩是相当不错的。但去年12月末拉出的一条上升曲线，需要我们好好地消化，盘局已经持续了几个月，怎么能够在新的平台上站稳，突破瓶颈，谋求新的发展，这是我们在座所有人的责任。

未来三年，是能否走入新的上升通道的关键时期，需要我们两级班子完成自己的历史使命。到处都是入世了、入世了的声音，大家都喊狼来了、狼来了。狼来了固然可怕，但如果应对的措施准备充分，也不足为虑。毕竟这个世界很大，各种动物都有自己的生存方式和生存空间。怕的是，狼来之后，我们的准备不充分，将有可能被狼吃掉。因此，未来三年里，只要我们一如既往不松懈，在传统业务的增长上，在创新业务的发展上，在资本的调整改组上，一定能够把握成长的机会，寻找属于自己的发展空间。事在人为，人定胜天，两级班子必定不辱历史使命。我们的目标必须达到，我们的目标一定能够实现。

企业永远都不能图安逸

> 有人活动的地方，都有台面上的话语和台面下的话语。管理者要特别留心台面下的话语，因为里面往往掩埋着大家关注的问题。在4月的行务会上，抓住当时行内流传议论的几个问题，摆到台面上公开沟通。有话就让人家说出来，听的人不要不舒服，有则改之，无则加勉。

跟大家讲三个话题，交流一下思想。

第一，"罗湖支行班子问题"说明了什么？刚才王行长已经讲了，我们对迟君的工作是应该充分肯定的。需要补充说的是：究竟应该怎样看人？拿什么标准评判人？

迟君有没有毛病？肯定有。迟君对人对事比较直，有什么事心里放不下非要说出来，或者说比较苛求，可以说这是她性格上的特点。最近行里的论坛上谈论这件事情的比较多，可见有相当部分的人在关心、在思索。看迟君，首先应当看到她所做的工作。我们评判人，生产力还是第一标准。这几年她使罗湖支行的面貌获得了改变。罗湖支行这几年迈了几大步，由一个亏损的小行，发展到在全行无论规模还是盈利都算中等偏上水平的行。可是有人说，这哪儿是她的功劳啊，是全行人的努力。这话其实不对。罗湖支行前几任领导时期，在手下做事的不都还在吗？那时候不也是靠全行人的努力吗？那时候是个什么状况，大家都清楚。所以，否认迟君在罗湖支行所做的工作，否认她个人担当支行长所做的努力，是毫无道理的。如果这么去看问题是违背事实的，把根本的东西抽掉了。拿这件事情来跟大家说，是想表明我们看人看事的方法。看的不是微枝末节，不会光看小节，而是主要看工作看结果，看工作最后形成的东西是什么。

对人不能求全责备，当然如果能全面发展是最好不过了。这样的人可以往上推荐，先当行长再当更大的行长，再当更大更大的行长。因为你有这样的本事和能力。但问题在于并不是在座的每一个人都能去当更大更大的行长，对不对？对于一个支行长，我们看人主要是看业绩，肯定主要的方面，而不是拿其他的问题否定他所做的工作，这样是不行的。迟君的毛病在哪儿？我想来想去，觉得最大的原因就是她用纯规则的一些理念和做法，或者说是一些理想主义的理念和做法，去解决社会转型中出现的一些问题，去面对转型社会中出现的人生百态或个人想法中的一些东西。我们的支行长已经被赋予了对属下人员的使用和调整权。既然支行长授权可以挑选副手，当然首先就要尊重你的意见，行里统一来任命。在考核上，规则是一级考核一级，支行副职当然由支行长来考核。但是迟君把这种事情的处理简单化了，没考虑到在目前社会转型中，观念的转变还存在着两难。

承兑汇票要有真实的贸易背景，这是规范经营的监管要求，必须按照这个要求去做。如果违背这个要求，查你是正当的，查处你也是正当的。真正成熟的市场管理就已跨越这个阶段，这也是经济发展转型时期的特殊要求。大家回顾这几年，我们银行过去为这类事受处分的已经有五六个人了。股市好的时候怕出问题，要查机构大户的钱哪儿来的；股市不好时，机构大户的资金来源又会有所松动。于是就有了告状说事的事由，所以迟君们就难免摔跤。内部没有矛盾时，风平浪静；内部矛盾激化了，曾经的业务违规就成为冒泡的问题。刚才王行长也说了，我们作为行领导，平时给她的帮助和指导还有欠缺的地方。

这件事情已经发生，大家应该吸取经验教训。受伤害的是双方当事人和银行本身。现在找个开车的司机容易，招聘普通公务员也不难，可是企业物色或者培养一个会经营懂管理的经理真不是那么容易，不是张三李四都有能力当这个经理或行长的。在座的各位，既要努力学会工作，又要学会保护自己、保护大家、保护自己所在单位的名誉。我们不希望再发生这种问题。同时，也希望给迟君同志一定的理解。大家在理解别人的同时，实际上也在理解自己，在帮助别人的同时，也在帮助自己。

第二，谈谈"大逃亡之后的悲剧"。我们行流传这么一种说法，叫作"胜利大逃亡"，是形容那些搞人情贷款、关系贷款并给银行造成了损失的人，出事后拍拍屁股一走了事。以前我们行的确存在过这样的人和事，所以也就有了这种说法。最近又有类似的人提出要调走，我和王行长商量过，这样的人不能走。除非是他把自己经手的、造成或有损失的、风险大的贷款收回来，否则绝不能再那样一走了之！拿这件事情出来说事，是因为我们已经提出要转变增长方式，不能简单地再用资产业务带动负债的增长。一手完成了指标，一手拿了奖励，但是谁对贷款的风险承担最终责任呢？在三年规划里提出了"质量、效益、规模"并重的要求。现在回过头来看，当时是认真斟酌过的，现在这个要求依然符合实际情况。每年制订的指标计划与工作安排，都是跟这个指导思想紧密联系在一起的。今年在业务流程、控制方法上作出了一定的改进，都是希望以后在业务开展中更好地控制风险。这几年通过做业务，在座各位的风险意识比从前有了很大的加强。但是不是说我们就可以掉以轻心呢？我觉得不是这样。去年以来我和王行长商量过，以后每隔几年要对那些资产风险控制好的支行的经营者，给予专项奖励。在这方面比较突出的，比如旭飞支行的高光华，从创立分理处到后来升格为支行，他经手作出的贷款，没有一分钱的坏账。这是根据去年稽核部对全行不良贷款进行调研分析的结论。人们都说"一枪两个眼"，实际上发生一笔坏账是"一枪三个眼"。银行吸收存款后要给存款人付利息，拿去做资产业务并收回贷款利息后形成息差，才能有利润。如果发生了一笔坏账，不仅盈利谈不上，还要用他人的盈利去支付存款利息。而执行五级分类以后，按照国际通行的拨备的办法，还要再拿一笔钱去拨备。按照目前商业银行的经营方式，盈利模式单一，我们输不起。业务要发展，客户要拓展，但是在做的过程中要尤其注意风险。以后随着外界的变化、随着形势的发展、随着认识水平的提高，在考核与分配机制上跟这方面挂钩要越来越紧密。支行长要有长远打算，在三年任期完成之后，回过头来看自己走过的路，自己要给自己算一笔账。对于我们来讲，资产质量实在是非常重要的事，不希望以后再有这种"胜利大逃亡"的事发生。

第三，企业永远都不能图"安逸"。这里用了一句四川话，图"安逸"就是讲舒服。我认为，企业永远没有讲舒服的时候。最近一两年以来，我觉得行里图"安逸"的风气慢慢有点抬头。去年讲过《因为成功所以失败》，既是提醒大家也是提醒我自己。讲福利、讲待遇、讲享受等等这些东西慢慢有些抬头。这礼拜我去天津开会，接触了各地的几个行长，人家都说要到深圳来学习，说我们行搞得不错。实际上，我倒觉得我们很多东西反而是落在人家后面的。我们很多的思想或理念在灌输的过程中，如果感到时机不成熟或者是遇到阻力，就会暂时放一放，等时机成熟以后再去推。去年做了支行岗位工资的改革，刚开始时阻力非常大，各种各样的说法都有。去年第一季度开始试点，第二季度全面推开，结果做了也就做了，到下半年再也没听谁说这事情不好。当时设想向经营者倾斜、向基层倾斜，推行收入分配的结构调整。支行长与客户经理就是这项改革的受益者。联系到前面的话题，网上有人说某支行长这些年得了多少、捞了多少，没点名但意思很明白。捞了多少我不知道，如果是不合法的可以举证让稽核去查，要当事人退出来。而如果是该得的，就得啊！而且是理直气壮地得。难道让一线的支行长和大家一起搞平均主义吗？现在就是要让支行长们得到该得的报酬，而且要多得。

去年推行了这项改革，不平衡的心态就出现了，认为支行收入比总行收入高。而为什么当时总行不改呢？原因是当时思想不统一，在这个问题上认识不一致。2000 年曾经组织专门的调研组，与总行各个部门讨论岗位工资怎么改，结果吵得一塌糊涂，都想争一个高系数。当时时机不成熟，就只好先从基层第一线做起，解决完大多数人的问题，再做上面的工作。如果说现在时机还不成熟，那还可以再放一段时间，但是这事最终还是要做的。这次开会从杭州商行听来一个消息，人家竟然把这种难题利索地办了。行长的司机给我讲了这么一个理念，什么岗位该拿多少钱是市场定的，找一个信贷部的老总比找一个行政部的老总难得多。另外，听说他们总行部门还搞了竞聘上岗，结果有七八位原部门负责人落岗，落岗以后也没有安排其他领导岗位。

　　大家是不是感到现在日子好过了，奋斗的精神、危机的意识可能不够了。我想起1998年末，当时市领导跟我们谈的第一条就是"你们要当苦行僧"，吃常人不能吃的苦。这次职代会的筹备过程中也听到一些意见，认为职代会应该形同人民代表大会一样。我当即指出这种看法不对。作为一个股份制公司，最高权力机构是股东大会。股东大会决定这个行的所有重大决策。董事会受托于股东大会，它们之间是信托关系，股东大会委托董事会对这个行日常的重大问题进行决策。特别重大的问题要提交股东大会举手表决，根据票数来决定，这不是职代会的职能。与"人民代表大会"是两回事，概念上就错了。如果按照某些建议的提法，我们就要搞平均主义了。搞平均主义好不好？平均主义肯定是没有出路的。这里讲了几个观点，我和王行长最大的责任是把这个行往哪里引，其他的事情定下来以后，要靠大家去干。如果把方向弄错了，那就麻烦了。所以我们战战兢兢地主要是关心这些问题，把大家往哪里引？把大家的思想往哪个地方带？把经营决策往哪个方向做？我们应该坚持什么、保证什么？这些都是至关重要的。去年、包括今年的利润分配上，仍然坚持按"三年规划"中考虑的那样，坚持稳健，坚持考虑中长期发展需要，坚持考虑银行的根本和长远利益。

　　还有一点就是关于"员工论坛"，我也补充几句。有人向我建议，应该关闭论坛，说这样"太民主"。"三讲"活动以后，作为一条整改措施把这件事情提出来办理，我并非是没动脑筋的。我也反复想过，论坛开了以后会是怎样的一个状况。实际上，从目前来看效果是非常好的。正面的、提建议的、提意见的占大多数，哪怕就是负面的、发牢骚的、说怪话的，又有什么不得了呢？只要自己行得正，让人家说就是了。总不可能没有的事情说出有来嘛。观念不同，看待问题的结果也不同。让人家说就是，不然憋在心里也不舒服。说出来，说的人舒服了，看的人也要学会舒服，有则改之，无则加勉，有什么不好呢？在整个国体、政体的运转中，我们这个小单位就好比微不足道的小蚂蚁。在一个提倡公平、公开、公正的环境下，以这种方式作为加强内部管理的一项措施，有什么不可以？论坛还有个很好的作用，实际上对我们在座的各位也是一个很好的监督。大家意识当中也许不知道，这是我的初衷当中很想要的东西。这是一种很好的民主监督形式。你有点什么事，就有人说你。你听着不舒服，做得不对，就要去改。否则就由他说去吧，给人说话的权利没什么错的。

我今天在这里讲了些想法，可能不一定都对，跟大家交流。谢谢！

从事最大活动的最小规模

> 充分把握激励的机会，在行庆六周年的员工大会上，提醒全行思索未来应该持有的态度。不要放松，不要自满，吃饱穿暖但不能小富即安；保持行动，保持进取，小银行也可以有大作为。

很快，转眼又是一年。年年岁岁，岁岁年年，我行已经成立六周年了。孩子生下来先天不足，后天失调。脱胎换骨地练了几年内功，总算长到六岁，腿和胳膊逐渐粗了，人也站起来了，气也似乎喘得匀了一些。可以说六岁了也才刚刚学会走路，下边的路怎么走，其实是让人担心的。

大家都不希望孩子摔跤，但小孩学步是要摔跤的。在竞争激烈的市场上生存，大家对本行发展前途的担心并非是多余的。年初我在《因为成功 所以失败》的讲话中提到，一些企业的失败是因为它们曾经有过的成功。有了成功，故步自封；有了业绩，自以为是；有了资本，趾高气扬；有了门槛，高枕无忧。总之，都是因为"有了"，于是心气高了，口气大了，眼眶肿了，企业的当家人开始盲目决策、盲目投资、盲目生产。企业内部的管理层居功自傲，开始要位子、要票子、要车子，争级别、争待遇、争荣誉，于是越来越疏于进取了。这样的企业能够生死图存吗？

六年来，我们行出了不少动人的故事，一批新人伴随着行的奋斗史而成长起来，社会各方面也没料想到死了的鸭子翻了身，开始对我们刮目相看，不再轻视。其实我们离真正的成功还差得很远，与同业比，与发展的趋势比，与面临的市场环境的要求比，明白的人都会清醒地感到危机四伏，坐立不安。春天的气息固然清新，但是是否有足够的准备迎接冬天呢？

给大家提三个问题：

第一，我们应该保持什么时态？过去时，继续守着过去取得的成绩，原地踏步；将来时，不断地设想描绘美好的未来，但下不了楼，出不了门；现在进行时，马不停蹄，刻不容缓，一直在脚踏实地地奔跑。显然，我们应该选取现在进行时。

第二，我们算几流的经理？三流的经理在解决昨天的问题，我们好像是三流，直到现在我们仍然要花相当精力去解决历史遗留的问题。二流的经理在忙着今天的事，我们的主体业务和主要精力都在投入当期的搏杀。一流的经理在策划明天的事情，我们不断在想着当一流经理，策划设想为今后的生存发展做点什么。

第三，我们算什么物种？最强壮的物种不一定能生存，恐龙曾经统治了生物世界。现在的银行同业中工行、农行、中行、建行是最强大的，我们肯定不是最强壮的。最智慧的物种也不一定就能够存留，我们似乎不算最智慧的。而最能适应变化的物种才能繁衍，我们要争取学会做最能适应变化的物种，在市场竞争中不断变换自己的生存之道。

自然界有一种奇特的现象，叫做"从事最大活动的最小规模"。最有活动能量的不是大象，也不是猫和狗，而是狮子、老虎和豹子这一类动物。"从事最大活动的最小规模"，大家琢磨这句话的含义可以悟出三点体会：

第一，必须让我们银行的价值逼近市场价值，直至超过市场价值，以我们的小规模展开大活动，这是小银行的生存之道。衡量的指标是人均存款、人均利润、优质资产率。

第二，经营者的追求不在完成计划，而在追求超越同业平均价值，把聪明才智发挥到极限，提升自己的职业经理人的价值。这个世界变化越来越快，纪录不断被新人打破。要专心于今天的需要，不要被昨天的神话所束缚。

第三，每一个员工都是企业的最小分子，每一个最小单位都尽最大努力才能形成企业的最大活动。个人利益寓于单位的发展之中，大家好，银行好；银行好，大家更好，我们要与深商行共同成长。"尽本职，勤努力；沟通好，有创意；帮助人，守信誉；讲时效，有激情"。

　　小孩六岁要上学了，但愿我们各位以积极的心态、正确的方法、刻苦的努力把孩子培养到小学毕业，五年还是三年毕业？毕业的标准是什么？搞得好为什么孩子不可以跳级呢？将来是美好的，但将来靠我们自己创造。行办的吴滨权贡献了一句话，供大家共勉："将来，因我们而来，因我们的目标而来，因我们的心态而来，因我们的行动而来。"看到大家的态度，我也对未来充满了信心。

竞争要打起精神　发展才能永远不败

> 与基层员工保持直接沟通，给分支机构的主管们站台，也是管理者需要时时关注的事情。这篇文章是我在皇岗支行创建好班子动员会上的即席讲话。分支机构在考核排名的压力下，都使出了浑身的解数，想方设法创造优秀的业绩。

皇岗支行在王明跃的带领下干了三年，当时的情况比较困难，第一年进行调整，第二年开始有所起色，第三年见了成效。现在把这个班子交给了张正清，面临着一个新的三年。前三年应该说皇岗支行干得不错，最大的体会应该是事在人为，业绩是人干出来的，不是天上掉下来的，也不是靠别人施舍的，自己的这盘棋，还要靠自己来下，原来的三年靠这一点，今后的三年还是靠这一点。

刚才刘红做了创建好班子的动员，讲了要求、方法、步骤，张正清又把未来三年的打算给大家交了底，里边提了很多指标，这些指标是非常积极的。这些积极的指标真的实现要靠什么？还是靠我们前三年打拼的精神，靠实际行动和靠不断努力的精神来实现后几年的目标。

皇岗支行未来三年的打算是非常积极的，整个业务发展打算三年翻一番，而且班子提出未来在全行十几个支行间要一争高低，要力争上游，创先进、创好班子，这个想法也是非常积极的。相比之下，我们有的支行没有大的想法，低标准要求自己，担心害怕总行以此压任务。人也是这样，由小长到大，最后的结果不一样；都当学生，最后结果也不一样；都参加工作，结果也不一样。为什么呢？其中的原因千差万别，有种种客观原因，但这都不是主流。主流的东西还是"收获靠努力，努力才有收获"。这可以说是千真万确的。我们的各级经理主管们请注意，不要以为登上领导的岗位就意味着自己职业生涯的成功，其实这往往是失败的开始，有些人直到黯然出局的时候，都不明白自己败在哪里。败在他自己以为功成名就，按部就班、不思进取。

皇岗在未来的三年里有力争上游的精神、有创建好班子的信心，是值得肯定的。但就班子几个人有这个打算，你们在座的都不支持、都不响应也实现不了。一艘船在海上航行，能够达到目的地靠什么？当然靠船长，得有人掌舵、得有人把握航向。但如果说船上的机器不工作，大家都不划船，没有动力，船只能在海上漂。所以说班子有好的想法，这个想法应该来自群众，实现这个想法，同样需要依靠群众。皇岗支行在未来的三年内要创先进，继续做出好的业绩，全靠在座的大家，靠一两个人、靠几个人办不到，要靠大家的合力。

从全行目前的发展形势来看是很好的，这几年通过全行不断的努力，业务在持续增长，一年比一年有进步，资产质量、资产规模、盈利能力、管理水平、业务运作能力等都在改进、提高。但是问题在于，竞争的市场上没有止境，停不下来，根本停不下来。市场变化逼着你每天、每时、每刻要想应对的措施，要想怎么活下去，这就是市场经济残酷的一面。我刚参加工作时当学徒工，每个月工资 18 元，那时人的压力和现在不一样，大家充分就业，体会不到市场的压力。现在一个人走上社会，要考虑选择职业，要提高自己的技能才能适应社会，才能适应市场的激烈竞争。另外一个方面，作为一个单位要给员工减压，这并不矛盾。怎么减压呢？作为组织首先要更多地关心大家，不能就是简单派活儿，要经常了解大家有什么难处，心里有什么想法，家里生活有什么困难。作为组织要帮助大家提高自己的劳动技能，要给大家更多培训的机会、锻炼的机会。在个人与单位发生冲突的时候，要做疏导工作，化解矛盾，帮助我们的员工走出心理上的不适应。在激烈竞争的情况下，组织上要帮助大家与单位共同成长。

皇岗支行未来三年，要把员工队伍打造好。创建好班子，不仅是班子里几个人的事，而是全体员工的事。创建好班子不是目的，而是手段，通过这个手段，带领、团结全体员工共同奋斗。所以没有一个好的队伍，就没有一个好班子。反过来说，没有一个好班子，就没有一个好的队伍，因为这支队伍是靠人带的，你得有意识地去带，这是相互的。好的队伍体现在哪呢？一是好的思想品德。二是好的业务素质。三是要团结协调，像一个家庭的兄弟姐妹。

下面我想说说今年全行的任务。去年全行的业务有大幅度增长，今年也会有大的增长。那么增长靠什么？一靠机制，二靠技术和产品，三靠营销和服务。这三个方面，从全行分析，目前都还有不足。从机制上看，我们应该有好的机制，但在运用上还有不到位的地方。比如说末位淘汰，这是几年来坚持做的，尽管非常残酷，但作为企业，在市场上生存，就要优胜劣汰。几年来，每年都有支行被调整、改组、合并，给了他们时间但是没有搞好，占用了资源，拖累了全行的生存发展。这样做符合我们行全体员工的利益，符合股东的利益，有利于长远的发展。尽管非常痛苦，但我们必须要这样做。既然要求整体得好，长远得好，就要把不好的淘汰掉。有所不为才能有所为。所以末位淘汰必须坚持。这种行之有效的做法，在未来的三年中仍然要坚持。仅仅完成了考核指标要求还不够，完成了还要一比高低，还要排队。谁是第一、第二、第三，谁是倒数第一、第二、第三，这就像体育竞赛一样，不胜就是败。市场形同于战场，上场就要拼，要争取打赢，打不赢就是输。皇岗支行未来三年做得好就是上游，一般就是中游，不好就会成为下游，这三种可能性都存在。取其上，得其中，取其中，得其下，所以大家的心态应该是力争上游的心态。今年上半年之后要对全行进行考核排队，排在前三名的要奖励，排在倒数第一、第二名的要警告，排在后面的完成了任务也不行，因为你的增长排在后面。对二级支行，去年半年工作会议的时候，王行长是提过要求的，点过将的，干得不好就没得干了，行长说过的话是要兑现的。一年过去了，我们回过头来要检查一下，究竟哪些二级支行排在后面，谁是倒数后三名。具体排队不能简单地用打分的办法，因为牵涉很多因素，应该找出简便明了的主要指标。机制是我们的生存之道，不能靠人管人、人压人，那样管不好，最终还是靠机制。之所以股份制商业银行能有比较好的发展，就是因为有比较好的机制，我们要继续发扬。

从技术和产品上看，我们也存在很多不足。从营销和服务上看，现在简单地靠关系拉存款还要不要？在目前的社会结构下，不要还不行，大家别书生气。谁有社会关系、谁有本事，继续去找，继续去拉。我们准备有意识地增加、扩大营销队伍，不妨在现有行员体制的基础上，衍生一支营销员的队伍。总行和支行都要努力去寻找挖掘各类人才。具体的办法请人力资源部尽快提出来，大家不要等。存款作为银行经营的资源，谁能带来资源，就应该论功行赏。大家不要眼红，该奖励的、该鼓励的必须奖励、鼓励。无论如何，今年超额完成任务一定要提奖，这一点由我提议董事会兑现，而且上半年一过就要奖一把。但仅仅靠这个不行。另外，我们应该用营销的手段、技术，比如说通过资产业务带动负债的增长，通过中间业务扩大结算，通过新的业务品种、业务组合来赢得客户对我们的支持。这就要求我们在座的这些人，包括坐柜台的员工都想办法。坐柜台也是营销，大家不要把坐柜台仅仅看作是接个单。不熟悉技术品种，光嘴巴甜不行，他觉得你谈的东西比他还要高明，就容易做成，坐柜台的员工都要有这个水平。作为银行从业人员需要理论知识的学习，需要长期实践知识的积累。

我们行进一步地发展，可以说很多，但大体归类还是这三条。所以还是拜托大家打起"精、气、神"去做。银行同业中有的行采取高压的办法，不管别的，就是按时按点下任务，完不成下台走人。绩效考核要不要？我看在座的没有人反对。要在市场竞争中生存，就必须要有考核。坚持绩效考核，这是事情的一面。事情的另外一面，我们不主张采取高压的做法，这种方法简单而且短期内十分见效，但人们的内心是十分厌恶高压的，高压使得身心疲惫，也会带来负面影响，对一个单位的长期发展，对资产质量都没有好处。我们的理念是追求可持续发展，因此要涵养人力，年年有，步步高，使企业具有发展后劲。

点子诚可贵　诚信价更高

> 群众中蕴藏着极大的积极性，基层的业务岗位上孕育着许多新的点子和方法。个人储蓄业务一直是我们的短腿，在个人业务点子大赛颁奖会上，我号召每个员工在自己的岗位上发挥聪明才智，坚持日积月累才能以小见大；要特别在乎对客户曾经作出的承诺，应竭尽全力哪怕吃亏受损也要履行承诺，因为诚信是做人做事的根本。

首先，我向参加点子大赛获奖的十位员工代表表示祝贺。这个荣誉说大也大，说小也小。这次活动由个人部策划，以行的名义组织全行员工参加，最后收到192份参赛意见，10位获奖者从77位参赛员工中脱颖而出。这是个比较的概念，在192份点子中，这10位的点子更具有实际操作的价值。没有获奖的182份点子的提出人也很可贵，可贵在参与的精神，为行的发展建功立业，出点子、想办法，投入、参与的精神。77位员工参加竞赛，集中了全体员工的点子、主意与方法，代表了群体的智慧。在不同的工作岗位上，在每天重复的操作中，孕育培养着新的方法和新的思路。个人部策划的这次活动应该予以肯定，活动秩序井然。通过集思广益，把大家的想法、主意集中起来，这本身就是一个点子，这种方法值得推广。

其次，做个人业务要处理好几个关系。在座的许多人，除了获奖的以外，很多也是做个人业务的代表与管理者。个人业务与对公业务不同，区别主要有大与小的关系、长远与眼前的关系。

一要处理好大与小的关系。什么叫大与小的关系呢？有不少的客户，个人开户可能就存入10元钱。各位手头都有一些这样的客户，因为亲戚朋友来拉，碍于面子，开个卡很正常，原本就没打算在你那做什么，这叫小。真正的活卡是用于发工资，消费以及缴款。现在平均每张卡余额留下来的大约也就是 1500 元，这相对于对公户来说真是小菜。对公户做做工作，可能 1500 万元就进来了，这是 1∶10000 的关系。付出的劳动可能差不多，取得的绩效相距十万八千里。这就是一个大一个小的关系，这个关系如何处理呢？从理论上可以说得一套套的，"存款是立行之本""客户是衣食父母"等很多。大家当然都想办法抓大的，大的来得快、简单，比费时费力去拉小户快得多。但小户必须做，大家都知道，储蓄相对来说稳定，因为它的特点是分散。在数学概念里，分散的东西风险性小，走一户不怕，我还有十多万户，它不会伤筋动骨，所以储蓄存款是最好的存款。而且随着国民收入提高，个人理财业务越来越成熟，通过储蓄存款可以为个人理财业务提供客户，可见储蓄存款、个人开户是非常宝贵的。但这一大一小的关系的处理是个慢功细活。

二要处理好长远与眼前的关系。储蓄工作是长流水、慢功夫，非常稳定，因而必不可少。但在考核的压力下，真正做起来，因为对公户来得快，往往就会抓大丢小，抓眼前丢长远。当然，抓大户并不是错的，不能说了这个，丢了那个，大户仍然要抓，但从长远看量大面广的中小储户必须抓，只不过见效慢，付出的一点一滴需要日积月累才能出成效。这个工作往往不容易引起人们的注意。有的支行储蓄工作做得非常好，如南山支行，还有刚才介绍经验的宝安支行，陆生民也是从南山支行出去的。储蓄工作要一点一滴，每时每刻地做下去，不求一锹挖一个金娃娃，一口就喝一井水，需要提倡天长日久持之以恒这种精神。从支行长到做个人业务的，从全行到所有部门，坚持这种理念，这种意念，一点点积累，暂时没有成绩没关系，要有为自己和后人铺路的心态。南山支行储蓄存款最高的时候占它们全部存款的 40%，现在也保持在30% 以上。这不是随便依靠个人关系，也不是三天打鱼两天晒网就能做出来的结果，而是持之以恒抓出来的成效。所以，这就反映做银行业务要有长期观念，要有服务精神，要从一点一滴做起，这就是长远与眼前的关系。

三要处理好快与慢的关系。做个人业务要快中有慢，慢中有快。就快与慢的关系分析，个人业务做得很慢，要2年、3年，甚至5年、8年的积累，而对公户抓几个大户马上就上来了，半年、一年就能见效，这就有个取舍摆布的问题。支行长是考虑急功近利做一年两年，还是从支行长远发展，从业务的资产结构、负债结构角度考虑问题。数字反映的是结果，实际过程是人做出来的。人能做出来，首先是怎么考虑问题，观念是什么，理念是什么，这很重要。你怎么想，才会考虑去怎么做，怎么做才会有怎么样的结果。所以在这一快一慢的摆布上，看起来对公业务很快，抓3个、5个一下子存款就上来了，但有一个或者一批客户有闪失，恐怕整体就会受影响垮下来。因此，快中要有慢，慢中要有快。在人均收入、国民收入到了一定程度之后，银行金融服务、个人理财服务会成长起来，储蓄个人业务的市场会随之进入成熟发展阶段。就深圳市场来看，目前私人理财业务还处于导入期，难道我们坐以待毙等着成熟期的自然到来吗？等是等不来的，你不做，人家就会做，客户就这么多，大家会抢着去分割客户，分割市场，所以必须要抓得紧而又紧，拿到属于我们的市场份额。等到私人理财业务进入成熟期的时候，不至于哭鼻子看别人眼红。从眼下的导入期开始抓并不晚，只要站在同一个起跑线上，任何时候开始跑都不晚。不要老在想，晚了、算了、我不去了、我不上了、我不跑了，反正也跑不过人家。这么想问题永远没有结果，只要觉悟过来，觉醒过来，没有晚的时候。

最后，大家要正视困难，勇于创新。说实在的，别看现在大家搞得热火朝天，其实现在做个人业务有很多实际困难，比如今年我们推出的新业务品种，在一片叫好声中也有些不足。市场本身是一个成长的市场，不是成熟的市场，客户也好，银行也好，大家对这个问题的认识都有个过程。在实际操作过程中，在激烈竞争中面临着竞争对手时，做成一件事是非常难的。在这里，我无非是重复以前讲过的一些看法。

一要永不言休，不断进取。这句话听起来很虚，讲的是空的，讲的是精神。但在竞争面前却很实际，不进则退。因此我还是要重复一遍，在座的支行，有的个人业务做得好，有的做得差一些，有方法问题，但主要的还是精神问题。有的支行方法多一些，带动了业务增长，其根本原因就是从支行长开始，整个行的人对个人业务都有不断进取，不断参与竞争的精神状态，在困难面前不畏难。

二要不断创新。银行的创新相对一般工业、商业和企业而言，面对的困难多一些。因为首先监管的机关要求规范化经营，在批准的范围内、活动空间内经营，跳出这个圈子就是违规，就要受处罚。所以如何把种种条件进行重新整合、组合，创造出新的方法，这是每家银行、我们每个人都要考虑的问题。非有创新精神不可，不能说人家给管住了，就没有什么可做，无所作为了。规定什么就做什么，这种消极态度是出不了创新点子的。今天我看建行推出一项委托贷款新业务，私人有钱可以委托银行把款贷给企业，你说这事叫不叫创新，我说是，所谓创新就是相对于过去人家没做过。你说这是多么了不起的事情吗？有人觉得这是一件很简单的事，是很简单，为什么人家想到，人家在做，而你没想到。因此，对于我们这样一家地方性中小银行，创新非常重要。今年审计局进点开始任期审计，与我交换意见时他们提了一个问题，我们在清收过程中的一项创新业务，他们认为就目前的情况看，做得不够完善。我就跟他们讲这个道理，我说不管做什么事情，既然是创新，就不能要求必须把事情做得尽善尽美、不能失误。如果这样要求，没有人跟你一起走，没有人跟你干事情。你必须允许人家有创新精神，必须允许人家有失误，这样才能鼓励大家，激发大家的创新精神。这次搞的点子大赛，本身也是一种创新，目的就是激发大家的积极性，让大家把自己的想法贡献出来。

三要有诚信精神。诚信我在很多场合都讲过，这可以作为我行的核心价值观。做人、做事，特别是做经营货币的银行，最主要的就是诚信。改革开放，培育发展市场，最紧要就是诚信。在议论别人没诚信的时候，我们自己千万不能没诚信。我们这个行要提倡一种风气，对内对外都要讲诚信，对自己的员工要讲诚信，对手下的人要讲诚信。自己说的话，就要照着去做，不能光嘴巴说，也要这样去做，说过的话，就要信守。与人打交道，首先往往就会抱有疑问，他说的是什么意思？是不是一定要拿笔记下来，然后回头对一对，他会不会骗我？内部如果搞成这样，就没法一起共事，没法一起合作。对外也是这样，向客户承诺的事情就应该做到，承诺到什么程度，就做到什么程度。做不到的，先不要承诺。这几年在发展过程中，我们有的话说过了，一时做不到的事情，宣传可以做到，我们要吸取这些教训。做个人业务面对千家万户，我们的每一点、每一滴、每句话甚至每一个行为，都会给客户留下潜意识，留下印象，人家会判断你这个银行是否值得信赖。大家在深圳生活、工作的人不出去不知道，出了深圳，就会感到有些地方的服务态度特别差。有的地方是官僚文化，服务业认为自己是大老爷，开口说话似乎是恭恭敬敬，受过职业训练，但没有真心的微笑，给人感觉冷冰冰，不值得信赖，让人不想跟他打交道。深圳的服务行业经过十多年市场化的熏陶，各行各业的服务意识比较强。我们银行面对着千家万户，柜台人员也好，外勤人员也好，首先就是要每天与人打交道。跟人打交道最重要的就是诚信，不是简单地笑一笑，而是要真正从心灵到言行给人诚实的感觉、值得信赖的感觉。这样，我们行发展起来才有希望。

敢于较量　拒绝平庸

> 打开门来说成就，关起门来讲问题。前几年谈的是既往需要纠正的老问题，如今不同了，谈的是发展中存在的差距。在 2001 年中期的经营工作会上，我第一次系统地用数据比较的方法，探讨表述与同业相比存在的问题，在比较中找到解决问题缩短差距的努力方向。主持公道、传播希望、追求业绩是管理者角色的责任，真理的标准就是真理自身，而不是领导人的言语和说辞。

一、对上半年工作的基本评价

上半年，在全行员工的共同努力下，我行在存款指标、财务指标、盈利能力和资产质量等方面都取得了较好的业绩。

各项计划指标全面超额完成。1～6 月，全行本外币日均存款余额 176.72 亿元，超出计划指标 10 亿元。其中，对公存款超计划 7.1 亿元，储蓄存款超计划 2.9 亿元。同业存款日均余额 19 亿元，超出计划指标 6.8 亿元。执行结果大大超过同期和计划的指标。实现利润 4517 万元，比去年同期增长 144%，超出计划指标 2687 万元。从资金业务和资产清收的情况来看，实际收入远远高过这个数。既然有了能力，就安排一部分盈利资金冲销历史坏账。

不良资产比率显著下降。6 月末，全行不良贷款余额 32.8 亿元，绝对数与年初和去年同期基本持平。从相对比率来看，6 月末不良贷款率 22.9%（去年年底是 28%），比同期降低了 9.6 个百分点。信贷风险得到进一步控制，资产质量有所提高、盈利能力增强。

上半年，全行本外币存款比同期增长 36%，利润比同期增长 141%，利润的增幅远远大于业务规模的增幅，显示出跨越盈亏平衡点后的盈利前景。同时，全行资产收益率为 0.18%，比去年同期提高 0.07 个百分点。从收入费用率来看，由于强化激励机制和全行的调控措施到位，上半年收入费用率为 35%，比同期下降了 9%。成绩要讲够，问题要讲透；问题是现象，责任在领导。

二、目前工作中存在的主要问题

内部发展不均衡，从月均、点均、人均情况看，支行发展有好有坏，有快有慢，差异程度较大。

从月均指标看（不含营业部和桂圆支行，下同）：

本外币存款余额，支行间最高和最低相差 14.79 亿元；本外币储蓄存款，支行最高和最低相差 4.3 亿元；本外币贷款余额，支行间最高和最低相差 8.81 亿元；结算业务量，支行间最高和最低相差 11.21 万笔。

从点均指标看：

点均本外币存款，支行最高和最低相差 1.81 亿元；点均储蓄存款，最高和最低相差 0.57 亿元；点均贷款余额，最高和最低相差 1.43 亿元；点均费用，最高和最低相差 245 万元；点均利润，最高和最低相差 386 万元。

从人均指标看：

人均本外币存款，支行间最高和最低相差 1210 万元；人均储蓄存款，最高和最低相差 375 万元；人均贷款余额，最高和最低相差 689 万元；人均利润，最高和最低相差 21.65 万元。

导致差异的原因：

有的支行历史包袱重，或新开网点；有的支行点子多、手段灵、客源广，抓大宗业务与大客户，培植了大量优质客户，业务品种也比较齐全，有力促进了规模和效益的同增长；有的支行创新意识强，主打特色支行品牌，狠抓个人业务与国际业务；有的支行对市场的敏感度不够，方法不多或不得力，业务品种单一，业务发展滞慢，无法有效打开局面。在外部竞争中尚未取得优势地位。

　　尽管我行上半年取得了前所未有的好成绩，但还有不少指标未达到同业的平均增长水平。我们在跑，别人也在跑，甚至跑得更快。截至6月末，全市人民币存款余额3550亿元，比年初增加380亿元，增长12%，人民币贷款余额2680亿元，比年初增加388亿元，增长17%。同期我行人民币存款余额179.8亿元，比年初增加5.8亿元，增长3.3%，人民币贷款余额139.7亿元，比年初增加18.35亿元，增长15%。从相对份额来看，今年上半年，我行人民币存款余额在全市同业中的排位虽无变化，但市场份额有所下降，即由年初的5.5%降为5%；储蓄存款2.27%，位居第9，比年初占比上升0.02个百分点；人民币贷款余额5.27%，位居第7，比年初略有上升。

　　业务品种的开发创新赶不上同业先进水平。从客户的实际需求出发，通过资金、技术和人才的投入，对金融产品不断推陈出新，已经成为本市同业的重要竞争手段。尽管我行不乏这方面的努力，但总的来说，并没有占据竞争上的主动，表现在：

　　技术领先的区域，未形成品牌效应。我们都知道招商银行的"一卡通全国、一网通天下"。"一卡通"首先是以技术见长的，但是"一卡通"所形成的品牌效应，却远非其技术优势所能覆盖，所带来的影响和利益要大得多。我行的万事顺卡在推出之初的技术优势是毋庸置疑的，目前也是如此。经过两年多的努力，发卡量、交易量和市场份额均有一定的增长。但是，由于我们加载的业务品种少，营销投入不足，万事顺卡远未达到一卡通的品牌效果，可发掘的潜力很大。

　　已经形成的品牌，没有开发出相应的特色产品。"深圳人自己的银行"，无人不晓。它是我行的一面旗帜，一个最大的品牌。但是，我们还没有以这个品牌为中心，开发出具有"自己人"特色的系列产品，形成特色服务。我们还不能根据深圳人的消费特征，为其量身定做，提供贴心又贴身的个性化服务。

　　由于思想认识、激励机制、管理体制、运作流程方面的不足或缺陷，我行还不能做到主动、及时地抢占市场先机，顺畅地开发运营新产品，填补市场空白，如房屋银行。传统的商业银行市场已经饱和，但是在这个市场的新生地带、边缘地带，如在银行业务与保险业务之间、在商业银行业务与投资银行业务之间、在银行业务与未来证券债券之间、与个人理财业务的交叉等，都存在着大量的市场机会。对这块市场，眼光要敏锐、反应要敏捷，动手要快。要对央行关于鼓励商业银行进行金融创新的政策要有深刻的认识，具有开拓创新的勇气和魄力。而对于资金、技术，这块市场的要求并不是很高。这应该是我们大有作为的地方。

组织管理跟不上市场变化的需要，在同业竞争中体制和机制的优势不明显。与同业相比，我们没有规模的优势，也没有长期发展所形成的历史基础和种种积淀。我们要生存、要发展，就必须充分发挥体制和机制上的优势，充分适应市场的变化，以最小规模从事最大活动。适应变化，是我们的生存之道。

这些年来，在重组总行的管理架构、简政放权等方面下了不少功夫，努力向基层和市场倾斜。但总行的一些机构在树立、维护我行形象、品牌的能力弱，系统性的营销策划能力弱的问题没有解决。

在一些重要的战略问题上，在国家金融政策的变化对我行的影响上，在对同业的横向与纵向的比较上，我们缺乏系统性的研究分析，为支行提供的经营策略支持、客户整合支持、宏观经济信息支持不够。

在管理实践中过分依赖计划和指标考核手段，导致管理不能及时跟上市场形势、经营形势的变化。客观地说，我行目前所形成的一套计划管理指标经过几年的实践，是适应我行生产力水平的，是比较科学的。但是，计划永远赶不上变化，管理层要引导全行主动把握市场，挖掘市场机会，仅靠计划和考核是不够的。必须通过引导、启发、示范、培训、研讨、激励等一切可能的方式使我行成为学习型组织、创新型组织。评选创新奖、点子大赛是有益的管理创新尝试。在使员工不做指标的奴隶而是做自己未来的主人方面，我们还有很大的潜力可挖。即使在指标管理方面，我们也有许多可改进之处，如全面引入相对量指标，包括人均指标、发展速度、相对排名等，对有效地比较支行与支行之间的差距、我行与同业之间的差距，具有更重要的意义。另外，有必要建立分析指标体系，对实际考核指标数值进行实证分析，从指标本身寻找业务运营的内在规律和趋势，将计划考核提高到一个新的理论高度。这也是提高我行综合竞争力的一个重要方面。

可持续发展缺乏强有力的支撑，无论是就资源、技术、机制；还是就品牌等方面来看，我行可持续发展缺乏强有力的支撑，主要表现在一些生产力要素资源未能充分利用。

科技资源。尽管行里几年来对电脑中心的管理采取了许多新的措施和办法，也给了许多优惠政策，目的就是要很好地调动这批人的积极性，使技术问题解决得好一些。尽管大家天天加班，但项目的开发能力仍不足，电脑人才仍处于短缺与不稳定状态。在电子技术突飞猛进发展的今天，由于我行的技术力量有限，一些项目开发之后，功能跟不上业务发展的需要，瓶颈问题并没有完全解决。

人力资源。人的积极性还未充分调动，主动性、创造性还未充分发挥出来，公心、责任心、事业心、拼搏和献身精神未能完全体现出来，这是因为分配、激励和用人机制上存在明显不足。

财力资源。目前我行财力的相对量并不低，但绝对量不够，用在市场营销、宣传广告和奖励上的资金非常不足。

业务品种的开拓能力不强，营销能力薄弱。专业开发人员短缺，缺乏具备较全面的经济、会计、电脑、税务、法律、信贷、证券等知识的复合型、创新型的专家级人才和项目牵头人。技术开发与业务需求匹配不够。业务部门不断提出新的业务需求，而技术部门限于人员、技术、资金等方面的原因无法如期完成开发和测试工作。市场营销能力明显薄弱，营销人员不足，营销办法不多，营销机制不健全，营销效果不理想。

机制的灵活性不足，制约可持续发展。在考核机制方面，支行竞争的动力和激情得不到充分激发，奖励机制不到位。在总行部室的考核中，未充分体现出部门和员工岗位考核的特征，基本上仍是大锅饭状态，管理、经营、操作，不同的岗位要求不一样。在激励机制方面，缺乏协调和谐的团队氛围和勇于拼搏的动力，这是增强企业的生命力和竞争力、保持持续发展的重要条件。

经营战略模糊，未形成具有商业银行特色的品牌。

全行的市场定位仍较模糊，尚未择定正确的市场定位和市场中合理的份额。在竞争策略方面，受规模和历史包袱的制约，在成本竞争中处于劣势；而受技术开发和市场营销能力的制约，我们没有形成系统有效的竞争策略。这是制约我行持续发展的又一关键要素。

队伍素质不足以应对激烈的市场竞争。

从营销人员来看，目前在我行的存款结构中，自然存款占8%，派生存款占5%，业务引存占40%，关系引存占45%。所以，我们当前不得不依然偏重资源型的员工，这从一个侧面反映出我行营销队伍的基本素质，与市场竞争是有差距的。不一定十分准确，但起码给我们一个概念，这就是现阶段的现实，得承认它。从培训情况来看，截至6月，参加125培训班学习的占所有经理的比重仅为31%，出勤率不足80%，其中有两家支行100%不上课。再从参加各类培训学习的情况来看，截至6月末，完全没有参加业余学习的人数占比高达74%。上述两方面集中反映出我行员工对新知识、新技能的学习愿望和吸收能力软弱。无论是与同业相比，还是与自身的要求相比，差距都是明显的。从团队精神方面来看，这几年出现了一批敢打、善打硬仗的集体，但也确实存在一些不敢也不愿为天下先的班子。还有个别单位，大伙的心气还没有调节到一块来，显得比较散。队伍没有凝聚力，大家的工作积极性就不高，工作结果就不理想。从管理层来看，尽管我们不断地改进工作方法，提高工作效率，工作方法年年在改，效率也绝对提高了。但从管理层整体来看，对时间的驾驭，对全局的把握，对市场的认识，对信息的占有还显得不足。

最后还是队伍的素质问题，结论归结于两条：一是绩效好的支行队伍的总体素质较高，它的集体作战能力、公关能力、打硬仗的能力就强，这是一种综合素质，能做业务，能出成绩。二是绩效好的支行负责人有发展冲动和增长愿望。他们不是只完成计划，而是自己给自己加压，不断地修改自己的目标，调节自己的计划。我们找差距、挖潜力、订措施、抓落实、最后归结到提高人的认识，提高队伍的整体素质来解决进一步发展的问题。

企业文化要义

在没有优势可言的境地里，走出困境需要内心的向往。追寻先进，仰慕精神，创建自己的企业文化，一直是前行的灯塔。优秀企业文化有着自身特质的系统功能，其实就是这类企业的自我导向机能。它们的诸多特质会形成一个有机的整体，犹如一个优秀经理人才的基本素质是人格的完整。在行内的管理人员培训班上，我多次讲授探讨企业文化问题，并综合形成了以下讲授提纲。

1

企业文化是企业管理实践和理论发展的结果、历程、产生、总合。

2

管理不只是一门学问，还应是一种"文化"，它有自己的价值观、信仰、工具和语言。管理是集人类价值观与行为准则之大成，或者说是集社会秩序与智力探索之大成的完整学科，管理是一门人文学科。

——彼得·德鲁克

3

一个组织持有的并影响它的感觉、思维方式以及对不同的情况作出反应的一系列的共同信息。

仔细观察一个组织为适应经济、政治和技术环境是如何改进它们的经营的，就会发现文化和亚文化的重要作用。

4

古典管理理论：泰勒、法约尔、韦伯；工时制、正规培训、差别工资、组织改革；用量化、标准化的办法解决生产管理问题。

5

行为科学管理：梅奥研究人际关系；霍桑实验、照明度、工间休息；分析研究工人在生产过程中的行为与产生的原因；是"社会人"而不仅是"经济人""非正式组织"；"满足度"包括感情、安全感、归属感；等等。

6

有关人的需要、动机和激励的理论：人类需要层次论（马斯洛的五层次论，即生理、安全、感情和归属、尊重、自我实现）；双因素理论（赫次伯格认为应重视激励因素与保健因素）；期望机率模式理论（弗鲁姆认为行动的欲望与激励的期望正相关）；强化理论（斯纳金提出操作条件反射理论，行为的结果对本身有利时行为会反复出现）。

7

有关企业非正式组织与人际关系的理论：团体动力学理论（卢因认为无论正式或非正式团体，团体的影响主要通过团体规范所形成的团体压力；敏感度训练受训者在团体学习环境中相互影响，提高受训者对自己感情和情绪、在组织中扮演的角色、用他人的相互影响关系的敏感性）。

8

有关人性的理论：XY理论（麦格雷戈认为人的成长有转化的过程，人性化的管理就是正视积极与消极因素，加以区别与引导）；超Y理论（莫尔斯和洛斯卡的实验认为，用X理论指导，工厂的效率比研究所效率高；用 Y 理论指导则反之，因此应对不同的对象实施不同的管理）。

9

有关企业领导方式的理论：把对生产的高度关心与对职工的高度关心结合起来的领导方式是效率最高的领导方式。

10

现代科学管理理论：社会系统学派、决策理论学派、系统管理学派、经验主义学派、权变理论学派、管理科学学派。

11

企业文化理论产生的背景：第二次世界大战后日本于 20 世纪 70 年代的兴起；美国学者的比较研究强调日本文化的特殊性；以"和魂"为特征的企业文化成为日本复兴的加速器；《Z 理论》（威廉大卫著）认为日本企业经营管理效率比美国高，除了经济技术一般原因外，主要是日本企业独特的企业文化，提出区别于 XY 理论的 Z 理论。"企业文化"这一全新概念应运而生。

12

企业文化理论是后工业文明发展需要的产物；克服了科学管理理论对"经济人"假设的弊端；避免了行为科学对"社会人"假设的片面；把企业作为一个人格化的有机体，是一个个载有文化符号、文化信息的"文化人"和一个个处于活生生变动状态中的"文化人"的集合。

13

美日企业的管理特点，A、J、Z 模式：

A 理论是代表短期雇佣、迅速考核提拔、专业化历程、个人决策、个人责任、有限度的关怀的美国模式。

J 理论代表终身雇佣、缓慢考核与提拔、非专业化历程、含蓄的控制方法、集体决策、集体责任、全面关怀的日本模式。

Z 理论是兼有 A、J 管理模式的新模式：长期雇佣、合意或决策制定、个人责任制、缓慢评价与提拔、控制比较含蓄、不正规，但检测手段为正规、中等程度的专业化的员工发展途径、对员工的全面关怀。

一个公司的文化由其传统和风气所构成。这种公司文化包括一整套象征、仪式和神话。

14

麦肯锡的 7S 框架：战略、制度、结构、目标、作风、人员、技巧。前三点具体，后四点抽象。

15

《追求卓越》一书的归纳总结概括了优秀企业的成功之道：贵在行动；客户至上；不断创新；以人促产；倡导理念；不离本行；精兵简政；宽严相济。

16

《公司文化》一书认为：杰出而成功的企业大都有强有力的企业文化。

企业文化的五要素：企业环境、价值观、英雄、仪式和仪典、文化网络。

企业文化的四种类型：强悍型、工作娱乐并重型、赌注型、按部就班型。强有力的文化实际上是四种文化相互巧妙的融合。

象征型经理：注重文化和职业性的管理，而不仅是埋头苦干和硬性管理。

17

企业文化产生的一般模式：企业高级管理人员制定并努力实施的一种创新的经营思想或经营策略；企业经营行为实施实务，员工运用经营的思想策略指导行为进行操作；企业经营成果运用措施取得成功，成就持续相当长的一段时期；企业文化出现企业文化，包含了创意思想和经营策略，反映了实施体会。

18

市场环境适应程度高的企业文化的创立与发展：

领导创立、实施公司经营目标及其经营策略，这一长远目标和策略卓有成效地适应企业经营的市场环境——企业经营获得成功、领导者注重各经营单位的要素和领导才能在获得经营成就中的重要性——力量雄厚的企业文化形成，其核心在于重视为客户、股东、员工竭诚服务，并强调领导才能的重要性——继任领导致力于维护企业文化的核心内容，对于基本的经营原则，他们表现出比任何具体策略和行为更为关注。

19

企业文化的核心是全员共同拥有的价值观（体系、实例、愿景）。

企业文化的核心是以共同价值链连接的企业信息：价值观、目标、精神、伦理道德准则、思维方式、行为方式，它通过企业士气、行为、制度和形象表现出来。

在面向市场经济的转型过程中，企业必须确立全新的价值观：竞争、合作、时间、效益、人才、领导、绩效、道德、科技、文化、发展。

20

企业价值观的倡导与整合：确立基本的普遍接受的道德准则；领导者倡导并身体力行的最高目标和人文价值理念；将制度和文化结合推动员工认同并成为自觉的目标和约束；目标和理念从企业实际出发并充分反映了企业个性；目标和理念之所以成为员工的精神追求是因为崇高正确生动；在培训和强化中推行，在耐心和不懈中坚持；将目标与理念贯穿于企业经营管理的全过程；沟通、沟通、再沟通，以期信息的正确传递和扩张。

21

企业的主导理念："一切成就，一切财富，始于一个意念"（《自我创富学》）。企业理念是企业各种观念经过理性化的整理后形成的共识。

主导理念：目标、使命、宗旨、经营管理理念和行为准则，是企业对内对外信条。"童叟无欺、货真价实"（同仁堂）；"中国心、世界情"（华侨城）。具有简明扼要，寓意稳定的要求。

22

企业的基础理念：是主导理念的具体化，是企业日常行为的规范、习惯与行为准则；是企业关于制度、产品、市场、环保、学习、环保、质量、生活、道德等理念，如团体精神、可持续发展、市场细分等，如末日管理、日清日高等。

23

企业精神的特征：领导人有高远的理想和务实的精神；企业整体有向上进取的团队力；有良好的人际沟通氛围；员工具有健全的人格心理；有旺盛的群体创造力；企业的约束与激励内化为员工的自觉行为；企业对社会进步有持续的贡献。

员工具有归属感——企业是员工认可的精神家园。

24

澳大利亚国民银行的调查认为：核心价值观必须通过全体员工才能得到有效实施；明确价值观要与培训相结合，使行为符合价值观；行为标准放在全球范围考虑，适应不同国家的文化背景；建立以价值观为动力的公司文化，需要高层管理人员从管理角色转变为领导角色；不断培养后备干部，让核心价值观通过他们坚持下去。

25

汇丰银行的经营原则：维护卓越的客户服务；营运讲求效率，注重效益；维护雄厚资本及充裕流动资金；贯彻审慎的放款政策；严格控制开支。

26

微软的经营战略：组织与管理——寻求既懂技术又善经营的人士；管理创造人才和技术——组建职能交叉的专家小组；对产品和标准的竞争——开拓并适应不断演变的大规模市场；产品定义与开发过程——依靠改进特性与固定资源激发创造力；开发与出品——所有工作都平行进行，并经常保持同步；创建学习组织——通过不断的自我批评，信息反馈和交流而力求进步。

27

小天鹅服务承诺"1、2、3、4、5"：上门一双鞋、进门两句话、带好三块布、做到四不准、五年保养。

28

企业的职业操守：HP 的经营指导原则，雇员应避免公司、客户、代理商及个人利益的掺杂；雇员不得受雇于公司的任何竞争对手；雇员不得假公济私，利用从事公司业务之机从中谋利；公司不得限制客户只同意与公司独家交易，也不得要求客户不得购买公司竞争者的产品；雇员应采取与公司并行不悖的方式来实现公司及个人的工作目标。

29

充满自信而又幽默诙谐的广告：一旦拥有，别无所求（飞亚达表业）；挡不住的诱惑（天霸电子）；当代精神当代车（别克轿车）；联想就在你身边（联想集团）；无与伦比的精明（瓦伦钟表）；每一粒都向你致意（本大叔粮食）；为你塑造迷人的线条（凯伯内衣）；伸展自如，妥帖保护（邦迪创可贴）；为每一杯注满欢乐和激情（美国咖啡）；金利来，男人的世界（金利来集团）；哈森，男鞋的至尊，女鞋的卓绝（哈森鞋）。

30

企业文化的内涵是回归人性：满意度、人本主义、礼仪。

深层的企业文化是回归人性，探讨怎样才是有道德的人，怎样与人相处，怎样与人为善，不是为工作而工作，而是为从事有益的事情而工作。涉及企业的品德问题，一定要持之以恒去做。要通过气氛来感染，但这离不开人性。

31

员工的精神生活需要包括感情、尊重、自我实现需要；对友谊、人际关系、组织接纳、组织认同感的需求、对个人地位、名誉、权力、责任大小的需求、对与他人工资的相对高低、组织环境、挑战性工作的需求。因此，应十分重视奖励分配、业绩考核、劳资协调、晋升安排、培训进行、团体活动、参与管理等细节的安排。

32

调查表明，员工不满时所采用的发泄方式有：消极应付日常工作89.2%；消极应付工作安排50.0%；怠慢客户14.0%；影响与同事的合作10.7%。

33

心理学的一份专项研究表明，管理人员对工作的满足度依次为：成就感（41%）、被赏识嘉奖（33%）、工作本身（26%）、具有一定的责任（23%）、晋升的机会（21%）、工资（15%）。

34

员工的物质生活需要包括生理和安全的需要：工资奖金、福利待遇、医疗保障、住房安排；工作时间、雇佣保障；退休制度、意外保险、劳动安全。

以上安排由企业的经营管理理念支配，创造"满意"与企业利润相关。

35

企业文化的人本主义思想：办公司就是办人（联想）；人才是企业的资本（万科）；领导者的任务不是去发现人才而是建立一个可以出人才的机制（海尔）；人气，企业最大的财富（格兰仕）；营造"和商"人文环境，规范员工行为（荣事达）；尊重每一个人。管理是管理者思维的管理，是管理者培养的管理，是管理者目标的管理（长虹）。

36

松下幸之助的人才标准：不忘初衷而虚心好学的人；不墨守成规而常有新观念的人；爱护公司和公司成为一体的人；不自私而能为团体着想的人；有自主经营能力的人；随时随地都有热忱的人；能得体支使上司的人；能忠于职守的人；有气概担当公司重任的人。

37

精神的家园：企业不仅应是员工工作的场所，更应是员工精神的家园；从硬性的管理转向软性的管理；用信任、用公正、用亲情来发掘已涣散的人性；既讲公平竞争，也讲人情味；在工资奖金、医疗住房、劳保福利等方面实行无差别政策；在婚丧喜庆、假日时节、计划生育、生病住院公司都要出现；在利润分享、团体旅游、提供餐饮、建立康乐等公司都要考虑。

38

员工满意与企业发展的关系：增长由客户的忠诚度所支撑；忠实是客户满意的直接结果；满意在很大程度上受到所提供服务价值的影响；价值是由满意、忠诚和有效率的雇员创造的；员工满意又来自支持传递高质量服务的制度安排。

39

充满人性的管理礼仪：对工作岗位、管理流程、人际行为、文书格式等管理环节的规范性要求。明确工作职责，提高公司的管理效率，改善人际关系。通过制度性安排如岗位责任、工作流程、议事规则、电话礼仪、宴会礼仪、庆典礼仪等来要求；也通过非制度性的道德规范如语言规范、乘车礼仪、用餐礼仪等来要求。

40

商务礼仪：文书与函电的格式；迎宾的接待方式与程序；待客的仪态仪表；谈判的方式与程序；称谓与习俗；了解与尊重。

41

职业礼仪是对职业性的人际关系的礼仪规范：对他们的工作表示礼貌性的关注与理解；注意尊重、开诚布公、主动倾听、称赞鼓励；注意理解和欣赏他人，保持积极的心态发展自己；了解上司的长处与短处，清楚自己的角色位置和他们的期待，注意选择交谈的方式与时机；依据职业经理和业务准则处理关系，不能个人感情用事。

服装暗喻了企业的制度和规则，通过色彩、设计、款式传达个人或企业的感情偏好，显示了个人对职业要求的承诺。

42

沟通礼仪：目光是语言交流的基础，善良真诚而不是压迫随意；外表形象和仪表可以使交流产生温暖的情调；交谈时的语气、耐心、倾听、亲切、幽默、尊重；提问时要中肯、婉转、精巧、谦让；回答问题要简洁、清晰、准确、避免冲突、强调积极；肢体语言要谨慎、自然、端庄、谦和。

43

成功的企业有成功的企业文化：陷阱、变革、企业家。

观念文明、制度文明、行为文明；将文化的积累视为与资本积累同等重要；领导者始终如一倡导、推行、强化企业的价值观与理念；将人力资本的引进、使用、培养贯彻始终；民主管理、全员参与、鼓励创新、不断追求；注重人性化管理、建立尊重、理解、信任、平等的人际关系。

44

企业的陷阱——战略与目标方面：热衷于中期、短期经营目标，不重视长远发展，缺乏战略性制度性安排；对人文目标没有兴趣，对社会贡献没有热情；没有或者不强化有关的宗旨、精神、理念。

企业的陷阱——凝聚力方面：员工对企业的主导价值和目标或知之甚少或不屑一顾；缺乏信息共享，行为僵化涣散，对外界变化反应不灵敏；缺乏共识，管理干部对战略或计划的执行心存疑虑；员工抵制或抗拒指令，沟通不畅，非正式组织作用日益加大；员工的危机感增加，流动率增大，忠诚度下降，开始重利轻义；企业的社会认可程度低，形象不佳，信誉度下降。

企业的陷阱——人文氛围方面：谨小慎微，附议从众；争权夺利，吹牛拍马；打小报告，传谣言风；不容异见，猜忌排挤；犬儒盛行，奴化成风；等级森严，官僚僵化；拉帮结派，同学乡情；君不明臣不直，坦率直言遭报复。

企业的陷阱——选人用人方面：重学历、重资历、重关系，轻能力、轻集体、轻绩效；任人唯亲、唯我是用；喜用"矮子"，排斥"长子"；不干事、少干事、大锅饭、照样香；干得多、错得多，不容错，养庸人。

企业的陷阱——管理行为方面：重经营，轻管理；重利益，轻仁义；重有形，轻无形；重使用，轻培养；重外延，轻内涵；重形式，轻实质；按部就班，墨守成规；计划不周，虎头蛇尾；急功近利，滥用资源。

企业的陷阱——管理风格方面；事必躬亲，疲于应付；优柔寡断，一意孤行；缺乏信任，沟通不足；言而无信，好大喜功；推过揽功，文过饰非；主观武断，阻塞言路；做老好人，不得罪人。

45

企业变革：当一个企业有了一定实力时会滋生衰退和僵化需要文化变革；当一个企业凝聚力竞争力下降时已陷入陷阱需要变革；当一个企业安危系于一人，群体已病入膏肓时需要变革；当一个企业面对竞争缺乏创新意识时需要变革。

变革已成为当今企业应对瞬息万变市场求得生存发展的重要手段；变革就是培养适应未来的能力，是为更有力的明天在今天冒险。

46

"得以幸存的既不是那些最强壮的物种，也不是最聪明的物种，而是最适应变化的物种。"

"不要等到行将崩溃的时候才实施至关重要的变革，应当及早预测命运，监控危险信号。"

"不幸的确定比不确定的不幸要好。"

"'荒谬'可以定义为：反反复复地做同一件事，却期待着出现不同的结果。"

47

企业的变革再造不是改变现有的东西，而是创造现在没有的东西。变革不一定有效，但不变革肯定无效。为了保持竞争力，企业必须每隔几年自我燃烧一次，重新建构自己的战略、角色和实施方案。陷入危机的公司不是因为人为的破坏，而是因为一些优良的实践活动已经超过了它们的有效期。

48

GE 董事会致员工的公开信。

四大举措：全球化、产品服务、六个西格玛、电子商务。

重大变革：学习的公司、采取行动、去冒风险。

价值观创造未来：诚信，一切关系的核心；乐于变革，不是预测未来而是创造未来；客户关系，缩短跨度；自信、简单化和速度；人才，A：B：C = 20：70：10，以人道的方法挤掉10%的人。

不拘形式：老大老二规则也有新变化。

49

管理理念的变革：增强协作、分散经营、智力基础设施（知识革命理论）；合作、共享、加盟（民主企业理论）；以商品为道具、以服务为舞台（体验经济理论）；制造商、销售商和消费者融为一体（商业生态理论）；将资源、事业与组织构成最佳组合（整体策略理论）。

经营理念的变革：寻求独占性价值观念；快速变革的观念；规模效益的观念；资源价值的观念；重建客户关系的观念；知识经济的观念；利用他人生产的观念；经济全球化观念。

50

组织模式的变革：

学习型组织，核心能力表现为能够确定和集合最完善的思想、概念、资源、技能和生产关系，在竞争中给客户带来最好的服务和最佳程度的满足。

N 型组织，是区别于 M 型事业部组织的网络组织，扁平层次少，基层有必要的经营自主权。良好的自我管理会导致充分发挥个人的能力。

51

企业成功的基石是品德——道德观。没有道德就会陷入灾难，有了道德就可以在市场立足。

损人利己、利己不损人、利己利人、专门利人、舍己为人。

企业伦理道德的多方因素：股东、企业、员工、客户的相关利益；社会的公平目标和进步目标；企业合理的功利性追求；君子好财，取之有道；取信需十年，失信在一日；欺人如欺天，毋自欺。

52

汇丰银行的经营价值观：公司上下人人恪守最高的个人诚信标准；维护事实，公平交易；鼓励亲励亲为的管理作风；重视质量与实务能力，树立公众推崇的良好形象；消除官僚习气；迅速制定和落实政策。以集团利益为重，个人利益为轻；适当放权之余，要求承担相称的责任；处事客观，公平对待雇员；以选择任职为原则，提出、甄选和提升雇员；恪守营业地区一切法规的精神和条文；推广环保之道及长远发展，对各地人民的福祉及发展作出贡献。

53

企业文化重大变革的两个基本要素：

都是自上而下倡议而组织发动的，因为要改变原有文化需要极大的权力支撑。因此，企业最高层卓越的领导艺术才能是企业文化重大改革的绝对必要条件。

案例表明，成功实行企业文化变革的公司具备三大素质：卓有成效的领导者、外来者的视野、公司内部人才资源的支持。

54

建立业绩文化的主要因素：

强有力的高层领导，领导能力强，管理能力强，勇于大胆决策、设定高的经营目标，有为股东、为公司创利的强大意愿和动力，清晰的思考和沟通。

以业绩为基础的薪酬制度，高层管理者的利益直接与股东利益挂钩，如股权计划、期权计划，将尽可能多的工作人员的非固定工资部分提高到至关重要的位置，且有激励作用，将非固定工资与经营业绩目标挂钩。

优良的管理信息系统，集中关键经营业绩指标，提供足够的详细内容；按客户群、产品类型统计业绩指标；不同时间、不同业务报告的统一性和可比性，成为制订计划，评估成效和重要决策的依据。

55

企业家是企业的灵魂。文化是企业创始人、领导人、企业制度建立者和社会建筑师的创业活动的结果。

优秀的企业领导人创造幻想，清晰明白地描述幻想，满脸热情地去拥有幻想，并且不屈不挠地把幻想实现。

——杰克·韦尔奇

56

企业领导者的人格风范："不患位之不尊，而患德之不崇"；组织意识、民主作风、艰苦奋斗、自我奉献、乐观进取的精神；诚实、正直、自信、坚毅、勇敢的品格；进取、追求、执着、强烈的责任感；体恤与激励、尊重与信任、得体与威严；不唯上，不唯书，只唯实。

57

企业文化由企业家导向：志趣情操、精神状态、思维方式、目标追求起决定性影响；是设计者、倡导者、推动者、弘扬者；文化素养、磨砺追求奠定了企业文化的基础；通过追求成功实现人生的理想与信念，将自己的价值观在企业中身体力行；对企业文化的理解深度与行为选择反映了领导水平与领导能力。

58

企业家卢作孚，第一位提出"实现国家现代化"的人，十分强调企业与社会的和谐共处。"个人为事业服务，事业为社会服务"，极有远见抱负和实践意志。

"不失败的人，就是不甘失败的人"，一生为"教育救国""实业救国"而奋斗。《亚洲与美洲》期刊载文评论："卢作孚是一个没有受过正规学校教育的学者,一个没有现代化享受要求的现代企业家,一个没有钱的大亨。"

59

企业文化的比较:日、美、欧;中国传统文化的思想精华;走进市场经济。

60

文化背景的差异:

海难之前船长的指示:跳水是一项体育运动(对英国人);跳水是一种时髦,没见正有人跳水吗(对法国人);我是船长,现在跳水,这是命令(对德国人);乘坐别的船冒险可以跳水,但在我的船上不允许(对意大利人);跳吧,反正有人寿保险(对美国人);你家有八十岁的老母,你还不跳吗(对中国人)。船长的话正中下怀,不同的人都跳了下去。

瑞士缆车站旁的三块告示牌,英文:请勿摘花(礼貌);德文:严禁摘花(纪律);法文:爱山及花(情趣)。

61

日本企业的文化:日本文化的核心是"和魂洋才"。注重等级、忠德优先、民族主义。企业信奉家族主义和资历主义。等级观念重,提倡内和外争。"尽忠""报德"是日本企业员工的基本信守,为个人利益的流动认为是可耻的背叛行为。提倡产业报国,以国家利益和集体利益为前提。民族精神、团体意识和危机意识是打入国际市场的精神动力。富于机变与观念惰性成为相辅相成的两个方面,即使对新的文化积极吸收,但绝不轻易放弃自己的东西。

松下电器的理念:履行企业员工应尽的职责,谋求改善和提高社会生活,为世界文化的发展作出贡献。企业的发展离不开全体员工的友好协作,全体员工应以至诚为宗旨,团结一致服务大企业。产业报国、光明正大、和谐一致、奋斗向上、礼貌谦让、服从统一、感恩报德。

62

美国企业的文化："美国是欧洲的女儿，忽视这一点，无疑是对现实的否定。"

美国企业的务实精神和创新精神，注重人性需求的价值。理念是资本主义新教伦理精神和主导美国社会的人文精神的反映。多种文化并存的移民社会，提倡并信仰平等权利，个人至上，个人奋斗，把思想和行为的价值兑现摆在首要位置，重视实用，鼓励不断创新的文化，成为企业活力的源泉。

63

欧洲企业的文化：欧洲文化是希腊文化、拉丁文化、犹太文化与基督教之间既融合又对抗的产物。崇尚知识、宣扬人权、强调理性。培养实现个性的需要反对国家至上；利己主义反对利他主义。欧洲企业的价值理念。强调精神性，信奉 Y 理论，浓厚的人文主义色彩。富有科学理性。强调平等和个人权力、民主管理。以未来作为导向，富有创造性和进取性。

64

中国传统文化中儒家、道家、法家、兵家的思想精华为企业管理提供了取之不尽、用之不竭的思想智慧。

儒家思想：以人为本、天人合一、义以生利、修己安人、知行一致、德行一致、执经达权。

道家思想：无为而治；有无相生；无私而成其私；道可道，非恒道、名可名，非恒名；天道无亲，恒与善人；处无为之事，行不言之教；事在人为。

65

《孙子兵法》的用兵之道在于计谋、造势和虚实。知己知彼，百战不殆；上下同欲者胜；赏罚分明；出奇制胜；择人而任势。

治国安邦的思想精华：修身、齐家、治国、平天下；先天下之忧而忧，后天下之乐而乐；公生明，廉生威；法不阿贵；古之善为国者，倍赏而必罚，道德而齐礼；为将之道，当先治心；礼义仁智信。

66

深圳市商业银行的企业文化是什么？历程、价值观、愿景与战略。

67

深圳市商业银行的价值观：

真诚服务社会，追求可持续发展。资源来源于社会、效益来源于客户，市场是企业收入的来源，客户是企业生存的衣食父母；适应了市场自然财源滚滚，迎合了客户就可以生存发展。成功的企业永远善待市场和客户，有义务服务客户、回报社会。只有更好地经营客户、服务社会，才能在竞争激烈的金融市场中立于不败之地。真正的企业家，是有高度社会理想和责任感的先进分子。真正的企业要维护股东的根本利益，要能够充分为员工的生存发展创造机会提供条件，真正的企业和企业家追求的是可持续发展。

品德是成功之本。企业的全面成功是经济效益、社会责任和人才培养的全面提升，自觉地维护股东、客户和员工的关系。有多高的品格，有多大的胸怀，才能做多大的事业。孜孜以求中渗透了品性的力量，励精图治里折射着人格的魅力。

没有超越就没有发展，没有创新就没有改变。生于忧患，死于安乐，人只要肯"奔"，事业就有希望。搞企业更要有一种末日心态，敢于拼搏、善于竞争、自我超越，实现人生与企业更大的飞跃。

站着不动是要跌倒的。逆水行舟，不进则退。安于现状的人是绝对不可能成功的。唯有勇于创新，顽强拼搏，才能更有能力去应付新的经济环境，在瞬息万变的市场竞争中真正立于不败之地。

把事情做对，做对的事情。让你的服务对象感觉你是一个负责任的值得信赖的管理者，让你的管理对象感觉到你是一个热心的可以信赖的服务者。

专业精神。达到专业的工作标准，塑造专业的对外形象，维持专业的行业地位。对内建立明确的岗位分工与清晰的责任授权体系，对外建立健全完善的客户服务管理制度，形成程序化、规范化、制度化的工作作风，才能具备专业精神。

员工与企业共成长。尊重员工，着力于引导人、培养人、激励人、塑造人，鼓励员工追求自身的可持续发展，用员工的可持续发展去推动企业的可持续发展，从而获得企业与员工的"双赢"。

职业生涯靠打拼。职业生涯的社会身份是通过一生的努力获得的，是一个非常艰苦和漫长的过程，厚积而薄发，成功靠的是积累。要科学设计自我，用心耕耘，在实战中学习，做得越多，就学得越多，学得越多能力就越强，超越自我的机会就越大。真诚是职业生涯的珍珠玛瑙，学会面对挫折，学会善于总结，以一种必胜的信念，碰到困难不后退、不萎缩。乐在工作，乐在升华，乐在成功。

尽本职，勤努力；沟通好，有创意；帮助人，守信誉；讲时效，有激情。商行员工必须具有良好的职业操守、良好的职业素质、良好的业绩、良好的工作态度，十分善于与他人合作，崇尚团队精神，有创新意识与自我经营的意识。

"三讲"教育动员

> "三讲"教育是 20 世纪 90 年代后期中央推动全国党政机构、企事业单位的领导干部开展思想教育的一项活动。按照规定部署，我们班子的"三讲"于 2001 年第四季度进行。这是 10 月我在动员会上的讲话提纲。

1

认识国有企业开展"三讲"学习教育活动的重要意义，进一步提高搞好"三讲"学习教育活动的自觉性。

2

国有企业开展"三讲"学习教育活动，是贯彻落实江泽民总书记"七一"讲话精神、"三个代表"重要思想以及党的十五届六中全会精神的一项重要举措。

3

深入开展"三讲"学习教育活动，是加强我行领导班子建设的需要。

成绩的集中体现：1999—2000 年，商业银行的领导班子被市委评为"团结、廉洁、开拓"的好班子。

存在的不足：在决策机制、决策程序、决策方法和决策能力上，如何面对瞬息万变的市场还需要进一步改进提高；在理论联系实际、深入基层、联系群众方面仍然需要进一步改进加强；从讲学习、讲政治、讲正气的高度看，班子还需要加强学习，注重协调，善于沟通。局部利益服从全局利益、个性服从党性，用整体的合力保证班子的战斗力。

4

开展"三讲"学习教育活动，是进一步加快我行改革与发展步伐的客观要求。

几年来改革的成效：面向市场进行了内部机构改革，从市场部到公司部、个人部的设立，充分体现了市场细分的战略。

整合资源进行支行体制改革、一二级支行管理体制的重新规范，以及考核体系的重新塑造，使网点资源得到充分发挥，促进了网点规模与效益的同步增长。

提高管理水平，开展了管理达标升级活动，实行了全员目标管理等，使全行的内部管理工作日益规范有序。

网点的改造和重新设计量力而行，有序展开，重塑了对外形象。

5

发展的成效：截至 2001 年 9 月末，我行存款已达 208 亿元，是1997 年末的 2.3 倍；不良资产率已降至 21.8%，比 1997 年降低 22.2 个百分点；资产总额已达 276 亿元，是 1997 年的 2.3 倍；实现利润 6100多万元，是去年全年的 1.9 倍。

6

初步找出了以下几个问题：内部发展不均衡，各项经营指标从日均、点均、人均情况看，支行间发展有好有坏，有快有慢，差异程度较大；在外部竞争中尚未取得优势地位；无论就资源、技术、机制、品牌等哪方面来看，我行可持续发展都缺乏强有力的支撑；队伍素质不足以应对激烈的市场竞争。

7

行级领导班子和领导干部深入开展"三讲"学习教育的具体安排：

学习理论，提高认识：这一阶段从 10 月 11 日至 10 月 21 日，共 10 天，主要任务是思想发动、深入学习、提高认识、掌握武器，为搞好"三讲"教育奠定思想基础。

找准问题，开好民主生活会：从 10 月 22 日至 10 月 31 日，时间为 10 天，在广泛征求意见的基础上，领导班子及成员对照中央、省委、市委关于"三讲"的一系列指示精神，总结近年来工作和思想情况，找准存在的问题，写出班子和成员的总结材料，召开座谈会，由全行助理以上干部参加，对领导班子成员的总结进行民主评议。

制订整改方案，落实整改措施：从 10 月 31 日至 11 月 9 日，时间为 10 天，主要任务是针对查找出的突出问题，行领导班子集体研究制订切实可行的整改方案，并将责任落实到人，要努力把领导班子及成员思想上政治上的提高，转化为促进我行改革和发展的工作思路和实际措施，同时在制度上加大改革力度，通过整章建制巩固"三讲"学习教育活动的成果。

8

行级领导班子和领导干部深入开展"三讲"学习教育活动的基本要求。

9

切实加强领导，真正把"三讲"教育作为事关全局的头等大事来抓；抓住重点，找准并解决好领导班子和我行在改革与发展中存在的突出问题；坚持走群众路线，实行开门"三讲"。

10

正确使用批评与自我批评的思想武器，高质量开好民主生活会。开展批评与自我批评，要坚持实事求是，摆事实、讲道理，不能道听途说，搞捕风捉影或者以势压人、乱扣帽子；要讲政治，从大处着眼，不纠缠细枝末节；每个成员都要做到人贵有自知之明，严于自我批评，不要对己文过饰非。

11

坚持边整边改，把开展"三讲"教育同推动当前工作结合起来。与推进我行改革与发展相结合；与我行第三期中层管理人员培训班结合起来，研究制订好明年工作；与创建好班子相结合。

我们需要变革吗？

现代企业的生存之道，是善于改变根深蒂固的行为习惯。变革就是主导企业适应市场环境的变化，获得适时的生存能力。深商行的第二次变革于2001年后期开始发动，在10月的行务会上首次抛出二次变革的议题。之后所有的经营管理都围绕这个中心展开，让大家知道目标和可能的结果，以及团队中什么值得认可，什么必须抛弃。

1

深圳市商业银行已经经历了第一次变革；加入世贸组织后的两至三年国有企业和金融服务业必将面临一个阵痛期；没有变革就没有未来；从现在起我们必须发动第二次变革。

2

我们必须有足够的紧迫感；管理的职责是尽可能地减少风险维持体制的运行。而变革是要求建立新的体制，因而需要领导。没有足够的真正的领导者，企业的变革是无以成行的。足够的紧迫感需要企业中的大多数人接受必须变革的现实。

3

得以幸存的既不是那些最强壮的物种，也不是最聪明的物种，而是最适应变化的物种。

4

不要等到行将崩溃的时候才实施至关重要的变革，应当及早预测命运，监控危险信号。不幸的确定比不确定的不幸要好。

5

"荒谬"可以定义为：反反复复地做同一件事，却期待着出现不同的结果。

6

为了保持竞争力，企业必须每隔几年自我燃烧一次，重新建构自己的战略、角色和实施方案。

7

企业的变革再造不是改变现有的东西，而是创造现在没有的东西。变革不一定有效，但不变革肯定无效。

8

必须沟通发展的愿景。如果没有切实的愿景规划，变革转型的努力就很容易在一大堆混乱的方案中烟消云散。在失败的变革中，可以看到大量的损失，但就是没有愿景规划。

9

一个良好的愿景规划包括两个主要部分：核心经营理念（核心价值观、核心目的）；生动的未来前景（十年到二十年的目标：宏伟、惊险、大胆）。用形象短期、引人入胜的描述让长远目标成为人们头脑中有形的东西。激情、鼓舞、感染力。

10

核心经营理念是一种企业在成长发展过程中把组织整合起来的黏合

剂。核心价值观是企业的指导原则和宗旨体系。核心目的是企业存在的最根本的理由。关键不在于组织应当拥有什么样的核心价值观，而在于组织是否拥有核心价值观。有效的目的反映了人们在组织中从事工作的理想动力。它并不是仅仅描述组织的产量或目标客户，而是抓住了组织的灵魂。

11

构建有效的未来前景，要求有一点充满憧憬的信心和承诺。华为、海尔、索尼、沃尔玛。

12

海尔公司的核心经营理念、核心价值观：市场唯一不变的法则就是永远在变；优秀的产品是优秀的人干出来的；用户永远是对的。目的：否定自我，创造市场。

生动的未来前景：国门之内无名牌；创中国的世界名牌。

生动形象的描述：走遍世界各地，人们都知道海尔这个名牌，未来的海尔不仅属于中国，更应该属于世界，这才是真正满意的国际化形象。

13

索尼公司（20世纪50年代）的核心价值观：日本文化和国家地位的提升；成为时代先锋——不追随别人；做不可能的事；鼓励个体的能力和创造力。目的：体验发展技术造福大众的快乐。

生动的未来前景：成为最知名的企业，改变日本产品在世界上的劣质形象。

生动形象的描述：产品分布世界各地，是第一家打入美国市场的日本公司，美国失败的技术项目我们将会成功，50年后我们的品牌知名于世，崇拜创新和能与最具创新精神的公司比美，"日本制造"意味着精美细致。

14

深商行的理念和前景是什么？核心价值观：以不休为体，以日新为道，为了不败，追求永远的卓越；品德是成功之本；职业生涯靠打拼；站着不动是要跌倒的。目的：真诚服务社会，追求可持续发展。

15

必须建立有力的领导集团。领导联盟既是变革愿景的策划者，也是计划和方案的推行者和实施者。

16

必须对愿景作出良好的沟通认同，如果没有绝大多数员工的支持和帮助，企业变革转型就不可能实现。

17

必须扫清变革道路上的障碍，障碍可能是操作方法，也可能是组织结构，但也可能是拒绝变革的领导和要求变革的领导步调不一致。

18

必须有系统的安排和阶段性的成果。真正的变革需要假以时日，如果不实现一些短期目标并为之振奋，变革的努力就会缺乏动力。

19

必须深入持久地巩固变革成果。要想使变革再造工程深入企业文化中去，这一过程至少需要5~10年的时间。用实践证明新方法、新行为和新态度有助于改进工作绩效。用时间确保新一代高层人员也能成为新体制的楷模。

公司治理与董事长角色定位的思考及实践

> 当代国有企业领导人的历史责任是要用现代企业理念建造一个个市场经济体系的健康细胞，董事更加懂事，监事更加知事，经理更加干事。出于我们公司治理方面的良好口碑，我接受人民银行济南分行的邀请，于 2001 年 12 月与该行辖内城商行的董、监、高培训班进行交流发言。在一个需要道德、法制和信誉的历史时刻，但愿我们每个当事人都能够用自己的身心去推动社会的进步。

1

深圳市商业银行是全国首家成立的城市商业银行，1995 年 6 月成立，有 145 个股东单位，注册资本为 16 亿元人民币，共有 44 个分支营业机构、1200 余名行员。

2

经营宗旨：我们与客户共同成长。广告词：深圳人自己的银行。真诚服务社会，追求可持续发展。以不休为体，以日新为道，为了不败，追求永远的卓越。职业生涯靠打拼。站着不动是要跌倒的。

3

领导班子获得集体荣誉：深圳市委授予行领导班子 1999—2000 年度"团结、廉洁、开拓、好班子"的称号。

4

现代企业制度的核心是公司治理结构：能够保证在所有者和经营者之间建立制衡关系的法人治理结构。现代企业的特点是所有者与经营者的分离。使具有不同目标函数的所有者和经营者"不同心而同力"。

5

公司治理观念的转变：20世纪80年代，学术界对日、德体制推崇，认为这种银行和企业集团控股方式有利于鼓励企业着眼于长期发展；而英美以股市为主的资本市场容易导致经理人员的短期行为，为了眼前的投资回报损害企业的长远利益。

20世纪90年代以来，随着美国经济对日、德经济相对优势地位的上升，认为美国体制更优越的观念渐渐占了上风。认为美国体制更强调保护投资者，股市发育比较完全，融资方便，有利于企业的新陈代谢，从而推动经济发展。

由于机构投资者控股比重的上升，美国机构投资者一改历史上对企业管理的被动、旁观的态度，积极参与企业的战略管理。20世纪90年代初，美国 IBM、通用汽车、康柏、AT&T、捷运五家董事会就是在机构投资者的压力下换人并调整经营策略的。

6

公司治理的调整：肯定人力资本，兴起经营者持股；推行有限授权；实行独立董事制；加强内部审计。

7

企业治理结构的前沿理念：从以货币资本为基础的所谓所有者和经营者的相互关系的界定转到重点放在对人力资本的激励机制和约束机制如何建立这个基点上来。

未来的企业治理结构必将由过去的以两权分离为基础的、以所有者和经营者的关系界定为内容的治理结构，转向以人力资本和货币资本的关系协调为中心的新的治理结构上来。

8

界定两种资本：货币资本（出资人投资），包括出资人出资的货币资本、各种资产、土地；人力资本，技术创新者、职业经理人。人力资本不等同人力资源，两种人之所以成为人力资本是现代经济条件下企业竞争的结果。

9

两种资本关系的协调构成企业治理。人力资本的激励机制：保证人力资本应有的地位及利益。经济利益：工资、年奖、期权、职务消费、福利、补贴；权利：CEO、独立董事、战略决策委员会；文化：等级制、能力差别、权益差异。

10

法理对董事的约定解释：董事与股东之间是信托关系，股东把管理公司资产的职责委托给董事。董事最大的责任是信义，不能背离股东和公司的利益。董事会实行集体负责制，凡事一人一票以示对决策承担由此而对应的法律责任。执行董事或经营班子执行董事会议的决议，以职业道德和职业水准履行合同受聘的义务。

11

董事会应做什么：确立公司的经营理念和使命。选拔、监控、评估、酬劳公司高层管理人员审议、批准管理层的战略及经营计划。审议、批准公司的财务目标及重大资本配置开支。审议、批准经营业务的重要交易。定期评价公司营运结果。评估自身工作职责的有效性。

12

董事会应如何履行职责：设立一个治理委员会（提名委员会、组织委员会）。创造独立的领导角色。主导各种董事会议的议程。确定有效的独立选拔和报酬方式。要求持股。建立评估程序。举行独立董事的执行会议。获取独立的建议。

13

谁应该当董事：个人特征，正直和责任心、见多识广、财务知识、成熟的自信、高业绩标准。

董事会的能力：会计和财务、商业判断力、管理才能、危机反应、行业知识、国际市场、领导才能、战略远景。

董事会的独立性：独立董事为多数、独立性定义。

董事的承诺：时间和努力、专业知识和持续教育，对其他董事会的承诺、持股权、职业责任的改变、服务时间。

公司的考虑：平衡董事贡献、多样性、公司状况。

14

公司治理——企业架构：

董事会及管理层完善、格局、高效。承担共同的经营责任并付诸实现。管理行之有效并促进业务发展控制业务风险。

主席，负责董事会的运作，负责董事会的成员人选和组合，业务范围、战略方向和经营计划的总负责人。

执行董事，对公司重大事项作出决策，对股东和公司负责，定期举行董事会议，讨论监督经营及财务，定期视察公司营运状况，审批年度预算，监察内部管理是否符合业务操守和有关法例，界定管理层人员的角色及责任。

非执行董事，对公司重大事项作出决策，定期举行董事会议，讨论监督经营及财务，监控董事酬薪、审计或任命委员会。

15

公司治理——企业架构：

行政总监，负责人事安排及调动，负责统筹及主导日常管理事务并向董事会报告，负责编制并执行经营管理计划，通常由不同人士聘任行政总监和董事长为好，以满足监督机制的要求。

营运总监，负责日常营运程序，包括销售、市场推广、技术生产等，拟定管理程序，协助行政总监编制及推动经营管理计划。

财务总监，负责控制预算、开支及企业融资安排，负责审阅财务数据并向董事会提供解释，协助行政总监编制及推动经营管理计划，确认公司财务报表。

16

公司治理——企业架构：

董事及管理层人员的基本素质：管理的洞察力和决策的果断性、分析能力、沟通能力以及良好的人际关系及人事处理能力、统筹工作评核及发展员工的能力、可靠性及独立工作能力、对经营结果及风险的承担。

管理层的薪酬必须与职责相符：相关岗位的能力、经验及权责、市场普遍的相当水平。

17

公司治理——企业架构：

董事会把握的基本点：负责指挥企业的整体运作方向、制定业务范围，战略及规划是首要工作、保持清晰认识不应过度参与具体管理程序。

管理程序要则：确定企业各项主要经营及运作事务、确定各项业务的相关风险、每项业务的权限及操作程序，必须与企业的规模就授权及风险控制间达成平衡。

18

公司治理——监管制度：

监管制度的必要性：保证公司治理的有效性、面对竞争作出有效和及时的反应、促进管理层的问责制、适当地挑选任命董事以确保其有效履职、对董事酬金进行适当披露、有利于投资者对股份定价的考虑、防止欺诈和玩忽职守。

19

公司治理——审计委员会:

主要工作:审阅财务报告、监督内部控制系统操作的有效性、定期会晤外界审计师,讨论程序及重大问题、确保公司政策符合有关法律及专业守则、审阅董事薪酬及审计师薪酬的合理性。

审计委员会成员要求:必须是非执行董事,具有独立性、权威、技能和经验,独立思考及适当的谨慎,对商业运作的广泛认识、董事会认同、支持及协助、可坦率同管理层讨论问题、制定章程界定职责。

20

公司治理的重要性:在各利益主体之间建立共同目标;管理层、员工、客户及股东建立有效的工作方法、高质量的员工福利和对公司尽职的精神;为未来潜在的长线价值做出推动;利用未被发掘的员工价值;改善财务报表的透明度;减低无效借贷。

21

董事长要扮演健全完善公司治理的重要角色。

亚洲金融风暴后,香港金融管理局认为,由于银行由所有者兼管理人操控,董事会难以扮演重要角色;或者银行属于大集团的一部分,负责向集团其他成员或所有者提供资金;或银行的管理层不够专业,欠缺问责约束;或仅重视业务增长而不理资金回报及所承受风险是否合理,风险管理薄弱。

22

时下看到的某些公司治理中存在的问题:董事、监事并没有承担法律责任。在一股独大的情况下,由同一个机构任命的董事长、监事长、总经理、副总经理谁是所有者的代表,谁是经营者?《公司法》规定总经理负责日常经营管理,规定董事长是法定代表人,承担第一位的法律责任。董事长要么亲自下厨，要么垂帘听政。矛盾由此而生。

外部董事很难关心公司的运行。没有机制保证董事严格履行勤勉义务和诚信义务。监事会缺乏实施监督的环境与条件。所有者的治理往往与主管部门的监督自然走到了一起。董事长有几个头衔，需要什么就用什么。各个不同的管理部门，多头稽查与审计。只有监督而激励不足，责权利不对等。自我激励导致腐败和激励失败。在客户、政府、员工、股东几者关系上，缺乏对股东的足够重视和关注。国有控股企业的董事长要维护股东的权益并不容易。更多关注当期的权益和本单位的权益，很容易漠视公司的整体和长远利益。惯例的做法不是集体负责而是由法人代表承担责任。

23

董事长角色的几种选择：依法合规充当法人代表的角色。无视股东和企业的长远和根本利益，死拼硬打做业绩，吃光分尽搞福利。博得任命机关领导和员工的注意和欢心，短期做个跳板一走了事。回避矛盾，逃避责任，有硬不碰，有事不管，反正可以授权，全部事情推给经营班子自己落个轻松清静。

24

任内做几件事。

致力改善公司治理结构：不断调整充实公司股本。两次调整董事会构成，提高公司管制能力。筹划实现经营者持股和员工持股。构建董事会对执行班子的管理办法和程序。董事会设立三个委员会（战略与规划、授权与考核、激励与监督）。

发起推动变革与创新：始于1997年4月的第一次变革，由计划向市场、由混乱向规范、由低迷向增长；始于2001年10月的第二次变革，由成长向成熟、由国内向国际、由混浊向清晰。

推动战略管理：1997—1998年完成战略调整；1999—2000年完善组织结构和业务流程、实现增长；2001—2003年三年规划；2003年之后，根据加入世贸组织的变化，重新研究发展战略愿景、市场定位、发展目标、增长模式。

发起推动企业文化建设：将统一价值观贯穿企业变革的全过程；抓工作要抓队伍，抓队伍要抓班子；推动学习型组织的形成，不断研究不断学习；新观念形成新气象，新模式促成新增长；自己动手讲课、编书、写文章，提炼观念和思想。

25

董事长与行长的合作基于三个前提：双方都从工作出发，出于公心，不把私欲参与到工作中去。双方共同具有比较相同的认知能力，在经营管理的诸多问题上容易取得共识。双方互相尊重，都给双方留下独立思考和独立工作的空间。

出于公心：不争权力分配，不计较谁该管什么不该管什么；不计较排名先后，谁出面有利谁出头露面；不计较得失，有成绩都有份出问题都承担；不在乎轻重，在沟通中能相互批评交心。

共同的认知共同的时代经历；相同的教育背景；比较接近的思想方法；共同的使命。

给对方留下独立空间：出于真心相互尊重；保留自己的意见支持对方的想法；保持必要的距离。

26

董事长与行长的合作基于三点认识：

不把假戏当真戏唱，现行法规与领导体制的冲突与矛盾，要从实际出发，既要有原则性也要有灵活性。

克服困难努力取真经，明确公司治理的治理要求、制度建设和个人行为的努力方向，带头实践，最大的阻力是自己。

认定我们这一代人的历史责任，制度转型的长期与艰巨，过渡时期与过渡人物，不是消极埋怨而是积极行动，历史责任是推动社会进步。

27

董事长与行长的合作归于三项要点：

靠制度而不是靠感情，重大事项议事规则，委员会辅助决策或主导决策，三年滚动规划，董事会对经营班子考核办法。

靠合同而不是靠感觉，年度授权书是具有法律效用的文书，《公司法》《商业银行法》规定了权利和义务。

靠诚信而不是靠猜疑，法律不能解决道德范畴的问题，制度不能详尽所有的问题，上级组织与领导不了解具体的问题，为人的诚信是合作的主要基础。

·2002 年·

共同寻找新奶酪

> 几年来已经形成了惯例，每年开年的年度工作会都要发表主旨讲话。2002 年与时俱进，摒弃讲稿改为 PPT 投影。以当时的畅销书《谁动了我的奶酪？》为主题，告诫大家大多数人并不恐惧现状，只是恐惧改变。积极地适应变化绝非易事，需要有意识地摒弃对工作和学习造成消极影响的态度。只有改变才能得到更加美味的新鲜的奶酪。

1

我们的行为像谁？

像嗅嗅？——他能够及早地嗅出变化的气息。

像匆匆？——他能够迅速开始行动。

像哼哼？——他因为害怕变化而否认和拒绝变化，使事情变得更糟。

像唧唧？——当他看到变化会使事情变得更好时，能够及时地调整自己去适应。

2

不管我们像谁，都有共同的需求，那就是：需要在迷宫中找到我们自己的道路，帮助我们在变化的时代获得成功。

3

大家关心的命运：我们行的未来路向是什么？能不能独立生存？会与谁联合？需要有外资投入吗？

4

大家关心的"钱途"：未来的工资福利政策是什么？工资结构会不会再做调整？能不能对支行的激励更大一些？经营者和员工持股究竟怎么搞？

5

大家关心的"关系"：发展与稳健（持续、有效）；干部与群众（人性化、做尾巴）；变化与稳定（业务、人事）；管理与效率（规范、因应）。

6

大家关心的心态：总行领导层面、总行部门层面、支行层面、员工层面。

7

今年是二次变革的起始，怎么做？提炼成两句话：

"一个转变、两个坚持、三个重点"。努力实现增长方式的转变；坚持稳定增长，坚持积极求变；重点发展负债业务，保证业务规模的有效增长。重点完善业务管理体系，提高统筹管理能力和水平。重点加大对品牌营销、产品开发、技术改造的投入力度。

"三优秀、两满意、一提高"。优质的服务、优良的资质、优美的环境；满意的管理、满意的领导；提高竞争力。

8

共同寻找新奶酪，谁动了你的"奶酪"？世界、国家、时代、市场，从无数的变化与困惑中正在源源不断地创造出无数的新奶酪。属于我的、我们的、你的、你们的奶酪，也只能从你的、我的、你们的、我们的思考与行动中，从积极自由的心态里源源流出。

商业银行与公司理财

> 中国加入世贸组织为商业银行的业务发展孕育了许多机会，只有持之以恒地盯住市场，并拥有迅速调整应对市场的能力，才能成为市场角力的赢家。2002 年 3 月，我参加《经理人》杂志社组织的经理人论坛，会上宣传推广新的业务品种和经营理念。

1

商业银行公司业务经营架构：
资产授信业务、资产交易业务、投资银行业务。

2

国内商业银行公司理财业务遵循的规则：

商业银行法以及其他相关业务规定事实上要求国内商业银行实行分业经营模式：不允许银行以控股或下属分之机构的形式同时经营证券、保险等金融业务。

新颁布的《商业银行中间业务暂行规定》，充分肯定并支持银行开展有直接收益的财务顾问等一系列理财服务，在为客户提供更加完善丰富金融产品的同时，也为国内银行拓宽获得更多收益的渠道。

《商业银行中间业务暂行规定》第八条规定了适用备案制的中间业务品种中有关条款，如（十一）信息咨询业务，主要包括资信调查、企业信用等级评估、资产评估业务、金融信息咨询；（十二）企业、个人财务顾问业务；（十三）企业投融资顾问业务，包括融资顾问、国际银团贷款安排。

3

深圳市商业银行在公司理财业务上的优势：

地区性银行开拓业务的迫切性和动力；办成全国最好金融服务公司的理念；更灵活和具创新意识的业务服务；简洁架构更具效率上的优势。

深圳市商业银行的网络平台：

广泛的社会网络关系，使银行具有充足的活动空间。全球123家银行代理网络遍及除非洲以外的各大洲，便于为客户提供世界各地的客户询证业务。

4

深圳市商业银行能为您做什么？

财务顾问服务：为客户提供企业财务评价服务；协助客户进行项目策划及可行性分析；提供阶段性或项目财务监理服务；协助客户确认阶段性财务管理目标；发挥网络优势，提供专业咨询及代理服务。

5

融资顾问服务：提供有关金融政策信息，推荐最新融资手段及工具，设计整体融资方案；协助办理各类融资项目的登记备案手续；协助联系担保机构以及提供相关协议。

6

提供不同成长阶段的公司引资方案：协助进入专业孵化器公司，提供种子期的温室；联系私募基金，风险投资机构，提供初创阶段的动力；联系担保中心提供担保，提供发展阶段的融通；联系租赁公司，提供新设项目的基础保障；联系保险公司、上下游公司，充分利用商业信用；协助高新技术的成果交易，让知识转变为资金；上市前过桥融资服务，获得更广阔的空间。

7

投资顾问服务：协助客户确认资产及资本运营的战略目标与财务目标；提出标的资产、股权、债务重组安排意见；为客户设计资本运作计划，拟定商业计划文件；为客户选择潜在投资者或合作者；统筹联络会计、法律等资本运营所必需的中介机构，协助公关推介工作；参与重要合同谈判并就有关交易条件、结构、策略的设计提供咨询；协助准备有关政府部门及监管部门所要求的文件资料。

8

深圳市商业银行为公司理财的两个案例。

案例——××研究院，国内一流名牌大学驻深研究院，坐落在深圳高新技术开发区，旗下拥有多家高科技企业，具有技术创新基地和高新企业孵化器的功能。

理财项目，传统商业银行业务与公司理财业务的结合：流动资金授信额度5000万元；专项"办学"贷款4000万元；为其开展的金融领域研究提供便利条件；对有关资金业务提供信息和咨询服务。

案例二——××民营科技公司，海外注册从事软件开发的中型技术性公司，在深圳、北京、上海等5城市拥有分支机构，拥有超过300名软件工程师理财项目，传统商业银行业务与公司理财业务的结合：协助国内公司设立及公司股权结构调整；公司股权质押流动资金贷款；与境外企业往来的国际结算服务；协助公司对预收购项目进行审慎调查；协助公司获得高科技企业资格认证并申请政府对高科技企业的贷款贴息；提供公司应收账款质押贷款业务；提供公司内部审计服务及财务管理建议。